조선야담집

朝鮮野談集

이시준 · 장경남 · 김광식 편

제이앤씨
Publishing Company

식민지시기 일본어 조선설화자료집 간행사

1910년 8월 22일 일제의 강점 이후, 2010년으로 100년이 지났고, 현재 102년을 맞이하고 있다. 1965년 한일국교 정상화 이후, 한일간의 인적・물적 교류는 양적으로 급속히 발전해 왔다. 하지만 그 양적 발전이 반드시 질적 발전으로 이어지지 않았음이 오늘날의 상황이다. 한일간에는 한류와 일류, 영화, 드라마, 애니메이션, 만화, 음악, 소설 등 상호 교류가 확대일로에 있지만, 한편으로 독도문제를 둘러싼 영유권 문제, 일제강점기의 해석과 기억을 둘러싼 과거사 문제, 1930년대 이후 제국일본의 총력전 체제가 양산해낸 일본군 위안부, 강제연행 강제노역, 전쟁범죄 문제 등이 첨예한 현안으로 남아 있다.

한편, 패전후 일본의 잘못된 역사인식에 대한 시민단체와 학계의 꾸준한 문제제기가 있었고, 이에 힘입은 일본의 양식적 지식인이 일본사회에 존재하는 것도 엄연한 사실이다. 이제 우리 자신을 되돌아보아야 한다. 우리는 일제 식민지 문화와 그 실체를 제대로 규명해 내었는가? 해방후 행해진 일제의 식민지 문화에 대한 비판적 연구가 행해진 것은 사실이지만 그 실체에 대한 총체적 규명은 아직도 지난한 과제로 남아 있다.

일제는 한국인의 심성과 사상을 지배하기 위해 민간설화 조사에 착수했고, 수많은 설화집과 일선동조론에 기반한 연구를 양산해 냈다. 해가 지나면서 이들 자료는 사라져가고 있어, 서둘러 일제강점기의 '조선설화'(해방후의 한국설화와 구분해, 식민시기 당시의 일반적 용어였던 '조선설화'라는 용어를 사용) 연구의 실체를 규명하는 작업이 요청된다.

이에 본 연구소에서는 1908년 이후 출간된 50여종 이상의 조선설화를 포함한 제국일본 설화집을 새롭게 발굴하여 향후 순차적으로 자료집으로 출간하고자 하니, 한국설화문학 · 민속학에서 뿐만이 아니라 동아시아 설화문학 · 민속학의 기반을 형성하는 기초자료가 되고, 더 나아가 국제사회에서의 학문적 역할을 증대하는데 공헌할 수 있기를 바라마지 않는다.

숭실대학교 동아시아언어문화연구소

소장 이 시 준

아오야기 쓰나타로(青柳綱太郎)와 『조선야담집(朝鮮野談集)』

김광식, 이시준

1 초기 일본의 조선연구와 아오야기

근대 초기 일본인의 대표적인 조선연구 단체는 1902년에 설립된 한국연구회(시데하라 다이라; 幣原坦), 1908년에 설립된 조선고서간행회(샤쿠오 슌조; 釋尾春芿), 1910년에 창설된 조선연구회(호소이 하지메; 細井肇) 등을 들 수 있다. 특히, 조선연구회는 대한제국 강제병합에 일조한 호소이가 병합을 기념하여 조선통치에 필요한 자료를 제공할 목적으로 조직되었다.[1)]

호소이는 연구회의 경영이 어려워지자, 이듬해 간사 아오야기 쓰나타로(青柳綱太郎) (1877－1932)에게 경영권을 넘겨주고 9월 19일 일본으로 돌아갔다. 아오야기는 사가(佐賀)현 출신으로, 와세다대학을 졸업하고, 1901년 大阪每日新聞의 통신원으로 내한했다. 우편국장, 李王職 재무관을 지내고 궁내부에서 藏書를 정리하다가 병합과 동시에 사직했다. 아오야기는 장서각에서 '이조사'를 편찬하면서 조선의 고전과 자료를 많이 접했다.[2)]

---

1) 崔惠珠, 「일제강점기 조선연구회의 활동과 조선인식」, 『한국민족운동사연구』42, 2005년 3월, 467-471쪽.

2) 최혜주, 「한말 일제하 재조일본인의 조선고서 간행사업」, 『대동문화연구』66집, 2009년6월, 423쪽.

조선연구회가 간행한 56책의 고서의 내용을 분석한 최혜주는 다음과 같이 지적하였다. 첫째, 학술적으로 가치가 있는 고전을 간행했다. 둘째, 임진왜란 관련 저서를 간행했다. 셋째, 대외침략에 시달려온 역사와 사대적인 조선을 강조했다. 넷째로 조선 민족의 동화를 위한 서적간행이다. 『朝鮮野談集』의 서문에서는 '반도' 민족을 동화시키기 위해 그 사회의 이면과 국민성을 살펴야 한다고 지적한다. 그리고 이책을 "한번 읽으면 淸閑의 흥을 덧붙이고, 두번 읽으면 日鮮의 비교 문학상의 자료가 되며, 세번 읽으면 위정자와 경세가의 참고가 된다."고 하여, 조선민족의 국민성과 풍속 습관을 대담하게 폭로했다.[3)]

이처럼 『朝鮮野談集』은 일본인 독자의 흥과 한일 비교문학상의 자료를 제공함과 동시에, 한국을 통치하는데 있어 위정자와 경세가의 참고자료로 간행되었다는 점에서 그 내용에 대한 구체적인 검토가 절실하다고 사료된다.

2 아오야기의 조선문화사

아오야기에 대한 본격적인 연구는 최혜주에 의해 이루어졌는데, 일련의 연구를 통해 한 아오야기의 행적이 소개되었다.[4)] 아오야기는 데라우치에서 사이토에 이르는 총독정치 시기에 한국에 있으면서 특히 데라우치 관저를 여러 차례 방문하여 동화론에 관해 면담하고 있었던 것으로 보아 총독

3) 최혜주, 위의 논문, 433쪽.
4) 최혜주, 「아오야기(青柳綱太郎)의 내한활동과 식민통치론」, 『국사관논총』 94집, 2000년.
최혜주, 「明治시대의 한일관계 인식과 日鮮同祖論」, 『한국민족운동사연구』 37, 2003년.
최혜주, 「일제강점기 아오야기의 조선사 연구와 '내선일가'론」, 『한국민족운동사연구』 49, 2006년.
최혜주, 『근대 재조선 일본인의 한국사 왜곡과 植民統治論』, 景仁文化社, 2010년.

정치의 자문역으로 정책결정에 어느 정도 영향을 미쳤을 가능성이 크다.[5]

최혜주의 서지 조사에 따르면, 아오야기는 1904년『韓国農事案内』와 1905년『濟州道案内』를 비롯하여, 유고집『적나라하게 본 내선사론(赤裸々に見た内鮮史論)』(東亞同民協会, 1935년)을 포함한 30여 권의 책을 집필했다. 저서 이외에도『삼국사기』(1914년) 등의 번역을 포함하면 그가 펴낸 단행본은 매년 1권 이상임을 알 수 있다.『조선문화사』(1924년)가 천 페이지를 넘는 저서임을 고려할 때 방대한 작업이라 하겠다.

최혜주는 아오야기의 조선사 저술을 크게 문화사, 조선왕조사, 통사로 분류했다. 아오야기의 설화 관련서는 문화사에 관련되므로, 본 해제에서는 문화사 관련 서적을 중심으로 간단히 그 내용을 살펴보고자 한다.

아오야기의 문화사 관련 단행본들은 병합 후 '일가국(一家國)'이 된 내선 민족이 고대 조선의 문화를 재흥시켜 현대 일본의 제국문화와 융합하기 위해 필요한 자료가 주종을 이룬다. 아오야기는 궁내부에서 장서를 정리한 첫 결과물로 두 나라의 역사적 관계를 서술하여『조선일보』(도카노우 시게오(戸叶薫雄) 경영)에 연재하고, 그 내용을 증보해서『일한사적 日韓史蹟』(1910년)으로 간행했다. 이 책의 특징은 도요토미의 조선 정벌의 결과로 병합이 이루어진 것을 기념하고, 이를 통해 무사도 정신을 고취시키려는 의도에서 저술한 점이다.[6]

아오야기가 조선의 설화 및 야담을 많이 수록한 책은 아래와 같다.

1. 青柳綱太郎編,『朝鮮野談集』, 朝鮮研究会, 1912年 1月.
2. 青柳南冥(青柳綱太郎),『朝鮮史話と史蹟』, 朝鮮研究会, 1926年7月(1926

5) 최혜주, 위의 논문, 2000년, 196쪽.
6) 최혜주, 앞의 논문, 2010년, 119-120쪽.

年9月再版).

3. 青柳南冥(青柳綱太郎)編, 『朝鮮文化史』, 朝鮮研究会, 1924年2月.

본 총서에서는 1.『朝鮮野談集』과 2.『朝鮮史話と史蹟(조선사화와 사적)』을 포함시켰다. 3의 『朝鮮文化史』에는 야담이 수록되어 있다. 아오야기는 『朝鮮野談集』을 1912년에 간행한 이후, 계속해서 야담에 관심을 지녔음을 알 수 있다. 아오야기의 한일관련 설화 및 사화에 대한 관심은 고대부터 근대에 이르기까지 다양하다. 문제는 그의 한일관련 설화가 철저히 '일선동조론'에 입각해 있다는 점에서 주의를 요한다. 민간연구자인 아오야기의 해석은 엄밀한 근대적 사료비판에 기초한 근대 실증주의 사학과는 거리가 멀다.

예를 들면 아오야기는 신라의 왕족 3성의 시조, 즉 박혁거세와 석탈해와 김알지가 모두 일본인이라는 근거없는 주장을 계속했고, 이 주장이 후대에 커다란 영향을 미쳤다는 점을 인식할 필요가 있다. 그의 주장은 다음과 같이 식민지 한국인 역사가에 대한 비판으로 이어진다.

> 신라건국의 시조 혁거세가 복면(覆面)의 일본인이었고, 그 대신(大臣) 호공도 일본인이었음은 명료하다(중략). 한국 역사가(韓史家)는 시조 혁거세의 출처를 명확히 하지 않고, 애매모호하게 덮어두고 있다. 일본인이 건국했다고 하면 극동 대륙에 나라를 세운 구방(舊邦)의 체면에 관련된 문제로 생각하는 듯 싶다. 그러나 제4대 탈해왕에 이르러서는 신라왕통이 일본인임을 애매모호하게 덮어 둘 수 없게 되었다.[7]

7) 青柳南冥(青柳綱太郎), 『朝鮮史話と史蹟』, 朝鮮研究会, 1926년(인용은1926년 9월 再版, 25-26쪽).

이러한 주장이 조선의 정체성에 기반을 두고 있고, 식민지 지배를 정당화하는 이데올로기로 작용했음은 두말 할 필요도 없다. 신라 왕족 3성을 일본인으로 해석하는 논자는 식민지 시기에 다수 존재했는데, 아오야기를 비롯해서 마쓰다(松田甲), 야유카이(鮎貝房之進) 등이 그 대표적 논자였다.[8)]

아오야기의 비판의 대상은 총독부 교과서에 대해서도 신랄하다. 아오야기는 조선총독부 역사교과서에 대해서도 비판적이었다. 그는「내선일가의 사실(史実)」의 혈족임을 계통적으로 일관시키는 역사교과서로 개정할 것을 주장했다. 그의「개정(改訂)의 구체적 논고(論稿)」는 다음과 같다.

하나, 일본황실의 신(神)과 조선 단군은 일종족(一種族)이다.

둘, 스사노오노미코토(素戔嗚尊)의 도한(渡韓)을 보정한다.

셋, 신라의 시조 박씨 및 석씨는 일본인이었다.

넷, 임나(任那) 금관국의 김해 김씨 및 왕비 허씨는 일본 황족의 혈통이다.[9)]

---

8) 福田東作,『韓国併合紀念史』, 大日本実業協会, 1911年, 24-5쪽.
木村静雄,『新羅舊都慶州誌』, 大邱印刷合資会社, 1912年, 16-25쪽.
福田芳之助,『新羅史』, 若林春和堂, 1913年6月, 7月再版, 25쪽.
小川雄三(遅々庵主人),『新羅古蹟慶州案内』, 朝鮮新聞慶北支社, 1914年, 15-8, 88쪽.
杉市郎平(杉慕南),『長白山より見たる朝鮮及朝鮮人』, 同舟会, 1921年, 67쪽.
青柳南冥,『朝鮮文化史』, 朝鮮研究会, 1924年, 32쪽, 175-179쪽, 1235쪽.
青柳南冥(綱太郎),『朝鮮史話と史蹟』, 朝鮮研究会, 1926年(9月再版, 25-26쪽).
薬師寺知曨,「二千年前南朝鮮の回顧—朴金両性の起原—」,『東洋』1924年8月, 東洋協会, 112쪽.
松田甲,『朝鮮雑記』, 朝鮮総督府, 1926年(1928年8月訂正4版), 4쪽.
前野福藏,『朝鮮の文化と迷信』, 柳生堂, 1930年, 8쪽.
大坂六村(大坂金太郎),『趣味の慶州』, 慶州古蹟保存会, 1931年, 28쪽.
鮎貝房之進,『雑攷』第7輯上巻, 日本書紀朝鮮地名攷, 朝鮮印刷株式会社, 1937年, 150쪽.
鮎貝房之進,『雑攷』第8輯, 2쪽.
久志卓真,『図説朝鮮美術史』, 文明商店, 1941年, 67쪽.
奥平武彦,「日鮮交渉史」(『東洋史講座』18巻, 雄山閣, 1942年, 1쪽).
근대일본의 신라 설화 인식에 대해서는 김광식,「근대 일본의 신라 담론과 일본어 조선설화집에 실린 경주 신화・전설 고찰」(『연민학지』16집, 2011년)을 참고.

9) 青柳綱太郎遺稿, 田内武編,『赤裸々に見た内鮮史論』, 東亞同民協会, 1935年, 273-286쪽.

특히 위 4가지 사항을 교과서에 반영할 것을 강조하였다. 그러나 아오야기의 일선동조론에 기초한 지나치게 엇나간 주장은 식민지 교과서에 반영되지 않았다.

3 『조선야담집』의 연구 필요성

아오야기의 일선동조론에 입각한 고대 설화에 대한 인식은 『朝鮮四千年史』(1917년), 『総督政治』(1918년), 『朝鮮文化史』(1924년), 『朝鮮史話と史蹟』(1926년), 『大日本史談』(1929년), 『赤裸々に見た内鮮史論』(1935년) 등에서 구체적으로 드러난다.

전술한 바와 같이, 최혜주의 선행연구에 의해 아오야기의 조선연구에 대한 구체적인 분석이 행해졌지만, 아오야기의 설화집 및 야담집에 대한 구체적인 검토는 앞으로의 과제다. 연구사를 명확히 정립하기 위해서 지금까지 언급된 『朝鮮野談集』에 대한 선행연구를 개괄하고자 한다.

사쿠라이(櫻井義之)는 1979년에 서지연구를 통해 『朝鮮野談集』의 서문을 소개했고,[10] 일본의 조선문학 연구자 가지이(梶井陟)는 『朝鮮野談集』의 서문을 인용 후, 다음과 같이 지적하였다.

> 아오야기는 이 책을 간행하는 목적을 「조선 통치」 「동화 정책」에 합치시키는 것이라고 아무 주저 없이 언급했다. 수록수는 196화로 (중략) 상당한 양인데, 여기에서 출전에 대해서는 언급하지 않았다. 문장은 모두 문어조로 쓰여졌고, 한문을 직역한 듯한 느낌이므로, 완전히 이해하는 데는 상당한

10) 櫻井義之, 「民俗」, 『朝鮮研究文献誌—明治・大正編—』, 龍渓書舎, 1979年, 356쪽.

소양을 필요로 할 것이다.[11]

가지이는 그 출전에 대해서 구체적으로 언급하지 않았다. 더불어 가지이는 수록 야담수를 196편이라 지적했지만, 정확하게는 194편이다.

한국어로 쓰여진 논문중에서 『조선야담집』에 대한 언급은 조희웅 교수의 다음과 같은 지적이 유일하다고 여겨진다.

> 『朝鮮野談集』은 '南冥(남메에)'이란 별호를 가진 아오야기 츠나타로오 青柳綱太郎[1877-1932]이 편찬한 것으로 총 194편의 야담을 번역한 것이다. 개중에는 잡록에 속하는 것들도 몇 편 포함되어 있으나 이들을 제외하고라도, 이야기의 총량으로 미루어, 당대에 외국에 소개된 야담집으로는 발군의 것이라 할 수 있다.[12]

이에 대해 니시오카(西岡健治)는 다음과 같이 지적하였다.

> ⑨1912년 아오야기 쓰나타로에 의한 『조선야담집』 등, 한문작품의 번역
>
> 1912[명치45]년 제1기 제9집 『조선야담집』
>
> 조선연구회의 주간, 아오야기 쓰나타로가 번역한 야담집. 「고서진서 간행」제1기 9집. 주로 『청구야담』에서 취했고, 전부 194편 수록. 원전 텍스트인 한문을 훈독한 것이다.
>
> 1914년 제2기 제1집 『원문대조 대역 사씨남정기 구운몽 全』
>
> 이 책은 『조선야담집』과 달리 원문 대역이다. 먼저 「숙녀찬백의상淑女撰白衣像 양매결적승연良媒結赤繩緣」장면의 한문이 있고, 이어서 번역으

---

11) 梶井陟, 「朝鮮文学の翻訳足跡(三)—神話, 民話, 伝説など—」, 『季刊三千里』 24号, 1980年 11月, 177쪽.

12) 曺喜雄, 「일본어로 쓰여진 한국설화/한국설화론1」 『어문학논총』 24집, 국민대학교, 2005년, 19쪽.

로서 훈독문이 있다. 사씨남정기에는「金春澤 원저 조선연구회 번역」이라고 쓰여 있다.

1916년 제2기 제20집『연암외집(燕巖外集)』

주 내용은 박지원의『열하일기』이다. 훈독문뿐으로 한문은 없다.

아오야기 쓰나타로를 주간으로 하는「고서진서 간행」은 제1기에 10책, 제2기에 23책, 제3기에 23책 번역 간행되었는데, 원문이 모두 한문이라는 특징이 있다. 그러나, 지금까지 잘 알려져 있지 않았던「야담」이나「사씨남정기」나「구운몽」이나「열하일기」가 원작 그대로 번역 출판되었다는 점은 획기적이라 하겠다.[13]

다소 긴 인용이지만, 중요한 내용이므로 일본어 원문을 전문 그대로 번역했다. 선행연구에서 처음으로 니시오카는『조선야담집』이 주로『청구야담』에서 그 소재를 취했다고 주장하였다. 이번 총서에서『조선야담집』이 영인과 더불어 번역됨으로써, 앞으로 그 내용의 구체적인 출전과 더불어 그 번역 양상에 대한 구체적인 검토가 요구된다.

---

13) 西岡健治,「日本への韓国文学の伝来について(戦前編)」(染谷智幸・鄭炳説編,『韓国の古典小説』, ぺりかん社, 2008年, 305쪽).

참고문헌

최혜주, 「아오야기(青柳綱太郎)의 내한활동과 식민통치론」, 『국사관논총』 94집, 2000년.
최혜주, 「明治시대의 한일관계 인식과 日鮮同祖論」, 『한국민족운동사연구』 37, 2003년.
최혜주, 「일제강점기 조선연구회의 활동과 조선인식」, 『한국민족운동사연구』 42, 2005년.
최혜주, 「일제강점기 아오야기의 조선사 연구와 '내선일가'론」, 『한국민족운동사연구』 49, 2006년.
최혜주, 「한말 일제하 재조일본인의 조선고서 간행사업」, 『대동문화연구』 66집, 2009년.
최혜주, 『근대 재조선 일본인의 한국사 왜곡과 植民統治論』, 景仁文化社, 2010년.
조희웅, 「일본어로 쓰여진 한국설화/한국설화론1」, 『어문학논총』 24집, 국민대학교, 2005년.
青柳南冥(青柳綱太郎), 『朝鮮史話と史蹟』, 朝鮮研究会, 1926년.
青柳南冥, 『朝鮮文化史』, 朝鮮研究会, 1924年.
青柳南冥(綱太郎), 『朝鮮史話と史蹟』, 朝鮮研究会, 1926年.
青柳綱太郎遺稿, 田内武編, 『赤裸々に見た内鮮史論』 東亞同民協会, 1935年.
櫻井義之,「民俗」, 『朝鮮研究文献誌—明治・大正編—』, 龍渓書舎, 1979年.
西岡健治, 「日本への韓国文学の伝来について(戦前編)」(染谷智幸・鄭炳説編 『韓国の古典小説』, ぺりかん社, 2008年).
梶井陟, 「朝鮮文学の翻訳足跡(三)—神話, 民話, 伝説など—」, 『季刊三千里』 24号, 1980年.
김광식, 「植民地期朝鮮における伝説の発見—大坂金太郎(大坂六村)の新羅・慶州の伝説を中心に—」, 『学芸社会』 26, 東京学芸大学, 2010年.
김광식, 「근대 일본의 신라 담론과 일본어 조선설화집에 실린 경주 신화・전설 고찰」, 『연민학지』16집, 2011년.

朝鮮野談集

序

半島を併合したるの客觀的報酬は我民族膨脹に依りて獲取し得るも一千二百萬衆を懷柔同化せしめずんば主觀的眞の全き報酬は未だ獲取し得たりと云ふ能はざる也然らば半島民族を同化せしめ其弟妹と合致せんとせば上下一千載彼等が構成せし社會の裏面と國民性とを先づ窺ひ知らざる可からざる也。

本書は半島一千二百萬衆江湖の中に包まれたる野談、俗傳一百餘篇を蒐集編纂したるものにして或は頤を解くの諧談珍話あり、或は小說に類する面白き讀みものあり、左れば一種の誤樂的讀本たるが如きも讀者をして言下に半島に隱されたる風俗、習慣を知らしめ社會生活の裏面の狀態を遺憾なく而かも大膽に暴露せるもの即ち些の粉飾なき虛飾なき赤裸々たる民衆の骸骨也、一讀清閑の興を添へん再讀日鮮比較文學上の資料たらん三讀爲政者及經世家の一部參考たらんか、希くは大方の識者、十三道社會の裏面を潜流せる源泉を辿りて清鮮なる一滴水を吟味せんことを願ふて已まざる也。

明治四十五年一月

於朝鮮研究會

青柳南冥識

朝鮮野談集

目次

24

28

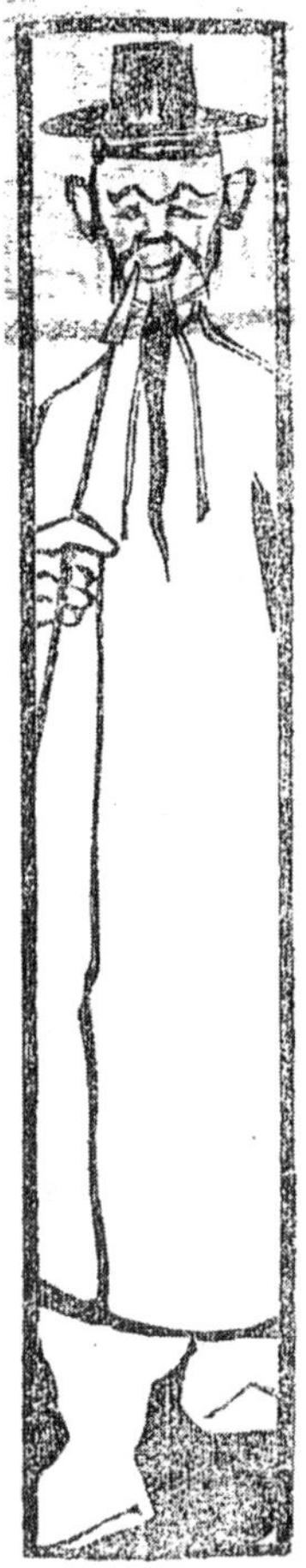

朝鮮野談集

◎蒸豚を包み。中夜に神交を訪ふ。

在昔一人有り、父子同宮に居る、其の子喜んで交を結び、日に門を出で友と遊ぶ、出づれば必ず酔飽して返り、或は宿を經て返らず、甚しきは留連數日に至る、或時出でざれは、則ち交朋四會し、履舄門に盈ち、杯盤狼藉、嬉笑喧聒す、一日其の父之に問て曰、是れ皆如何なる人乎、其の子曰く、是れ皆な切なる友也、其父曰く、友なる者は天下の至難也、而かも是の若く多き乎、且つ皆な是れ汝の知已知心の人乎と、曰く志同じく意合し、契托金蘭、金財相通じ、禍難相貧る者也と、其父曰、然る乎我れ將に之を試みんと、一日其の父、猪を宰し之を烹り、其の毛を刮りて之を白くし、裹むに草席を以てす、曉鐘纔に罷むや、其の子をして之を擔はしめ、其の子に謂て曰、且つ汝が最も信ずる所の友の家に往けと、其の家に至り其の門を剝啄す、之を久くして出で來り問て曰、汝深夜を以て何に緣て來り訪ふやと、其の子曰、吾れ不幸にして人を殺し、勢ひ甚だ窮急なり、今ま尸を負ひ此に來る、幸に我が爲めに善く之を處せよと、其の友人、外驚動の狀、嗟憐の色を示し、且つ曰、入るを諾す、且つ之を圖らんと、久之して出で來らず、之を呼べども應せず、顯かに詘々の意有り其父歎じて曰、汝の切友皆な是の如き乎と、去て他に之き、又た其の友に告げて、吾れ今晚人を殺し、勢ひ急なり、輙ち來て汝に謀るなりと、其の友故有るを以てして辭す、又た去て他に之き、其の友に告る前の如くす、其の友之を叱して曰、此れ何等の大事ぞ、禍を我に移さんと欲する耶、復た言ふ勿れ速に去れ、遲々せば則ち我に連累せんと、凡そ擔て之に走る三四家、盡く皆な容れ接せられず、其の父曰、汝が友此に止る乎、吾れに相親一人有り、居は某洞に在り、見ざる已に十年、第だ往て之を觀んと、遂に往て其人の門を叩き、其の人に告ぐると、其の子の其友に告ぐるが如くす、其人大に驚て曰、且らく止れ、天方に曙に向ふ、人跡將に散せんとすと、急に携て家に入り、親ら斧錘の屬を持ち、臥室の㙮を毀ち之を藏せんとし、顧て曰、君も亦た我を助け力を幷せよ、若し遲れば、則ち人將に之を見んとすと、其人笑て曰、驚くを用ゐる勿れ、㙮必ず壞らざれと、席裏の者を指して曰、猪也、人に非ざる也と、因て其の事を將て一場に細述す、其の友人も亦た錘を投じて笑ひ、相ひ與に手を携て房に入り、市酒數瓶、其の猪を切て之を啖ひ、其の積年阻闊の懷を叙し、少焉くして別を告げて曰、知らず何れの日か更に清範に接せん、而かも兩地相通ずる、只だ靈犀一點有るのみ云々と、因て子を率ゐ家に歸る、其子大に慚ち、敢て復た友に交らずと云。

◎營錢を貸て。義城に古風を倅ふ。

李益著、義城を以て宰たり、一日宴飲す、時に夏節に當る、忽にして一陣の風有り、過ぎ去る益著急に樂を撤して營を作し、行て巡使に見え、南倉錢五千兩を貸り、以て牟麥を貿はんとを請ふ、時に價至て賤し、麥を貿ひ封置し、各洞に洞任をして守直せしむ、七月の初夜、忽ち睡を覺して官僮を呼び、後園の一草葉を摘ましめ、之を見て曰、然り云れなりと、翌朝之を見れば、則ち嚴霜大に降り、草木盡く凋殘す、是の秋、嶺南一道、野に青草無く、仍て赤地と爲る、賑を設く、穀價登踊して、麥一石の價、初夏三四十錢を過ぎざりし者、其の秋は三百餘に至れり、益著其の麥を以て、賑資と作し、又た南倉錢を發賣し、數の如くして盡く報ゆ、蓋し益著に占風の術有る也、後に隣邑に移る、趙顯命、時に巡使と爲る、益著事有り往て見るに、鬑髮未だ整はず、亂髮網巾に露る、既に退くや、巡使傘入し、陪吏を隨へ、容儀怠慢を以て之を數む、益著復た謁を請ふて、入て謝して曰く、下官年老ひ氣衰え、鬑髮未だ整ふに及ばず、上官に過ぎらむ、罪を知る、罪を知る、是の如くにして、何ぞ職に供す可けんや、惟だ願くは罷免を啓せよと、巡使曰、尊丈俄の事を以て此の敎有る乎、此れ體例の間事に過ぎざる也、何ぞ必ず乃ち爾るや、益著曰、下官を以てして、上に事ふるの體例を知らざれば、則ち何ぞ一日も職に供す可けんや、斯れ速に罷を啓して可也、巡使曰、是の如くす可らず、益著曰、使道終に許す可らざる乎、曰く許す可らず、益著色を正して曰く、使道必ず下官をして、駿を作り良を擧げしめんと欲するは可なりと、慨然として、乃ち下隷を呼んで曰、吾が笠袍を持ち來れと、仍て帽帶を脫し、符を解て之を使道の前に置て、大に責めて曰く、吾れ符を佩るの故を以て、腰を汝に折るのみ、今は則ち符を解けり、汝は我が故人の穉子に非ず乎、吾れ若が翁と竹馬の交也、枕を同うして臥し、約するに、先つて婦を娶る者は、新婦の名字を知つて相傳へんと、而るに翁は、吾に先つて汝が母を娶り、汝が母の名を以て、來て我に傳ふ、言猶ほ耳に在り、而翁の沒する巳に久きを以てして、我を待つ此に至るなり、汝は是れ父を忘るの不肖子なり、鬚髮の整はざる、何ぞ上下官の體例に關せんや吾れ老て死せず、口腹の累を以て、汝の下官と爲る、汝若し爾が亡父を念はゞ、則ち固り敢て是の如くならざる也、汝は乃ち狗彘にだも若かざる也と、言ひ罷んで冷笑して出づ、巡使半晌語無し、隨て下處に至り、懇ろに乞ふて曰く、尊丈此れ何の擧ぞや、侍生果して爾く大に罪を得たり、罪を知る、罪を知る、幸に强て辭する勿れと、益著曰、下官を以てして、上官に公堂に叱辱さる、何の顏を以て復た吏民に對せんやと、乃ち衣を拂つて起つ、巳むを得ずして、啓して罷む。

◎巨產を得んとして。濟州伯病を佯る。

古へ一武弁有り、宣傳官を以て、春塘臺に侍衞す、射を試る時、濟の牧、狀を罷め適ま入り來る、因て同僚に語て曰、吾れ若し濟牧を得ば、則ち萬古第一に治め、天下の大貪を爲さざらんやと、同僚其の愚痴を笑ふ、上之を聞き、誰か此の言を發すと、武弁敢て欺かずして、仍て地に伏し奏して曰、此は是れ小臣の言也と、上曰、萬古第一の治にして、豈に大に貪るの理有らん、天下大に貪て、何ぞ萬古第一の治有らんや、武弁俯伏して對て曰、自から其の術有るなりと、上笑て之を許し、仍て特に超えしめて、濟州牧使を拜せしめ、敎えて曰、汝第だ往て、萬古第一の治、天下の大貪を爲せ、然らずんば、則ち汝は妄言の誅に伏せと、武弁命を承て退き、家に皈り、多く眞麥の末を貿ひ、染るに梔子水を以てして、大籠中に盛り三駄を作す、餘外は但だ衣服を封するのみ、朝を辭して任に赴く、只だ傔従一人隨行す、訟を聽く公平に、朝夕供饋の外、一盃の酒も進めず、廩に餘り有る者は、幷に之を革奬に付し土產は一として取る所無し、是の如くして一年を過ぐ、吏民皆な愛戴し、稱するに、邑を設ける後、初めて之れ有る淸白の吏を以てす、令行はれ禁止み、一境晏如たり、一日忽ち身病有りと稱し、戶を閉て呻吟す、數日にして病勢大に添ひ、食飮全く廢す、暗室中に坐し、痛聲絕えず、鄕所及び吏校の輩、三時に候を問へども、面するを得ず、首鄕及び中軍の輩、懇ろに乞て曰、病患症勢、未だ何の祟りなるを知らず、此の邑亦た醫藥有り、何ぞ診治せざると、太守良や久して、强めて辭を作し言て曰、吾れ少時に於て此の病を得、其後二十年、更に發せざるが故に、心に謂らく快差せりと、今は則ち治す可きの道無し、只だ死期を俟たんのみと、諸人强て、何の症にして藥は是れ何の料ぞと問ひ、使道の病患是の如くんば、邑村に論無く、股を割き心を刳るも、惜む所無し、且つ天に升り地に入るも、必ず藥を求めん只だ願くは藥方を指示せよと、太守曰、此の病は即ち丹毒也、藥は則ち牛黄也、牛黄幾十斤を以て餅を作り、遍く一身を裹み、毎日三四次、新藥を改め付く、是の如くする四五日せば、則ち瘳ゆ可けん、而も吾が家は、是の故を以て、一敗地に塗れり、今ま何處にか、更に牛黄を得て之を塗らんやと、諸人曰く、此れ邑の產なり、之を求る易きのみと、首鄉仍て出で令を各面に傳ふ、以て此の如く爲し、官司の病患苟も瘳ゆ可きの方有らば、則ち吾輩固より當に力を竭し之を求む可きなり、況や是れ邑產にして貴からざる也、大小民に論無く、多少を計らず隨て有れば隨て納れよと、民人令を聞き、先を爭て來り納む、一日の內、幾百斤なるを知らず、傔從受るに從て、之を籠に盛り、駄し來る所の、梔子餅を以て之に換え、毎日其の餅を以て、器に盛り地に埋めて曰、人或は之に近づかば、則ち毒氣の薰ずる所皆な傷かん近づく可らざる也と、是の如くする五六日、病勢漸く差ゆ、因て起きて事を視る、廉公の治又た前の如く、滿瓜して皈る、濟州の民、碑を立て之を頌す、上京の後、此の藥を販ぎ、數千金を獲たり、蓋し濟州の牛は、則ち牛黄の入ること八九なり、是の故を以て牛黄至て賤し此の人此の狀を知て、預め梔子餅を備て此の術を行ふ、官隷敢て近よらず、遠くより其の黄を認め、以て牛黄と爲す也、此の人是を以てして家計殷富すと云。

◎衙童に敎え、海印僧を師と爲す。

陜川郡守某、年六十にして一子あり、愛に溺れて敎訓方を失ふ、年十三歳に至るも、目に一丁字を識らず、海印寺に一大師僧有り、前より親熟して衙中に往來す、一日來り見て言つて曰、阿只は年幾んと成童と成て、尙ほ學に入らず、將た何を以て之を爲さんと、倅曰く、文字を敎えんと欲すと雖、慢て命に從はず、楚撻に忍びず、以て此に至る、深く以て恨と爲す大師曰、士夫の子弟、少にして學を失はゞ、即ち世棄と爲らん、全く慈愛を事とし、課工を事とせずして可ならん乎、其の人物は、凡百以て爲す有る可くして、是の如く抛棄するは、甚だ惜む可き也、小僧將さに訓學せんとす、其れ官家之を許さん乎、倅曰く、敢て請はざらん、固より願ふ所也、大師若し敎訓して、之をして蒙を解かしめば、則ち此れ豈に萬幸に非らざらんや、大師曰、若し然らば、則ち一事の質す可き者有り、生殺を以て惟れ意のまゝに之を爲し、只だ課程を立るの意を嚴ます可し、文記を作り、踏印して小僧に給せよ、且つ一たび山門に送るの後は、等内官隷の屬を限り、一も相通せじ、恩愛を割斷し、然る後可なり衣食の供に至ては、小僧自ら辨備す可し、如し送る所の者有らば、僧徒往來し、便ち直に小僧に送れ、其れ將た之を許さん乎。倅曰く、惟れ命是れ從はんと、仍て其の言の如く、文記を書し之に給す、伊の日より兒を山門に送り、絶て相通せず、其の兒山に上るの後、左右は跳踉慢侮し、老僧は之を辱め之を煩し、爲さゞる所無し、大師視て見ざるが若く、其の爲す所に任ず、四五日を過ぎて後、平朝に大師は、其の辨袍を整へ、案に對して跪坐し、弟子三四十人、經を横へ侍坐し、禮義整肅なり、大師仍て一闍梨僧に命じ、厥の童を拿致す、厥の童號哭詬辱して曰、汝僧徒を以て何ぞ敢て兩班を侮り此に至る耶、吾れ歸て大人に告げ、將に汝を打殺す可しと、仍て罵て曰、千も殺す可く、萬も殺す可し、賊禿なるかな々々、死を限るとも來らじと、大師大聲之を叱し、諸僧を責め之をして縛し來らしむ、諸僧縛して前に致す、大師手記を出し示して曰、汝の大人此を書して我に給す、我れ今より以往、汝の生死は吾が手に在り、汝兩班家の子弟を以てして、目、字を識らず、全事悖惡の行なり、生るも何か爲さん、此の習祛らずんば、將に汝の門戸を亡ばさんとす、第だ吾が罰を受けよと、仍て錐末を以て火に炙り、赤きを待て股に刺す、厥の童昏塞半晌にして甦る、大師又た之を刺さんと欲す、乃ち哀み乞ふて曰、此より以後惟れ命是れ從はん、更に之を刺す勿れと、大師錐を執り、之を責め之を誘ひ、食頃して後ち之を放ち、之をして前に近らしめ、千字文を以て先づ之に授け、日を排し課程し、少も休むを許さず、此の兒年既に長成し、智慮も亦た長ず、一を聞て十を知り、十を聞て百を知り、四五月の間に、千字通史皆な通曉し、晝夜撤せず、孜々懈らず、一年の餘に文理大に就り、山寺に留ると三年、工夫已に成り、毎に讀書の時に於て、獨り心に於て曰、吾れ士大夫を以て、此の辱を僧徒に受くる者は、皆な不學の故也、吾れ將に勤工して登科の後、必ず僧徒を打殺し、以て今日の恨みを雪がんと、一念懈らず、尤も工夫を用ゆ、大師科工を習はしめ、一日近前せしめ言て曰、今や則ち文辭將に就らんとす、登科の後は、文任するも他の小僧に讓らじ、此より辭し歸れと、仍て留置して去る其の童子始めて婚を議し親を成す、上京の後、科場に出入す、三年の後、科に決し、數年の間に翰伯と爲るを得、大に喜び心に語て曰、吾れ今より以後、海印寺の老僧を殺し、以て向日の憤を雪ぐ可しと、道を按じて出で巡するに及んでや、刑具を申飭し、別杖を作て捧げ、杖を執るの善き者三四人以て從ひ、山門に到る、此の僧を撲殺せんと欲して、之れ計る也、行て紅流洞に到るや、老僧は諸僧祗を卒ひ、路左に迎ふ、巡使之を見、仍て轎を下り、手を執て欵を致す、老僧欣然として笑て曰、老僧幸にして死せず、巡使の威儀を見るに及ぶ、幸これより甚しきは莫しと、仍て之と與に寺に入る、老僧謂て曰く、小僧の居房は、即ち使道が向年工夫の處也、今夜移下の處、枕を聯るも妨げ無しと、巡使之を許し、之と與に枕を同くす、更深る後、僧問ふ、使道見たりし時、學を受る時必ず小僧を殺さんとするの心有り乎と、曰く然り、僧曰、科に登り節を建てしより後、皆な此の心有り乎と、曰く然り、僧曰、巡を發する時、心に矢て、打殺を欲せしならん、若し然らば、則ち使道何ぞ打殺せずして、轎を下り欵を致すや、巡使曰く、向來の心恨今に至るも忘れず、君が顔に對するに及んで、此の心は氷消雪散し、油然として欣悅の心有るが故也と、僧曰、小僧も亦た已に揣り知れり使道、位は大官に至る可く、某年月日箕城に按節するの時、小僧當に上佐に迸る可し、使道必ず須く禮を加へ、小僧を見る樣の如くして、之と同寢して可なり、須く忘置する勿れ、必ず須く是の如くせよと、巡視許諾す、老僧又た一紙を出して曰、此は是れ老僧が、使道の爲め、數を平生に推して編年せる者也、享年は幾許、位は幾品に至る、昭然として知る可し、而して俄に言ふ所の箕營の事は、愼で忘却する勿れと、巡相唯々す、翌日多く米、布、錢、木の屬を給して去る、其の後幾年を過ぎ、果して箕伯と爲る、一日閽者告げて曰、慶尙道、陜川の海印寺僧入謁を欲すと、巡使恍然として覺悟し、即ち入り來らしめ、之をして堂に昇らしめ、手を把り膝を促し、其の師の安否を問ひ、夕餐して之と與に床を聯ね、夜に至り又た之と同寢す、更深くして房堗の温に過るに至り、巡視仍て其の寢席を易えて臥す、昏夢中に忽ち腥穢の臭有り、手を以て僧を撫すれば、則ち僧の臥する處に、水の手に潰る有り、仍て知印を呼び、火を擧げ之を見れば、則ち刄を僧の腹に刺し、五臟突出し、血流れて地に遍し巡使大に驚き。急に外に運び置かしむ、翌朝窮査すれば、則ち巡視嬖する所の妓にして、即ち官奴の眄する所にして、彼此大に惑へる者也、是に於て憾を含んで、巡使を刺さんが爲めにして入り來り。謂へらく下堗の臥する者は、即ち巡使也と、而して之を刺すなり、仍て拿致嚴覈し、則ち一々直に招き、遂に之を法に置き、僧の喪を治め、本寺に送る、蓋し大師預め此の厄有るを知り。故らに上佐をして代て故を受けしむる也、其の後、功名壽限、皆な大師の推數に符す。

◎窮儒を赦し。柳統使報を受く。

柳統制、鎭恒、少時宣傳官を以て入直す、是の歳壬午、酒禁極めて嚴なり、一日、月夜忽ち入直の宣傳官に、入侍の命有り、鎮恒命を承け入侍す、則ち一長鍬を出し、以て賜て之に敎て曰く、聞く閭閻に尙は多く酒を醸すと云ふ、汝須く此の鍬を持ち出て去る可し、三日を限り納を捉へば則ち好し、然らざれば則ち、汝が頭を以て來り納む可しと、鎮恒命を承けて退き、家に歸り袖を以て面を掩て臥す、其の嬖妾問て曰、何爲れぞ是の如く怱々として樂まざるやと曰く、吾れの飮を嗜むや汝の知る所也、飮を斷つ已に久く、喉渇して死せんと欲すと其の妾の曰、暮後に圖る可し、第だ姑く之を俟てと、夜に及んで其の妾曰く、吾れ酒有るの家を知る、除て吾れ躬ら往くに非ざれば、則ち以て沽ひ來る無しと、仍て壺を佩びて、裙を以て面を掩ひ門を出づ、鎮恒潜に其の後を躡み、則ち東村の一草家に入り沽ひ來る、鎮恒飮んで之を甘しとし、更に沽ひ來らしむ、其の妾又た其の家に往て沽ひ來る、鎮恒壺を佩びて起つ、其の妾怪んで之を問ふ、則ち答て曰、某處の某友は、即ち吾の舊酒伴也、此の貴物を得て、何ぞ獨り醉ふ可けん、往て之を與に飮せんと欲すと云ひ、門を出て其の家を尋ねて戸に入る、則ち數間の斗屋、風雨を蔽はず、一儒生燈を挑げ讀書す、見て之を怪み起て迎へて曰、何事ぞ客子深夜に此に到ると、鎮恒坐定まつて言て曰、吾れは是れ命を奉ずる也と、腰間より酒壺を出して曰、此は是の宅中沽る所也、日前敎を下す是の如し々々と、既に捉へらるれば、則ち之と同行せざる可らずと、其の儒生晌語無し、曰く、既に法禁を犯す、何ぞ頃を稱す可けん、然れども家に老親有り、願くは一たび辭して行くこと如何と、柳曰く、諾、儒生內に入り低聲母を呼ぶ、其の老親驚て問て曰、進士乎、何爲れぞ眠らずして來るやと、對生對て曰、前旣に仰ぎ陳べざらんや、士夫は餓死すと雖、法を犯す可らずと云へり、慈氏終に信じ聽かず、今は乃ち捉へらる、小子今ま方に死に就かんと、其の老親聲を放て大哭して曰、天か地か此れ何事ぞや、吾れの潜に釀せるは、財を貪て然るに非ざる也、汝の朝夕粥飲の資と爲さんと欲してなり、今乃ち是の如きは、吾が罪也、此れ將た奈何せんと、是の如きの際、其の妻も亦た驚き起ち、胸に槌て號哭す、儒生徐ろに言て曰、事己に此に到る、之を哭するも何ぞ益せん、但だ吾れに子無し、吾が死後、君奉養する、吾が在る時の如くす可し、某洞某兄に子幾人有り、一子卒ゐ養て安らかに過ぎよと、申々付托して出づ、柳は外に在て其の言を聞き、心甚た惻然たり、儒生の出で來るに及んで、之に問て曰く、老親の春秋幾何ぞ、曰く七十餘なり、曰く子ある乎、曰く子無し、柳曰、此れ等の景色、人の見るに忍びざる所、吾は則ち二子有り、又た侍下に非ず、吾れ以て君に代り死す可しと、則ち酒壺を放心し、幷に出て來らしめ、仍て之と對酌し、其の器を打破し、之を子が庭に埋めんと、又た言て曰、老親侍下、家計説を成さず、吾れ此の鍬を以て聊か一時の情を表せん、須く賣て老親に供して可也と、佩刀を解き之に與へて去る、主人苦ろに辭す、顧ずして去る、主人姓名の誰たるを問ふ、對て曰、吾は乃ち宣傳官也、姓名何ぞ問ふ事を須ゐんやと、飄然として去る翌日は即ち限り也、闕に入て罪を待つ、則ち上より問て曰、果して酒を捉へて來る乎對て曰、捉へ得ず、上怒て曰、然らば則ち汝が頭何れにか在ると、鎮恒俯伏して語無き良や久し、仍て三陟道、濟州の安風に命せらる、鎮恒謫に在ると幾年、始めて配を解かる、十餘年落托す、晩後職に復し、草溪郡に除せらるを得たり、郡に在る數年至平肥ゆ、己にして民皆な嗷々たり、一日繡衣して道封庫を出で、政堂に入直す、首郷首吏及び倉色諸人、一に幷に拿入し、刑杖方に張る、柳、門隱より窺ひ見れば、則ち的に是れ向きの東村酒家の儒生也、仍て之をして謁を請はしむ、御史駭て答へず、本官何の爲めに見るを請ふや、廉を沒すと謂ふ可き也と、鎮恒直に入り拜謁す、御史顧ずして、色を正し危坐す、柳乃ち問て曰、御史道此の本官を知るやと、御史沉吟答へずして、獨り口に語て曰、本官は吾れ何を以て之を知らんと、柳曰く、貴第は前日豈に東村某洞に在らずや、御史驚て曰、何の爲めに之を問ふ、柳曰く、某年某月某日の夜、酒禁の事を以て、命を奉せる傳官を或は記する有るや否や、御史又た驚き訝て曰、果して記得す、柳曰く、本官は即ち其の人也と、御史急に起ち、袖を把て涙下る雨の如し、曰く此は是れ恩人也。今の相逢ふは豈に天に非ず耶と、仍て命じて刑具を退け、諸罪人一併に之を放ち、終夜樂を張り、娓々として懐を論ず、更に留ると數日にして皈る、仍て即ち啓緡を褒す、啓の褒は此の前未だ此の右に出づる者有らず、上より其の治績を嘉みし、特に朔州府使に除せらる、伊の後此の人、位大臣に至る、到る處其の事を言ひ一世譁然として之を義とす、柳鎮恒一蹴して位に到り、統制使に至る、此は是れ少論の大臣なり、而かも其の姓名を忘れ、之を記すを得ず。

◎鬼物。毎夜明珠を索む。

横城邑に一女子有り、出で嫁するの後、忽ち一個の丈夫有り、入り來て其の女を刼奸す、百般之を拒めども奈何ともする無し、毎夜必ず來る、他人皆な見ずして、渠れ獨り之を見る、其の夫は傍に在りと雖、而も亦た同寝し難く、毎に交合の時も痛楚堪ゆ可らず、其の女は鬼の祟りなるを知るも、之を却るの計無し、此れより晝夜を計らずして來る、人を見るも避けず、只だ其の女を見る、叔父の入り來れば、則ち必ずや出で避く、其の女其の狀を語る、其の叔曰く、明日彼の物若し來らば、暗に綿絲塊を以て針に繋ぎて、衣衿を縫へば、則ち其の物の去向を知る可しと、其の女其の言に從ひ、翌日其の計に依り、針を以て絲に繋ぎて其の衣の裾下を刺す、其の叔突入すれば、則ち厥の物驚き起ち、門を出で之を避く、綿糸の塊は次々解けて之に隨ふ、其の人只だ綿糸を見て之を逐ふ、前林叢樾の下に至て乃ち止る、迫て見れは、則ち糸は地下に入る、仍て地を掘る數寸餘、朽敗の舂木段一個有り、繋て木の下に係る、木の上頭に、紫色の珠、彈子の大さの如き者一枚有り、光彩人を射る、其の人仍て其の珠を發き、之を嚢に置き、其の木を燒て歸る、其の後遂に跡を絶つ、或夜其の人の家の門下に忽ち一人有り、來り乞ふて曰、此の珠願くは還下せんヿを、若し還さば、則ち富貴功名汝の願に從て之を爲すべしと。其人許さず、終夜哀乞して去る、毎夜是の如き者四五日、一夜又た來り言て曰、此の珠たるや、我に在ては甚た緊しく、汝に在ては緊しからず、吾れ當に他珠を以てす可し、之を換へて可なり、此の珠は汝に益有りと、其の人答て曰、第だ之を示せと、鬼物外より入り、一枚の黑色珠を送る、太さ其の珠の樣の如し、其の人幷せ奪て給せず、鬼物仍て痛哭して去る、仍て形影無し、其の人毎に之を人に誇るも、何處に用ゆ可きを知らず、眞に惜む可き也、其の後仍て他に出で、泥醉して歸る、路に昭陽亭に露宿す、嚢

中の兩珠、去る處を知らず、必ずや鬼物に持ち去られし也、洪邑の人、其の珠を見し者多し

◎賊魁。中宵に長劍を擲つ。

貞翼公、少時山門に射獵し、獸を逐ひ轉じて山深き處に入る、日將に暮れんとす、四顧人家無く、心甚だ惶忙す、轡を按じて草路を尋ね、數岡を歷盡し、一處則ち山凹の處に到る、一大瓦家有り、仍て馬を下り門を叩けども、則ち一の應ずる者無し、居ること食頃にして、一女子內より出でゝ曰く、此の處は客子の暫くも留るの地に非ず、速に出て去れと、公其の女子を見れば、則ち年は卄餘なる可し、容貌頗る端麗なり、公對て曰、山谷深く、日勢暮れたり虎豹橫行の地に難辛し、人家を尋覓して來る、是の如く拒絕するは何ぞやと、女曰く、此に在らば、則ち必死の慮有るが故也、公曰く、門を出では猛獸に死す、寧ろ此の處に死せんのみと、仍て門を排して入る、女子其の奈何ともする無きを料り、遂に之を延て室に入る、坐定まるや、公其の留る可らざるの故を問ふ、女曰く、此は是れ賊魁の居也、妾も亦た良家の女子、年前に此の賊魁の爲めに摽略され、此に在る幾年、尙ほ虎口を脫するを得ず、賊魁適ま獵行を作し、姑く未だ還らず、夜深に必ず來らん、若し客子の此に留るを見ば、則ち妾と

客と倶に首を一劒の下に授く可し、客子は何許の人なるを知らざるも、空しく賊魁の手に死せん、豈に悶せざる可けんやと、公笑て曰、死期迫ると雖、夕飯を闕食す可らず、斯に速に備え來れよと、女子賊魁の飯を以て之に進む、公飽くまで喫せる後、仍て女を抱て臥す、其の女牢く拒んで曰、此の如くせば將に後患を如何せんと、公曰く此の地頭に到る、之を削するも亦た反し、削せざるも亦た反し、靜夜人無きの際、男女一室に同處す別嫌を欲すと雖、人孰れか之を信ぜん、死生命有り、惻を恐るも何ぞ益せんと、仍て之と與に交も偃臥して、自若たり、居ること食頃にして忽ち、剝啄の聲を聞く、又た擶を卸すの聲有り、其の女戰慄して面に人色無し、曰く賊魁至る、此れ將た奈何せんと、公聽て聞かざるまねす、己にして一大漢、身の長け十尺、河目海口、狀貌雄偉、風儀獰猂、手に長劍を執り、半醉して門に入り公の臥するを見て、高聲大に叱して曰、汝は是れ何許の人ぞ、敢て此の處に來て人の妻を奸すと、公曰、徐に山に入り獸を逐ふ、日勢已に昏れて、此に寄宿すと、賊魁又た大叱して曰汝は是れ大胆、此の處に來らば則ち外廊に處て可也、豈に敢て內室に入て、他人の妻を犯す已に是れ死罪なり、汝は是れ客子にして、而も主人を見て禮を爲さず、偃臥して之を見る、此れ何の道理ぞ、能く死を畏れざる乎と、公笑て曰、此の地頭に到る、吾れ貞白一心にして男女席を分て坐すと雖、汝豈に之を信ぜんや、人の斯の世に生るや、必ず死有り。死何ぞ懼るに足らん、汝が之を爲すに任かすと、賊魁乃ち大索を以て公を縛し、之を樑上に懸け、顧て其の妻に語て曰、廳上に山獸の獵し來れる者有り、汝須く洗て炙き來る可しと、其の女戸を出て山猪獐鹿等の肉を宰割し、爛熟して一大盤に盛り、以て之を賊魁に進む、又た之に酒一大盆を進めしめ、數盃を連倒し、劔を抜き肉を切て之を啗ふ、更に一塊肉を以て劔鋩に挿して曰、何ぞ之を房に置き獨り喫す可けんや、渠れ當死の人と雖、味を知らしむ可しと、仍て劔頭の肉を以て、之を與ふ、公口を開き受けて之を啗ふ、少しも疑懼恐懾の狀無し、賊魁之を熟視して曰、大丈夫たる可きに足ると、公曰汝我を殺さんと欲せば、則ち之を殺すも可也、何が爲めに是の如く遲延するぞ、又た何ぞ大丈夫小丈夫を之れ言はんやと、賊魁劔を擲て起ち其の縛を解き、手を把て坐に就かしめて曰、君の如きは是れ天下の奇男子なり。吾れ初めて之を見る、將に世に大に用ゐられ、國の干城たらん、吾れ何を以て之を殺さん、今より以後、吾れ知己を以て之を許さん、彼の女子は、是れ吾の妻と雖、眷君既に之を近けば則ち君の内眷也、吾れ何ぞ更に近づく可けんや、且つ庫中に積む所の財帛は、一に之を君に付せん、君辭する勿かる可し。丈夫の世に爲す有る、手に錢帛無くんば、何を以て營み爲さん、吾は則ち此れより逝かん、日後必ず大厄有らば、君必ず我を救へと、語り罷むや飄然として去り仍て去向を知らず、公其の馬を以て其の女を載せ、且つ廐上繫ぐ所の馬匹を以て、盡く錢帛を載せ山を出づ、其の後公は顯選して、訓將兼捕將を以て、外邑上より一大賊魁の、將に之を按治せんとするの際、其の狀貌を細察すれば、則ち即ち其の人也、乃ち往事を以て、榻前に奏達し、仍て曰、放て之を校列に置かんと、次々推遷して登科に至り、位は閫任に至ると爾か云ふ。

◎老翁。提督を犯して。牛に騎る。

宣廟壬辰の亂に、明將李提督、如松、旨を奉じて東援す、平壤に捷つや、入て城中に據りい山川の佳麗を見、忽ち異心を懷き、宣廟を動搖して、仍て之に居らんとするの意有り、一日大卒僚佐、宴を錬光亭上に設く、江邊の沙場に一老翁の、黑牛に騎て過ぐる者有り、軍校の輩高聲に辟除す、聽けども聞かざる若くし、轡を按じて徐に行く、提督大に怒り、之を拿し來らしむ、則ち牛行疾からざるも、而かも校輩以て追及する無し、提督忽ち怒に勝えず、自ら千里の馬に騎り、劍を按して之を追ふ、牛は行て前に在り遠からず、而も驟行飛ぶが如きも終に及ぶ可らず、渡を踰え水行幾里にして、一山村に入る、則ち黑牛は溪邊に繫ぎ、垂楊樹前に茅屋有り、竹扉掩はず、提督意ふに、此の老人此に在りと、騾を下り、劍を杖て入る則ち老人起て軒上に迎ふ、提督怒叱して曰、汝は是れ何處の野老ぞ、天の高きを識らず、唐突此に至る、吾は皇上の命を受け、百萬の衆を卒ゐ、來て汝が邦を救ふ、則ち汝必ず知らざるの理無し、而るに乃ち敢て馬を我が軍前に犯す乎、汝が罪死に當すと、老人笑て答て曰、吾れ山野の人と雖、豈に明將の尊重を知らざらん乎、今日の行は、專ら將軍を邀へんが爲めにして、鄙所に枉げられんとを欲しての計也、某窃に一事の奉托する者有り、言語を以て道達し難き故を以て、已むを得ずして此の計を行ふ耳、提督問て曰、托する所何事ぞ、第だ之を言へ、老人曰、鄙に不肖の兒二人有り、士農の業を事とせず、專ら强盜の行を行ふ、父母の敎に從はず、長幼の別を知らず、即ち一禍根なり、吾の氣力を以てするも、以て之を制する無し、窃に伏して願ふ、將軍は神勇世を蓋ふ、神威を借て此の悖子を制せんと欲する也と提督曰、何處にか在る、答て後園の草堂に在りと、劍を按し入れば、則ち兩少年有り、共に書を讀む、提督大聲叱して曰、汝は是れ此の家の悖子か、汝が翁我をして除き去らしめんと欲すなり、謹で我が一劍を受けと、仍て劍を揮ひ之を擊つ、少年は聲色を動かさず、徐に手中の書を棄て、竹桿を以て迎えて劍を擊つ。乃々錚然として一聲折れて兩段と爲て地に落つ提督氣喘ぎ汗流る、少焉くして老人入り來り叱して曰、小子焉んぞ敢て禮無きと、之をして坐を退かしむ、提督老人に向て言て曰、彼れ悖子は勇力非凡なり、以て抵當する無くんば、恐らくは老翁の托に負かんと、老人言て曰く、俄く戯言のみ、此の兒膂力有りと雖、渠れ十輩を以てするも、敢て老身一人に當らず、將軍は皇旨を迎え、東援し來て、島冠を掃除し、我が東をして再び基業を奠めしむ、將軍凱を唱え還歸して、名を竹帛に垂れば、則ち豈に夫の事に非ずや、將軍此れ之を思はず、反て異心を懷く、此れ豈に將軍に望む所の者ならん耶、今日の擧は、將軍をして我東にも亦た人材有るを知らしめんと欲するの計也、將軍若し圖を改めずして、迷に居らば、則ち吾れ老と雖、將軍の命を制す可きに足る、之を勉めよや山野の人、語甚だ唐突、惟だ將軍、察を垂れて之を恕せよと、提督半晌語無く、頭を垂れ氣を喪ひ、仍て諸々として門を出づと云。

◎新婦虎を拚て。丈夫を救ふ。

湖中の一士人、子の婚を隣邑五六十里許に行ふ、新郎醮を罷めて、夜に新房に入り新婦と對坐す、夜將に半ばならんとして、一聲霹靂、後門破碎す、忽ち一大虎有り、房中に突入し、新郎を捕へて去る、新婦蒼黃として急に起ち、乃ち虎の後脚を抱て捨てず、虎直に後山に上る、其の行く飛ぶが如し、新婦死を恨み隨ひ去り、岩險の高下も、荊棘の叢樾も計らず、衣裳破裂し、頭髮散亂し、遍身血流るも猶ほ止るを知らず、行くこと幾里にして虎も亦た氣盡く、仍て新郎を草嵓の上に抛棄して去る、新婦始めて乃ち、精神を收拾し、手を以て身躰を按撫するに、則ち命門の下微かに溫氣有り、四顧察視すれば、則ち嵓下に一人家有り、後窓微かに火光有り、其の虎行て遠く去るを度り、乃ち徑を尋ねて下り、後戶を開て入る、則ち適ま五六人有り會飮す、肴核浪藉たり、忽ち新婦の入るを見る、滿面の脂粉は、血に和して凝り遍身の衣裳は、隨處に裂け、之を望むに卽ち一女鬼なり、諸人皆な驚て地に仆る、新婦乃ち曰、我は是れ人也、列位幸に驚駭する勿れ、後嵓に人有り、方に死の境中に在り、幸に急に救へと、諸人驚魂を收拾し、一齊に火を擧げて、後嵓に上れば、則ち果して少年男子有り、嵓上に僵仆し、氣息將に盡んとす、諸人之を審視すれば、乃ち是れ主人の子也、主人大に驚き擧げて之を房內に臥せしめ、灌ぐに藥水等の物を以てす、數更の後乃ち甦る、擧家始めや驚惶し、終りや慶幸す、蓋し新郎の父、送婚を治めて、適ま隣友を會し、飮酒の際は則ち其の家の後也、始めて其の女子の新婦たるを知り、延て房に置き、饋るに粥飲を以てす、翌日新婦の家に通ず、兩家の父母皆な驚喜せざるは莫く、其の婦の至誠高節を嘆ず、郷里の多士、其の事を以て官に呈し、營に呈し、承旋して之を褒するに、典を以てすと云。

◎別科を設け。少年高く中る。

成廟、時に或は微行す、一夜雪月照り輝く、數三の宦侍と與に微服して行く、行く々南山の下に到る、時政に三更、萬籟倶に寂たり、山下に數間の斗屋有り、燈火明滅し、讀書の聲有り、上、幅巾道服を以て、戸を開て入る、主人驚き起ち、坐に延て問て曰く、何處の客子ぞ深夜此に到ると、上對て曰、偶然過ぎ去るに、讀書の聲有り、故に來り訪ふ耳、仍て問て曰讀む所は何の書ぞ、曰く易經也、上之と問難す、應對流るゝが如く、眞に大儒也、年幾何ぞと問ふ、曰く五十餘なり、科工を廢せざる乎、曰く數奇の故に屢ば科場に屈す、請ふ私草を見よと、乃ち出だし示す、則ち個々名作也、上怪んで問て曰、許の如き實才にして、尙ほ未だ科を決せざるは、此れ則ち有司の責也と、對て曰、奇窮の之を致す也、何ぞ有司の公ならざるを怨まん乎と、上其の中の一篇題と作る所とを暗記す、仍て問て曰、再明、別科有らば其れ或は之に問ふや否やと、對て曰、問知を得ざらん、何の時令を出す乎、上曰、上より命有らば、第だ努力して之を見よと、仍て辭して出で、掖隷をして、十斤の肉、二斛の米を以て外より之に投せしめ、去て宮に還る、仍て別科を設け、期に及んで御題するに、向日の夜、儒生の私草せる題を以てし、出し揭げて只だ其の文の入り來るを待つ、幾ならずして試劵入り呈す、果して是れ向夜覽る所の賦也、上より大に稱賞を加へ、多く御批を下し、擢でゝ第一に置く、其の折榜の時に及で、呼び入る、新恩は則ち向夜見る所の儒に非ず、即ち少年儒也、上訝然として敎て曰、此は是れ汝の做す所かと、對て曰、非也、果して小臣の老師が、私草中に逢ふて書呈せりと、上又た敎て曰、汝が師は何ぞ赴かざるやと、對て曰、小臣の師は、偶ま米肉に飽き、猝に關格を患て、入り來るを得ず、故に小臣其の私草を懷にして來ると、上點然なる良や久うして、之をして退かしむ、蓋し賜ふ所の米肉、飢腸に過飽して、病を生せる也、由是觀之ば、豈に命に非ず耶、此の儒生、此の病に仍て起たずと云。

◎錦袍を製し。夫人善く相す。

文谷金公、諱は壽恒、夫人は羅氏、明村、羅良佐の妹、識鑑有り、女の爲めに婿を擇ぶや、第三胤の三淵をして、往て閔氏の諸少を見、婿を定めしむ、三淵往き見て告げて曰、閔家の兒は、皆な氣短く且つ貌颺らず、合す可き者無しと、夫人曰、此れ是の名家也、後進必ず然らざらんやと、其の後三淵、擇んで李氏の兒を定め、來て告て曰、今日果して佳婿を得たりと、夫人問て曰、誰と爲し、而して風範は如何、對て曰、風儀動盪、才華發越、眞に大器也夫人曰、若し然らば則ち好し、婿を迎え合巹の日に及で、夫人見て歎じて曰、三兒は目有て珠無しと、三淵怪んで之を問ふ、則ち夫人曰、新郎佳は則ち佳なり、壽限大に足らず、遠きも三十に過ぎず、汝何の取る所にして定むるやと、己に之を熟視し、又た歎じて曰、吾が女先つて死せん、亦た復奈何云々と、三淵を責めて已まず、三淵終に然りと爲さず、一日、閔趾齊鎭厚、閔丹岩鎭遠、諸從兄弟、倶に弱冠を以て、適ま事有つて來る、三淵入り告げて曰母氏毎に閔家の連婚を得ざるを以て、恨みと爲す、今ま閔家の少年來れり、母氏窓隙より窺ひ見ば、必ず小子が言の誣ゐざるを下諒せんと、夫人窺ひ見て、又た三淵を責めて曰、汝が眼果して珠無し、此の少年は、倶に是れ名家貴人、名を後世に垂るの大器也、惜ひかな連婚を得ず、其の後果して其の言に符し、閔公倶に大に達し、李氏年纔に三十、參奉を以て夭し夫人は先つ一年にして沒す、夫人嘗て錦布三端を織り、一端を以て文谷の冠服を造り、二端は深く藏す、第二胤農岩、登第せしも、而かも朝衣を造るを許さず、其の後、夢窩蔭官を以て登第す、仍て朝衣を造らしむ、一端は又た之を藏す、孫婿趙文命、登第す、又た朝衣を造らしむ、三公倶に位三公に至るも、夫人の意以爲らく、未だ三公に至らざるの人とし、許す可らざるが故也、農岩登第して入り謁す、夫人眉を嚬めて曰、何爲れぞ山林處子の樣の如きやと、其の後、夢窩登第して入り謁す、則ち笑て曰、大臣なり云々と

◎書封を傳へ。千里父親を訪ふ。

車德鳳、大興は、斗蓮里の士人なり、同鄕の文官に隨て、北靑の任所に往き、衙客と爲る、旅鎖の無聊中に、偶ま官妓楚岸と私有り、娠孕數月、其の文官、事に坐して罷め歸る、德鳳も亦た同じく還る、行に臨で一扇を贈り、別に其の扇に題して曰、男を生まば、則ち名くるに大興を以てせよ、女を生まば、則ち名くるに斗蓮を以てせよと、其の自家居る所の地名を志るし、以て他日名を顧み義を思ふ所以の意也、期に及で、女を生み斗蓮を以て名づく、而も德鳳は以て之を知る無し、北靑の大興に距る千有餘里、聲息相ひ及ばざる者、積んで年有り並に贈扇作名の事を忘却す、一日德鳳痁を患ひ、危に瀕し涔伏枕席、殆ど省覺無し、忽ち同

里に居る士人某の奴有り、京より下り來て書封を投じ傳ふ、而して謂ふ、掌令安某の家より傳來する者と、又た衣服、裸蔘茸等の種有り、德鳳大に駭き異しむ、病を扶けて開き視れば則ち乃ち斗蓮が手自ら修送する者にして、書中の辭語に、生來父の顏面を識らざるを以て、人の喚爺を聞けば、怛然として戚を懷ひ、以て自ら人類に齒する無し、若し父親の在世を知らば、則ち當に千里を遠しとせずして、尋ね覲ゆ可し、一たび父の顏を識らば、則ち生きて恨む所無く、死するも當に瞑目す可しと、紙を聯ね牘を屢し、辭意悃惻たり、德鳳是に於て悦然として大に覺り、乃ち楚岸の生める女にして、果して斗蓮を以て名と爲し、而して長成に至れるを知る也、一喜一悲、情を定むる能はず、疾を力め答を作り、且つ斗蓮詞一関を搆え之に付す、德鳳の病は則ち、其の女送る所の藥に因て、差や起色有り、是の年秋、斗蓮即ち其の由を呈訴し、暇に由て往き覲るを得んことを請ふ、其の倅其の情を憫み、其の意に感じて、特に之を許す、遂に裝を治し馬に騎り、間關千里にして、來て其の父に洪州の金馬川に見ゆ、蓋し大興より移居せる也、相ひ持して感泣し、留連侍娛す、刷有り朝に還るに因り、別れ去らしむ、其の後暇を討し來り見る再三に至る、則ち必ず久しく留り、去るに忍びず、竟に侍するを得、服喪を終て皈り去ると云。

◎天星を覘ひ。深峽に異人に逢ふ。

京中の一士人、北關に往き、皈る時山中の捷經を取て還る、一日行て伊川の界に至り、日色晩し、山勢四圍、大木天に參じ、豹虎晝嗥え、狐狸橫行徘徊す、四顧寂として人跡無く、危怖して行く々人烟を尋ぬ、忽にして大石を見る、中開けて石門の若く然り、大川有り、其の中より流出し、青葉時々流れに隨て下る、其の人曰、此の間必ず人居有り、武陵桃源に非ずんば、必ず是れ天臺の隱居也と、其の奴をして、水に浮んで入らしむ、良や久うして、其の奴小舟に乘て來る、其の士人遂に船に乘り、其の奴と與に船に棹して流に溯る、水盡くる處に至り、船を艤し岸に登り、尋ねて一處に至る、人家數百戶の居有り、山高く谷深く、塵埃到らず、村居蕭洒、政に是れ別界也、老翁有り、筇を携て出づ、衣冠古野、儀表俗を出づ來り迎へて曰、此の地深邃にして、人世と通烟せざる者、已に百餘年なり、世知る者無し、予何を以て能く入り來る耶と、其の士人、告ぐるに山行路を失するの狀を以てす、其の老人之を延て坐に入り、饋るに夕飯を以てす、山菜野蔬決して世間の味に非ず、仍て與に同宿し、相ひ與に從容談話す、仍て言ふ、幾代の祖より、塵世俗を厭ひ、同志五六人を携え、卜して此に占む、今は幾百年を爲す。蹤跡一も山を出でず、男を生み女を生み、相ひ與に婚姻し、今は數百戸の大村と爲る、田を耕して食ひ、布を織て衣る、是非到らず、租稅出でず、只だ葉落るを以て秋と爲し、花開くを春と爲す云々と、夜深く庭中を歩む、忽ち一星の隕るを見る、遽に驚て曰、平郎の朴震憲死せりと、仍て歎じて曰、久しからずして兵亂有らん、此れ將た奈何と、其の心に之を異しみ、潜に其の日子を行中の小冊に錄す、老人に問て曰、兵亂若し起らば、則ち何を以て禍を避けん乎、請ふ其の生の方を指示せよと、老人曰、若し江陵三陟の地に避けば、則ち以て禍を免る可しと、其の翌其の人石門を出で、家に歸る時、徑に平郎村に至る、此に朴震憲と名を稱する人有りや否を問ふ、村人曰く、已に死せり、其の日子を問ふ、乃ち是れ星隕るの夜なり、丙子の冬金虜の亂に及んで、其の人老人の言を思ひ、遂に妻子を挈え、三陟の地に往き、終に全家無事に至ると云。

◎三辨を屈し。善く辯じて。宰相を動かす。

古へ一出身有り、兵判と面熟し、一命の願切ならざるは非らず、兵判の門に三出身の緊切の者有り、其の一は李文德也、其の二は魚必遂也、其の三は鄭彥衡也、三客日を逐て暱侍す、兵判も亦た娓々として容接す、此の出身は、本と郷曲勢無きを以て、兼て彼の輩の座に在るを以て、隙に乗ずる能はず、從容として情を陳べんとするも、毎日問候の者、厭れ惟だ久し彼輩も亦た其の故を知り、相ひ與に完議し、一も先つて退かず、此の出身、官の請を乞はんとするも奈何ともす可き無し、一日大監早く公衙を罷め、無事端坐す、只だ三客及び此の先達の爛熳と、酬酢して曰、君が輩射場に在る時、想ふに、多く古談を聞かん、我が爲めに、呢喔以て今日の閑を消せよやと、三客未だ口を開くに及ばざるに、郷先達、座を出で先づ語て曰、小人に一古談有り、昔し一措大の李姓なる者有り、其の妻と早くより和を失し、曾て衽席の樂有らず、是を以て年四十に近くして、未だ子女有らず、一日措大、內房に覓む可きの物有り、軒に升り窓を開けば、則ち夫人適ま虱を獵するに當り、方に裙を解き膚を露す、丈夫猝に入り、遂に急遽揮掩す、而も措大は則ち已に、其の體膚の肥白、滑澤溫潤柔軟なるを見、情欲大に動き、忍住す可らず即ち其の席に不時の會有り、是より孕胎の慶有り、琴瑟の友、衽席の樂み、以て加る蔑し、二十年の和を失へるは、一場の夢境と謂ふ可し、焉に於て十朔邊に過ぎて、一の明璋瑞鳳を生み得たり、門戸の慶、此より大なるは莫し、父母之を偏愛し、之を顧み之を復し、未だ嘗て須臾も膝を離さず、遂に其の妻と與に將に命名せんとす、夫忽ち呀々と笑を發して曰、斯の兒を得たるは、他人の和せる夫妻が生產せると、同年にして廋す可らず、積年反目の人、忽然として情を、虱を捫るの時、裙を解くの際に牽き、遂に同寢の歡有りて、此の奇男の生るゝを致せり、此の兒を之れ得たるは、夫人虱吻の德也尋常壽福の字を以て命名し、名を顧み義を思ふ可らず、其の奇遇を以て、遂に之を名けて文德と曰ふ、此れ捫虱の時搆會せるの即景に出で、之に著るに名音に於てし、並に其の姓を並べ之を呼べば、則ち李文德の三字なり、釋音を以て之を換れば、則ち亦た虱吻德の三字に外ならず、是を以て戶籍の上、書札の次、科榜の上、皆な書するに、李文德の三字を以す、當初虱を獵する時、搆犯に由る所なるは、人皆な此の名の上に於て之を知る、此れ顧名の思ひ、即景の表に出づと雖、其の父の必ず此の三字を以て、之に名くるは少く過たずやと、大監と魚鄭二客は、絕倒に勝えず、就中眞個の李文德は耻るが如く、怒るか如く、逡巡然として一語を發せず、身上病有りと謂ひ、告げ退て去る、兵判善と稱して已まず、他話を請ふ、鄕先達又た曰、古は窮貧家有り、夫婦琴瑟甚だ調ひ、氣血最も津る、未だ四十ならずして、六七子女有り、謂つ可し、會すれば輙ち娠む也と、之を見れば甚た焼々たり、弊衣惡食頗る亦た矜む可し、家に看兒の婢無く、一に生む所をして、二に生む所を負はしめ、三に生む所をして、四に生む所を負はしめ、次々之を抱負し、一時刻も、卸す無く、層々赤暈を擔ふ、蓬頭龜膚を以て、負兒の役に勞碌す、或は一兒の脊に負ふに善からずして、啼て呀然たる有れば、則ち、所謂母夫人は、性の暴なる度に過ぎ、其の大なる者を亂打す、小なる者の連疊して生れ出るは、實に大なる者の一大憂患なり。一夜則ち其の丈夫、適ま遠方より、朔を經て家に還り、妻及び子女と、內房に同宿す、大なる者は遠くに臥し、小なる者は近きに臥し、最も小なる者は尤も近くに臥す、夫と妻とは、則ち枕を同くし並び臥す、而して房甚だ狹窄、從容動靜すと雖、知覺有る者は、則ち必ず當に揣摩す可し、夜の深くるや、琴瑟阻餘の情を以て、果して構會の擧有り、小輩は俱に爛宿するも、稍や大にして覺むる者有れば、以て之を冷突す、故に適ま睡に就かずして、其の父母の爲す所を默察し、獨語して曰く、背負手又た出づと、其の平生兒を負の役を以て、母の打を受け、一片の寃抑、中に撑結す、此の新弟の又た出の地に値へば、則ち負兒の役は、宜く前に倍す可し、中心の悶ゆる所、自から中に發して中たるを知らず、負手出の三字を以て口に出すなり、此の說も亦た理に近し、負手の二字は、釋音を以て之を揆れば、則ち完然として、魚必遂の三字と爲ると、大監と鄭出身とは、絕倒に勝えず、就中、眞個の魚必遂は、憮然として痴の如く、又た家事を以て辭し退く、座に在る者は、只だ鄭彥衡一人なり、大監又た之を先達に請ふ、又た續て告げて曰畿內の一幼學、既に閥閱無く、又た文學無く、亦た財產の取る可き無く、又た交遊の觀る可き無し、誇矜す可き所の者は、只だ戚從一兄有り、前行正言を以て洛下に在る而已、性又た卑賤なり、素より多く常漢に侮らる、一日則ち洞內に辱められ、常漢の酒を使ふ者、發憤恐喝して曰、吾れ正言兄主に見ね、告ぐるに此の憤を以てせば、則ち當に法に依り猛治せらる可しと、再三威脅誇矜常に非ず、彼れ醉漢は、素より頑冥の人を以て、厥の班の畏れ無きを熟知す、亦た豈に厥の班の異姓從兄、洛下に在る前行正言を畏れんや、又た醉に乘じ憤を發し、臂を揚げ惡を肆まにして曰、汝の正言兄は何物ぞ、汝の正言兄は、吾が鳥の如し、汝の正言兄は、吾が亦の如しと、甚だ譏侮の多端、醜辱無數に至る、今日之の如く、明日又た之の如く、日復た日、道ふ可らざるの辱を口にし、全く正言兄の身に及ぶ、所謂正言兄なる者公然と鄉曲に辱められ、戚從に之れ由るは、豈に橫罪に非ずや、而して、彼の漢の所謂正言兄の三字は、字音を以て之を聽けば、則ち座に在る鄭彥衡と、姓名酷た參差無し、大監又た絕倒を爲す、就中、眞個の鄭彥衡は、憤るが如く、愧づるが如く、又た憮然として退く、座遂に空々として一人無し、遂に爛熳は、仕を求む、大監其の善口辯を喜みし、特に初仕一窠に除すと云。

◎異形に問ひ。洛江に閫隱に逢ふ

博川の一抱手、妙香山に獵す。妙香山は。蓋し大山人跡到らざる處也、砲手は一鹿を見。幾んど捕へんとして未だ捕へず、終日之を逐ひ、境を畢るも得ず。轉じて深山窮谷に至る。日も又た黃昏、向ふ所を知らず、恐惕危惶の際、微路の絶壁中に有るが若し、遂に前行する數里にして、一草廬を得たり、廬は是れ十二間、通じて長く、一間は則ち廚也。餘は皆な門窓無く、戶壁長々として房に通ず也、廚に一美艾有り、方に夕飯を炊ぐ、客を見て甚だ驚怪せず、砲手告ぐるに、深山に路を失ふを以てす、美艾欣悦して之に應ず、砲手は、少年の風情を以て。試に挑むに春情を以てするに。亦た差怍の意無し。遂に容易に之に會す、少頃して夕飯を進む。餐は則ち。純ら熊掌。鹿脯猪肉等の屬を用ゆ、男丁の有無を問へば、則ち曰、獵に出てたりと、二更の際人跡の聲有り、女人忙ぎ出で之を迎ふ、只だ見る、巨人來て庭に立つ、搶を地に脫す、搶の大さ間屋の如し。而して其の人や。巨且つ長高、屋宇の上に過ぐる八九長。房內より其の面を見る能はず、顧みて其の妻に語て曰く、來客を善く待てるや否曰く然り、遂に房に入る、其の身の太だ長きを以て、屋の中央より入る能はず、屋の長頭より、次々俯して入り、即ち長く臥す、長さ十一間の房に亘る、蓋し其の人長臥すれば、其の座の高さを以て、屋楔に伸ばす能はざるが故也、遂に砲に語て曰、終日鹿を逐て獲ざるや否曰く然り、曰く彼の艾と之を會するや否、砲以爲らく、彼の炙異なる、是の若く大長なり、吾の罪を作るは、渠れ旣に之を料る、亦た以て之を誣ゆ可らずと、遂に直に告げて死を請ふ長人曰く、傷む無き也、吾れ彼を置くと雖、飲食に隨從せしむるに過ぎず、初より犯近せず汝の相ひ會せるは、實に關せざる所なり、少しも畏慮する勿き也と、其の女を顧て曰、饋を備へ來れと、女は命を承けて出て、俄者負ひ來れる大一猟を截殺し、之を大盆子に盛り、之を前に進む、蓋し共に肉のみ、他の供無し、之を啗ひ沒す、其の宿に就くに當て、更に女に謂て曰、彼の客と同寢せよと、女は客に昵臥すと雖、客並ひ臥すと雖、疑ひ畏れて、終夜各寢せり、詰明更に其の長物を見れば、則ち臥す、其の女を呼んで曰、客の供も我が供も、一幷に備へ來れと、女承け順ひ備へ進む、蓋し客は則ち、飯にして餐は熟を用ゐ、彼は則ち又た生肉を以て盆に盛る也、吃ひ罷んで、其の物や長を曳て、房外に出づ、長蝸の搖動するか若きに似たり、直に向頭の處より、匍匐して出で來り、庭に至り遂に坐して曰、吾れ客相を觀るに實に福力多し、汝の昨日入るは、此れ亦た吾の引き來る所也、彼の艾は則ち、此に在るも緊無し、畏るゝ無く卒ひ去れ、且つ吾の集る所の、虎豹獐鹿熊猪の皮、之を積むも用無し、以て汝に給せんと欲す、而かも汝は則ち、力孱くして多く負ふ能はじ、吾れ當に盡力して之を輸す可しと、遂に大網に、其の石窟中に山積の皮を充て、肩に荷ふて出で曰く、汝は彼の女を卒ひ、我に先つて行くに論無し、某地は船舶の止る處也と、砲の安川、浦口に至るや、彼の長物は、山の如きの皮を負ひ、亦た此に到り、之に謂て曰、負ひ來れる物は、其の價を論せば、宜く汝か家の產と爲る可し、吾れも亦た汝に請ふ所の者有り、汝は第五日を須て、二隻の牛を殺し、百石の壚を買ひ、我を此に待て、吾れ當に復た至る可しと、遂に告別して去る、砲は、舟を賃し女と皮とを載す、彼の女は則ち之を妻とし、皮は則ち發賣して數千金を得、長物の人の與へしや否は、女も亦た知らず、第五日は至り、牛を殺し壚を載せ、往て信地を候ふ、長物果して至る、又た前の如き皮を負ひ、二牛と壚百石を沒食して、則ち收めて皮の網に盛り之を荷ふ、全く力を費さず、又た告げて曰、後五日又た壚を備ふる前數の如くし、我を此の地に待てと、砲は敎の如くす、而も牛は則ち、之を思ふに、彼の物の忘れて未だ及ばざりし也と、又た二牛を殺し、往て此を待つ、長物又た來て、皮屬を負ふ亦た前日の如し、鹽を收め網に盛るも亦た前日の如し、殺牛を見るに及んで、則ち邁々として首を搖して曰、食を欲するが如くんば、曷んぞ先托せざらん、今番は則ち理として食ふ可らずと掉々然として去る、砲は、實情を以て挽き執へて捨てず、曰く、既に同類に非ず、且つ宿誼無し、而るに公然我を引き我に妻はすに美女を以てし、我に給するに、三負の皮、價は即ち萬金を以てす、今の殺牛は、敎を承けずと雖、實に恩德に感じ、中心より之を貺ふなり、何ぞ一たび嘗めざると、再三申懇す、長物忽ち籌思して指を屈し曰、之の限を退くと雖、汝は則ち瘞む可しと、遂に沒喫し去り曰、今は一別遂に千古と作らん、健在にして他無かれ、珍重自護せよと、砲も亦た前に跪き、路を遮て曰、人の相知るは、類を相ひ知るを貴ぶ、況や永別に當て、其の類を分たざるは、此の心抑欝して區々に勝えず、未だ尊形を知らず、人か、獸か、魍魎か、抑も亦た山靈か、長物曰く、法として以て我より之を喩ふ可らず、汝は明年端午の日を以て、往て洛東江の津頭を候へ、草笠、靑袍、烏驢上の美少年に遇ひ、之に問はば、則ち以て知る可しと、悠然として逝く、砲手は、一は則ち疑怪し、一は則ち怡悵し三負の皮を賣り、遂に關西の陶朱と爲る、而して苦に端午を待ち、往て洛津を候ふ、果して一行次に逢ふ、見る所、長物の言ふ所と照合す、馬頭に禮を作し、請ひ問ふに、彼の物の前後來歴を以てし、一々仰ぎ質だす、厥の班、愀然として長歎し曰、此は是れ消息に好しからざる也、此れ禹也、禹の物たる、其の存するや、幸に其の亡ぶや、不幸なり、蓋し天地純陽の正氣を以て、化して英雄豪傑と爲り、而して主は聖に、臣は直く、國泰く、民安ければ、則ち好大の人才も、濟世の功を爲すに足る無し、故に其の氣や、以て英雄豪傑と爲らずして、捲て禹と爲り、之を深山窮谷に藏す、夫の世道板蕩し、厄運將に至るに及べば、則ち禹は遂に自盡して、鹽に非ざれば則ち得ざる也、既に盡るの後は、則ち之を宇宙に散じ、許多の英雄を鐘生す、此の輩の出づる、豈に徒然ならんや、彼の鹽を索むるは、將に以て鹽を食つて盡に就かんとすなり、蓋し其の食ふや、五日に一たび飽けば則ち蠢く、而して中間若し生肉を食へば、則ち其の蠢の氣は、退くこと五日、其の再度の牛を固辭するは、良に此を以て也、嗟呼三十年ならずして、左海の英雄豪傑は、漢季麗國に異る無く、其れ殆ど盡きん乎、然れども汝の福力は賀す可し、彼れ己に之を知る、又た既るに德妻を以てす、而して彼の犯さゞるを以て謂ふも、亦た實言也、人の氣を稟るや、男を陽氣と曰ひ、女を陰氣と曰ふも、而も男は純陽に非ず、女は純陰に非ず、男は陽中の陰有り、女に陰中の陽有り、是の男女交會の理を以てして、禹は則ち都て是れ陽氣なり、苟も是れ全陽なれば、則ち搆會する能はざるも、亦た理也、汝が妻は、則ち果して清潔にして他無けん、砲大に之を異とし、更に腰を折り禮を作して、行次の姓名を請ひ問ふ、曰く吾は鄭夢周也と、遂に舟を招き江を渡て去る、三紀ならずして國内大に亂れ、許多の英雄踵を接して出づ、此れ豈に亡禹の化する所に非ざらんや、生靈の屠戮せらるゝ、啻に魚肉の如きのみならず、而も砲は則ち、一門無事にして死亡無しと云。

◎草堂に坐し、三老、星を禳る。

在昔、宣廟の甲申正月に、洛下の士人、李姓なる者、適ま江陵の地、乘欵段に事有り、困頓として行を作し、絶峽の境に至り、迷ふて道を失す、人困み馬罷れ、日暮れ店遠く、向ふ所適する莫し、忽ち林樾の間に、一牧童に逢ひ、路を問ふ、牧童越岡を指して曰く、此を踰れば、其の姓班の家有り、此の外に他の人家無しと云ふ、士人は、言ふ所に依て、岡を踰て視れば則ち一草屋有り、數三間のみ、他の村落無し、直に其の家に向ひ之を叩く、一個の老人有り年六十餘なる可し、頭に破毛の冠を載く、傍に一個の童子有り侍立す、翁欣然として迎接して曰、此の如き窮境に、客何を以て到れるやと、其の士、山に入り路を失ふの狀を言ふ。主人主の宿宿を許す、仍て靜坐を爲し默して一言無し、思量憂慮する所有る者の如し、然ども其の士も亦た、閑漫に說話せず、一隅に坐す、少焉くして、侍童夕飯を持して之を進む、黃昏の時、主人忽ち侍童に語て曰、今ま已に日昏れて尙ほ來らざるは、甚だ是れ疑怪なり、汝須く戶を開き瞭望す可き也、侍童戶を開き遠望して、告げて曰、今ま方に前川を越えて來ると、主翁瞪目して之を視る、士人に謂て曰、必ず須く含默して坐す可し、必ず傍に在て口を開かざれと、少焉くして、二人來る、一は則ち措大の學究、一は則ち緇衣の老禪也、房に入り寒暄畢竟して、必ず雜言一も無し、侍童に命じ、井に汲み、水を一器に擧げ盤上に置き、香を爐に爇き、三人倶に北向し、跪坐呪語する良や久し、士人之を聽き、解得す可らず、是の如き者數食頃にして、主翁童子を呼んで曰、汝須く門に出で仰で天星を看る可しと、彼の童敎に依て出で去る、少焉くして入り告げて曰、星有り東方より墜つ、光芒地を燭らすと、主翁二客と瞪視良や久うして、一聲長嘘して曰、天數に非ざるは莫し、之を奈何せんと、士人其の樣を默視し、疑怪定る莫く妄中する無し、忽ち問て曰、主人嘆ずる所の者は何事ぞや主人曰、叔献將に死せんとす、故に吾れ此の一人と約し、天に祈り經を誦し、少く其の壽を延ばさんとす、大數の關する所、竟に靈無きに至る、俄に星墜ちて、叔献已に救ふ無しと、士人曰く、叔献は果して誰ぞや、主人曰、李某也と、士人曰、吾れ今月初に於て、京より離發せり、伊の時に李某は方に騎判を帶び、少しも微恙無し、是れ何の言ぞや、主人曰、七八年後に、和寇將に境を犯さんとす、叔献にして世に在らば、則ち庶幾くは亂を弭めん、今や己に死せり、一國の蒼生、將に盡く魚肉と爲らんとす、何を以てか生活せんと、少焉くして二人門を出づ、各の悽慘の色を帶ぶ、士人仍て問て曰、國運此の若くならば、則ち吾室儒の如きは何を以てか保存せんと、主翁曰、若し湖右、唐汚兩邑の地に向はゞ、則ち庶幾くは免るを得可しと、又た問て曰、二客は是れ誰ぞや、曰く其の儒冠の者は、其の姓名を語る可らず、其の緇衣の者は、乃ち是れ黔丹大師なり、君、山を出づる後、人に向て宣播を爲す勿れ云々と、士人京に回り之を問へば、則ち栗谷先生果して、某日を以て下世す、其の日を計れば、則ち三人祈星の夜也、其の士仍て唐汚の間に移住し、辰巳の變に當て、全家無事全きを得たりと云。

◉琳宮に會し。四儒。相を問ふ

崇禎丙子、別に春科を試み初試の爲めにす、會ま朝家に故有るを以て、明春に退定す、伊の時初試入格の儒生四人、出でゝ北漢寺に接し、會工を做す、一日僧來て士に謂て曰、此の中に神僧有り、書房の主は、登料と否と必ず之に問ふ也と、四人齋會、僧を呼び之に問ふ、賓曰、小僧人を觀るの術は、未だ嘗て稠中に顯言せず、必ず幽室中に於て、一個式に相を論じて出で送る、四人其の言に依り、箇々僧室中に於て相を論じて出で、相ひ與に之を問ふ、則ち一は曰、吾は則ち當に百子千孫を有す可しと、一は曰、吾は則ち賊將と爲らんと、一は曰吾は則ち神仙と爲らんと、一は曰、吾は則ち登科し、必ず三人に逢はんと云、一場に笑謔し之を僧の虛妄に皈す、意はざりき、其の臘に淸兵我が國を犯し、江都淊沒し、南漢圍まる、斯の時に四儒生は、各自に分散し以て生を圖るを爲す、平定の後に當ると雖、未だ相逢ふを得ず、消息を聞かざる者幾年なるを知らず、其中の一士、果して登科し嶺伯と爲る、春巡して左道安東府に至り、沂に臨む時、手に騎る客有り、門外に來て謁を請ふ、嶺伯は誰たるを知る莫し、之をして入り來らしむれは、則ち素昧の人にして、獘袍破笠、蕭然たる一介の寒士也、寒暄を叙するの後、次々酬酢すれば、則ち乃ち昔日の北漢同接の人也、一たび滄桑より、各自逃竄して死生を知らず、意外に相逢ふ、寧んぞ欣倒せざらん、其の所住を詢へば、則ち吾か居に近し、其の平生を念ひ、盖んぞ、尊駕を枉屈して、以て蓬蓽の色を生せざるやと、嶺伯乃ち其の威儀を除き、平服を以て單騎、牛背の客に隨て一壑に到る、則ち高樓巨閣一谷に充滿し、好官府の貌樣の如し、坐定つて後、騎牛の客は服を改む、藍天の翼、朱絲の笠儼然たる一大將にして、羅卒や、軍校や、嶺伯の威儀に讓らず、嶺伯乃ち大に驚き問て曰く子の擧動を視るに、賊魁に非ざるを得んや、答て曰く然り、曰く胡ぞ然して此に至る、答て曰く、兄は北漢論相の僧の語を記すや、當時は虛妄に笑へり、世事誠に料る可らず、一たび山寺に分散の後より、家屬は盡く屠戮され、吾れ獨り逃げ生き、東奔西竄、轉じて此の山に至り、亂を避けるの人に入る、此の聚中は、則ち吾が文字を以て、推して領首と爲し、其の刼樣の物は、吾れ公平を以て分ち給し、大に人心を得たり、平定の後と雖、舊に依て嘯聚し奄として綠林軍と成り、吾を以て元帥と作し此の境に至れり、今を以て之を視れば、則ち僧の相を論せるは、其れ前定ならんか、吾れ專ら一壑に據り、安んじて富貴を受く、兄の朝に除せられ、昏に遞せらる者を羨まざる也、適ま兄が行の此の地を過ぐるを聞き、故に吾れ邀へ來て之を一覽せしむなり、兄は方に伯器と雖、俱に吾に及はざるに似たり、飯後愼で追捕の念を生ずる勿れ、亦た必ず此の言を口に出さゞれ、若し然らずして妄に雜念を生せば、以て後悔を致さん、徒らに害して益無き也と、嶺伯恐惕に勝えず、唯々として還る、此れより右に巡行して、某郡に至る、行を發する時、又た措大有り、謁を請ふ、即ち延見を爲せば則ち亦た是れ向日北漢同接の人也、措大曰く、公既に此に到る、吾の住する所は、此を距る遠からず、請ふ駕を枉げ暫く臨めと、嶺伯之を諾し、向日の事に懲り、大に威儀を張て往く其の家に到れば、則ち門閭高大、附近の村落幾數百、奄として一郡を成し、多く人馬を卒るの應接、巡相支供の凡節は、雄州巨邑と雖、當る能はず、嶺伯驚て問て曰く、兄鄕谷の居を以て、何を以て支接の許多なる、卒る所苟も難き所無く、是の如く整齊せるやと、措大曰く兄は昔し北漢論相の言を記すや、昔し丙子の亂に當て、家を棄て逃生し、流れて嶺南に落ち適ま一山谷に入る、則ち亂を避るの婦女、群を聚め黨を成して居る、吾れ一男子を以て投入すれば、則ち衆女大に喜び、我を以て家長と爲し、凡百の事、關由せざれる爲し、衣服飲食の若きに至るまで、渠の輩、之を睇し之を食ひ、之を織り之を衣、意を極めて奉承す、平亂の後と雖、亦た各の歸らず、仍て卒て與に居る、幾許年と爲す、生む所の男子、頗る百數に近し、各自に婦を娶り子を生む、吾は則ち陸賈五子の分の如く、安んじて晩福を享け、是非を聞かず、榮辱關せず、令公嶺伯の寵辱相ひ半ばし、憂喜交も至るを、少も羨む無き也と、嶺伯聞き罷んで、憮然として自失す、此れより巡て、河東境に至り、智異山邊を過ぐ、忽ち空中より、嶺伯の字を呼ぶ聲有り、甚だ訝り、轎中より簾を捲き回顧すれば、則ち聲は山上より出づ、一行詳に視れば、一人有り、層岩絶壁の上に坐し、之を呼ぶ、嶺伯轎を停めて山上の人に問ふ、答て曰、君尙は吾を記せず乎、吾は乃ち某也、嶺伯之を思へば、乃ち是れ北漢同接の人也、嶺伯手を擧げ招て曰、下り來れ、曰く君必ず上り來れと、少焉くして一雙の靑衣の童を送り、腋を扶けられて上れば、則ち絶險は平地の如し、之と手を握り相ひ話して曰、君、北漢僧の論相を記すや、其の時吾れを以て仙と爲す、故に當時笑て虛妄とせり、今に到て之を視れば、寧ろ神異ならざらん哉、向山胡亂を擺脫して、家眷命を山中に逃れ、數日飢ゑ困み、糊口に策無し、濱に緣て上れば、則ち澗邊に豐草腴色有り、食に堪ゆ可し、之を啖へば、則ち甘苦味有り、盡く採て食ふ、伊の後食はずして飽き、衣ずして溫かに、山行露宿して少しも疾恙無し、行步飛ぶが如く、名川大川を周遊す、時に修道の仙に逢へば、徑を談じ年を終る、吾が一身閑寂なり、飢寒憂へず、利辱驚かす、病疾侵さず、吾の樂む所は少くも令公の高牙大纛に讓らざる也、而して其の草は是れ金光草也、亦た豈に令公の食前方丈に比せんやと、仍て倏忽の頃に、空に騰て鶴背に座す、靑衣の童子二人左右に侍立し、空に向て去る、嶺伯脊然として自失し、身の嶺伯たるを知らず、由是觀之、天定に非ざるは莫き也、過僭の言、符節を合するか如し、亦た異人なる哉。

◎幸洲に捷ち。權元帥の奇功。

鄭錦南、忠信は、宣朝中興の功臣也、初め光州の書椽と爲る。權都元帥懔れて本州の牧使と爲す、一見して其の將材たるを知る、一日水器を障子上に置き、昏夜に錦南をして、急に障子を下さしむ、錦南、烟竹を以て其の上を揮かし、先づ其の水器を下し、後に障子を下す、權公益々之を奇とす、此れより契遇甚た重んず、壬辰の亂、道路梗塞し、大駕は龍灣に在りて消息通せず、錦南自ら請て往返し、狀啓を持し、單身赴き行く、鰲城に在る李公權は公の婿也、權公の書を見、仍て朝に薦め、武科に登す、勳功を樹立す、後ち官は副元帥に至る、少時、鰲城の家に在り、鰲城善く恢諧す、錦南に對する每に言ふ、權公は別に智略無し、幸にして功を成すも、吾れ畏るに足る無き也、我をして地を易えしめば、事業を辨じ得ると必す多上なりと、錦南之を笑ふ、一日鰲城厠に如く、錦南猝地に馬を馳せ、氣喘々として突入して曰く、大事生ず々々と、鰲城驚て之を問ふ、對て曰、和兵十萬己に鳥嶺を踰ゆ、鰲報俄に至ると時に新に和亂を經て、瘡痍未だ癒えず、鰲城七年の兵間、備さに勤苦を嘗む、此の言を聞くに及んで、覺えず失措し、厠上に蹲坐す、錦南大に笑て曰、大監每に言はずや、權公畏るに足無しと、今ま何ぞ其れ怯なるや、前言は戲れ耳、請ふ權公が幸州大捷の時の事を說かん、試に之を聽け、接戰の前日、夜深けて後、權公忽ち小人を帳中に招き入れて曰、明日將に大戰せんとす、而かも未だ地形を暗せず、暗に行き周視して來らん、汝其れ我に隨えと、單騎獨り出で、江邊を巡り高阜に登り、陣勢を審察す、時に月黑く星稀に、大野蒼莽なり、忽ち聞く、鐵騎奔馳し、刃鎗亂鳴し、和兵己に匝圍するを、小人仰ぎ視て曰く、計ごと將に安ぐにか出でんとすと、權公神色自若として曰、吾れ己に賊を破るの術を得たり、第だ恐る勿れと、俄にして大喝一聲して曰、明日に戰を約して、而かも騎圍の劫を縱まするは、信に非ざる也、忠臣、汝和將の處に往き、喝を傳へて回れと、小人唯々として敢て步を移さす、又た喝しして曰、兩國兵を交え其の間に在り、速に之に往けと、遂に萬死を冒し、往て將令を傳ふ、則ち和將沉吟良や久くして、令を陣中に傳へ、之をして門を開き、出で迎へしむ、陣を夾み路を開き、劒戟人に逼り、僅に一馬を容る、公、轡を緩ふし徐に行く、陣門の外に出づるや、又た小人を呼んで曰、更に往て喝を傳へよ、吾の藤鞭、遺却して出でたり、必す推送せよと、小人纔に萬仭の坑を出で、再び千尋の海濤に入るなり、此の時此の行、眞門に政に堪え難し、然れども敢て令に違はず、萬死を冒し、又た往て語を傳ふ、則ち和將は令を下す、一陣沸くが如くして鞭を覔む、小人回り告ぐれば、則ち始めて駈を縱め陣に回る、帳中に藤鞭倘ほ在るを見て、小人其の故を問ふ、公曰、兵は詐りを厭はず、鞭は陣に回れば此に在り、而も彼に索むるものは、其の陣中を擾亂波蕩して、穩睡に暇あらざらしむ、賊を搖かすの術也、汝其れ之を知れと、仍て衣を解て臥す、鼻息雷の如し、小人汗出でゝ背を沾し、覺へず眠を驚かす、翌日大戰大捷す、其の用兵の術、神鬼も胆量の英偉を測る莫し、古の名將と雖、以て過る無し、今ま大輿只だ和報を聞て、驚惶失措す、何を以て權公を畏れざらん乎、鰲城笑て曰、吾れ中情に怯るに非ざる也、特に汝を試る耳と、盖し三人は皆な是れ間氣の人傑にして、權公の智畧い李公の恢諧、鄭公の忠勇、不世出の壯觀也。

◎和僧を慴す。柳居士の明識。

柳居士は安東の人也、西厓柳相國の叔也、形貟踈拙、行止迂濶、平日言はず笑はず、一草幕を結搆し、戸を閉ぢて書を看る、西厓視るに一痴叔を以てす、一日居士、弊衣破冠を以て欣然として來て曰、吾れ君と碁を圍まんと欲す、消日如何と、西厓曰、叔主平日未だ嘗て碁を着けず、今ま忽ち局に對するも、恐らくは敵手に非ざる也と、蓋し西厓の碁は、一世に高き也叔曰く、高下は何ぞ論せん、姑且く一着せば可也と、之と與に碁す、其の叔先づ一字を着く未だ半局に至らずして西厓全く輸す、更に手を下す處無し、西厓之を驚異す、居士曰、且く碁を停めん、某夕一僧有り、必ず君が家に來らん宿を請ふも切に之を許す勿れ、千萬哀乞すと雖、終始牢拒し、須く吾の草幕に指送す可き也と、西厓曰、其の僧は何人、宿を請ふは何の意ぞ、叔曰く、後當に之を知る可し、須く心に銘して忘れざれと、其の夕果して一僧入り來る、狀貌堂々、年三四十許也、其の居を問へば則ち曰、江陵五臺山に在り、嶺南の山川を遊覽して來り、今ま方に路に復る、竊に伏し聞く大監は淸德雅望、當世第一と爲すと云、故に暫く來て拜謁す、日已に暮る、願くは一席を借し寄宿せしめよと、西厓曰、家、間故あり留宿す可らず、此の村後に菴子有り、此に宿す可しと、僧萬端懇乞するも一向に牢拒す、僧已むを得ずして、菴に向て去る、痴叔は、婢子を以て舍堂樣を粧はしめ、自家は居士樣を作し、門を出で拜し迎へて曰、何ぞ尊師來るやと、僧答禮して入る、居士先づ一壺の旨酒を以て之を待つ、仍て夕飯を進め、其の精潔を極む、僧飽醉して昏倒す、夜深けて後、居士劔を把り腹上に跨り、僧正を呼んで曰、汝は汝の罪を知るかと、僧之を驚視すれば、明晃々的たる利劔は頭に當て下し來る、僧曰。小僧罪無し、願くは殘命を活かせ、居士曰、國中の地圖を得たるは、汝が罪に非ず乎、三たび朝鮮に入るも、亦た汝が罪に非ずや、我國を覘て人無きか如きは、豈に汝が罪に非ずやと、僧曰、果して是れ日本人也、關白平秀吉、兵を發して朝鮮を謀陷せんと欲す、而も忌む所の者は、前家の大監なり、故に小僧をして以て先づ之を圖らしむ、今ま已に先生神鑑の下に現露す、敢て復た此等の事を作さじと、居士歎じて曰、東國七年の厄有るは天數也、人力を容れん、然れども日後、和人若し安東一歩の地に入るも當に殲盡類無かる可し、汝を殺すは孤雛の如し、何ぞ刀を汚すに足らん、吾れ今ま汝を饒るさん、汝禿頭急々に海を渡れと、僧頭を抱き奔竄して去る、歸て秀吉に見え、備さに其の事を傳ふ、秀吉大に驚異す、壬辰の亂、勅軍中渡海の日、敢て安東一歩の地に近る無く、一境賴て以て安過するは、即ち居士の功也。

◎山海關都督。虜兵を壟にす。

明の末、我國の使臣、中原に入る時、都督袁崇煥、山海關を鎭し、以て建虜を防ぐ、都督年纔に二十餘、使臣を迎接し之と碁す、其の雍容閑談、笑語掬す可し、城中閴として人無きが若し、日纔に午にして、軍校一人趁て前に告げて曰、奴兒哈赤、十萬の兵を卒ひ、來て三十里外に駐ると、都督曰、唯々、使臣曰く、今ま大敵境に臨む、何ぞ備禦の策を施さゞる乎、請ふ碁を停めよと、都督曰、怕れざれ、己に措く處有りと、碁を圍む故の如し、俄にして又た告げて曰、二十里なり、又た告げて曰、十里外なりと、都督乃ち使臣と樓に登て之を觀る、一望の平野、虜騎蟻の如く、黑雲慘憺、朔風淅瀝たり、使臣城中を回顧すれば、則ち各堡の樓上、旗幟を虛張するのみ、兵は且に三千に滿たずと云ふ、使臣大に惧る、都督一校を呼ひ耳に附て語て曰、是の如くせよ々々と、校は唯々して退く、仍て酒を酌む故の如し、俄にして城樓上に砲聲一起す、霎時の間、忽に聞く、天崩れ地圻くの聲を、烟焰野に漲り、虜陣盡く灰燼の中に入り、腥臭鼻に塞かる、使臣始めて、其の地雷砲の預め設けるを聞く、誠に天下の壯觀也、日已に曛昏、塵烟消息す、山邊を見れば、一燈明滅して走る、都督嘆じて曰天也と、一校を呼び謂て曰、彼の燈影は乃ち奴哈赤也、壺酒を持ち、馬を走らし往て之を遺れ且つ吾が語を傳へよ、十年兵を養ひ、一朝にして灰と成る、吾れ薄酒を以て之を慰むと云ふと、往き傳ふれば、則ち虜酋其の酒を受け、痛飲して走る、使臣精神を收拾し、請ふて其の顚末を聞き、辭して去ると云。

◎青石洞に。明將劍客と鬪ふ。

明將李提督如松、壬辰の亂に、五千の兵を提げ、東して朝鮮を援ふ、平壤に大捷し、和將平行長夜る遁る、勝に乘じて長驅し、青石洞に至る、洞險にして傍に阻多し、樹木天に參じ、溪澗屈曲す、忽に見る、前面に白氣天に亘り、冷氣人に逼るを、提督曰、是れ和中の劍客隊也と遂に軍を駐めて一字兒に擺開し、馬上に雙劍を抽き、身を聳かし空に騰る、諸軍仰ぎ視れば則ち但だ刀環の聲錚々然として、白氣の中に出づ、俄にして和人身首紛々として墜下し、冷氣纔に收る、提督嚁然として下り、馬上に在て鼓行して青石洞口に出づ、其の碧蹄の敗に及んで、師を開城府に退け、進攻に意無し、西厓、柳成龍、接伴使を以て軍務を進議す、提督適ま頭を梳て語る、遙に見る、天邊に一道の白虹遠くより近つく、提督急々に髮を結で曰、劍客來也と、壁上の雙劍を抽き、避けて洞房に入る、而かも戶を閉ぢず、西厓をして留て動靜を觀せしむ、霎時にして間ま白虹の氣飛んで洞房に入る、但だ錚々の聲を聞く、車續絕えず、冷氣室に滿つ、西厓心魂雙悸、自ら定る能はず、忽ち見る、一足露出し戶を打て還た入る、西厓其の提督の足なりと意ひ、又た其の戶を打て入る者は、之を閉ぢんと欲するが故なりと意び、遂に起て戸を閉づ、須臾にして提督戸を開て出づ、嬋妍たる美人の頭を提げ地に擲つ、西厓精神始めて定り、進み賀して已まず、提督曰、和中素より釼客多し、而も盡く青石洞に殲く、此の美人は和中第一の高手、釼術神に通じ、天下敵無し、吾が心常に闕念す、今ま幸に之を斬る、更に憂無しと、然れども君の戸を閉づるは何を其れ瞥む耶、西厓曰、戸を打つ還た入るは其の意知る可き也、又た曰、君何を以て、吾の足にして戸を閉づるを知れるや、西厓曰、和人の足小なり、今ま大足を見る、豈に將軍の足なるを知らず耶と、提督曰朝鮮にも亦た人有り、西厓曰、敢て戸を閉づるの意を問ふと、提督曰、美人釼術を海上空虛の地に學ぶ、故に吾れ陝房に入て、其の能を遲くするを得ざらしむ、闘釼數十合にして、美人稍や勢を失ふを見、戸を出て遠く遁るを恐るが故に、其れを閉ぢんと欲せる也、若し一たび戸を出でば、碧海萬里、何れの處にか捕ふ可けん、今日の事、君の戸を閉るの功、實に多き也と、此れより益々之を敬重す、

◎重恩を報じ。雲南。美娥を致す。

李提督如松、東征して平壤に在り、一金姓を寵す、譯人金譯、年纔に二十、丰容美色有り。

晝宵相ひ昵み、暫時も捨てず、女子專房の愛も、以て之に加る無し、言有れば必ず聽き、願として從はざるは無し。兵を撥め歸る時、仍て爲めに卒ひ去る、柵門に到る、軍粮違限の事有り、提督大に怒り、將に軍法を遼東都統に行はんとす、都統に子三人有り。長は則ち侍郎次は則ち庶吉士、秀は則ち神異の僧を以て、皇帝待つに神師を以てし、別院を大内に起し迎えて之を置く、唐の肅宗の李鄴候を待つか如し、伊の時三人此の言を聞き、倶に惶忙として遼東に來り會し、父を救ふの策を相ひ議す、神僧曰、吾れ聞く、朝鮮に金姓の譯人、提督に寵有り、凡そ言ふ所有れば、聽かざる所無しと云ふ、盍ぞ求め見て懇ろに之に乞はざると、遂に相ひ率て諸を都督の轅門外に求め金譯を見る、金譯、提督に告げて曰、某官兄弟三人、小人を求め見る。將た何を以て之を爲さん乎と、提督曰、必ず是れ其の父の爲め命を請ふの事也、然れども彼は乃ち上國尊重の人なり、汝は外國公座の一譯を煩す。何ぞ敢て一たび往て見ざると、金譯出で見ゆ、三人辭を合せ懇請して曰、家親不幸にして變に當る、萬生路無し、惟だ望むらくは吾が輩の爲め、善く稟うして、將さに死せんとする命を完からしめば、千萬幸甚と、金曰、顧るに外國公座の踪を以て、何ぞ敢て天將の軍律を撓むを得ん乎、然れども貴人の懇ろにする所是の如く勤摯なる、何ぞ敢て我より辭却せん、謹で當に天將に仰稟し、恭く天將の處分を俟つ可き也と、依で即ち入り去る、提督曰、彼の輩言ふ所、果して是れ都統の事かと、金曰、然り、仍て詳に其の酬酢の顚末を言ふ、提督沈思良や久うして曰、吾れ戰陣を横行し、未だ嘗て私人の懇を以てして、公事を害せず、今ま汝公座の身を以て、此の貴人の懇乞有り、則ち汝の吾に緊切なる知る可し、且つ吾れ汝を卒て此に來るは他無し、以て汝に生色す可ければ也、師律嚴なりと雖、當に汝の爲め一番闊狹す可ぎ也と、金出でゝ三人を見、盡く提督の語る所を告ぐ、三人幷に稽首再拜して曰、君の德に賴り父の命を救はる、天地の大も、河海の深きも、將た何を以て報ゐん、羽毛齒革、金銀玉帛惟れ命是れ從はんと、金曰、家本と淸儉、寶目玩好は、誠に願ふ所に非ざる也と、三人曰、君は是れ朝鮮の一譯、若し上國より君に命ずるに、爾が國の相を以てせば如何と、曰く、我國は專ら名分を尙ぶ、吾は則ち乃ち中人也、若し相と爲らば、則ち必ず中人の政亟を以て之を指點せん、反て爲さゞるに如かざる也と、三人曰、然らば則ち君を以て上國の高官崇秩を爲し、仍て中原の高門大家の族と作さば何如と、曰く、吾が父母俱に存す、離違情迫り一日三秋の如し、惟だ願くば提督回軍の後、即ち還歸せしめば、則ち惠これより大なるは莫しと、三人曰、然りと雖此の恩は報ゐざる可らず、惟だ君其の願ふ所を言へ、至貴の物は之れが請に從ひ難しと雖、必ず以て奉副する有らんやと、懇々已まず、金卒爾の頃に卒爾口を發して曰、吾れ願ふ所無し々々、一たび天下の一色を見んをやと、三人之を聞き、相ひ顧みて默然良や久し、神僧曰、是れ難からずと、是の如くにして散じ、金は提督に入り見ゆ、提督曰、彼の輩必ず汝に報恩する所有らん、汝は何の願を以て之を言ふ乎と、金曰、願くば一たび天下の一色を見んとを言を爲せりと、提督蹶然として手を執り、其の脊を拊て曰、汝小國の人物を以て、何ぞ其の言の大なるや、彼の輩皆な之を許す乎、曰く之を許せり、提督曰、彼れ將に何處より得來るや、此れ則ち皇帝の貴も未だ易からざる也、金仍て提督に隨ひ皇城に入る、三人來て金譯を邀へ、一家に至る、乃ち新搆の傑閣也、制度宏傑、金碧炫晃なり、依て進で恭く喫て曰、歸る勿れ、以て今夕を永くせよと、少頃くして渾室香薰して人を襲ふ、內門開く處、粉黛數十有り、香炉を擎げ、或は紅帕の箱を奉じ、兩々排行して堂前に出て立つ、金の見る所を以てせば、傾國の色に非ざるは無し、既に之を見て起たんと欲す、三人曰、胡起也と、曰く吾れ既に天下の一色を見ば、則ち必ずしも更に留らずと、三人笑て曰、此は是れ侍俄のみ、豈に天下の一色を爲すを得ん、天下の一色は、方に今ま出て來ると、須臾にして內門大に闢く、一朶蘭麝の薰り、濃々郁々たり、侍女十餘擁護して上堂に出て坐す、一個凝粧脂粉の一塊椅子上に坐す、三人は金と共に亦た椅子上に排坐す、金に問て曰、此れ眞に君が見んと願ふ所也、果して何如ぞやと、金之れを見れば、則ち滿身珠翠、精采人を奪ふ、目眩し神迷ひ、茫として見る所無し、實に何の狀たるを知る無き也、三人曰、今宵君必ず之と雲雨の合を爲せと、金曰吾は一見を願ふ而已、實に亦た他意無き也と、三人曰、此れ何の言ぞや、吾が輩恩に君に感ず、君既に一色を見るを願ふ、吾か輩は、摩頂放踵すと雖、豈に聽かざらんや、第二三色は得來る難からず、第一色に至ては、天子の勢を以てするも亦た得て致し難し、年前に雲南王、人に仇有り、吾か輩之が爲めに仇を報じ、其の酬恩を欲す、凡そ吾か請ひ有れば、從はざる有る無し、適ま王の女は、乃ち天下の一色也、君既に見るを願ふは、則ち持ち難からざるに似たり、故に伊の日、君と相ひ別れし後より、即ち媒を雲南に走らし、雲南も亦た之を許す、君入京の日に及んで、必ず卒ひ來らんと欲す、故に這の間、千里馬三匹を折り、費數萬銀子、其の雲南は京を距る三萬里の巨遠なるを以て也、今日相會す、君は則ち男子、彼は則ち女子、若し一見に止めて散せば、則ち彼の姫は、國王の親女を以てして豈に故無く異國男子を見るの理有らんや、事理應せざる是の若し、復た辭を爲す勿れ、今日良辰、以て合巹の禮を成す、亦た宜からず乎と、金己を得ずして留宿し、牢を共にし醮を同くす。仍て洞房を設け、蠟燭、輝煌、麝薫人を襲ひ、眼彩朦朧、心神恍忽たり、所謂美人は、視て見ず、驚惶疑畏し、狂蝶貪花の心、寂元央が弄波の聲無し、三人外に在て之を窺ふ、其の是の如き沒風味を揣り知り、乃ち金を呼んで語を出して曰、合歡の樂何ぞ其れ寂寥なるや乃ち君が眼目甚た局し、精神短少の致無らんやと、乃ち楪を出し前に置き曰、試に喫せよ、乃ち蜀山の紅蔘也と、喫し了て房に入れば、則ち眼明かに神爽かなり、彼の女の髦髮顔色、照然睹る可し、花容月態眞に天上の神女の若き也、遂に之と同寢す、朝來眠り起れば、三人己に來て待ち、金に問て曰、彼の姫何を以て區處す、曰く頗に外國の縱を以て、猝に恩を猥りするに當る、來頭の事、預め料る可らずと、三人曰、君幸に奇遇を以て天下の一色を得、一會して散ず、是れ忍ぶ可けん乎。君外國の人を以て卒ゐ育て難きを以てするも、亦た情に違ひ私居し難きを以てせば、此れ偕老の義も亦た不可なり。吾等三人既に君の厚恩を蒙る、君の事に於て、豈に或は泛然ならん耶、君既に譯任有り、毎年正使の行、必ず以て隨行せん、譯官入り來り、一年に一たび逢ふ、牛女七夕の會の如し。亦た美ならず乎、吾が輩當に此に在て主と作る可しと、譯官果して其の言の如くし。少より老に至るまで、譯官を以て。毎年一會行樂し來り。終に幾個の男子有り、金譯の後裔、燕京に昌大なりと云。

◎錦江を過ぎ。急難に高義す。

江陵の金氏は、一士人なり、家貧にして親老ひ、菽水の供に乏し、其の老慈語して曰、汝か家の先世、本と富を以て稱せらる、奴婢散して湖南の島中に在り、老その數を知らず。汝往て推刷せよと、仍て篋より奴婢文券の軸を出し示す、士人は券を持して往く、島中百餘戶、村落自ら占め、居生は皆な奴婢子孫也、券を見て羅拜す、收斂する數千金、之を贖へば、士人其の券を燒き、錢を馱して還る、路にして錦江を過る、時に月明に寒甚し、一媼翁一少婦の江邊に列坐し、爭て水に投せんと欲し、互に相ひ極ひ出し、扶持して痛哭するを見る・士人怪んで之を問ふ、老翁曰く、吾に獨子有り、錦營に吏役す、逋欠を以てして、囚に滯ると數朔、盡く家庄を賣り、族に徵せられ隣に徵せられて、尙ほ餘數多し、更に明日を以て定限さる、若し明日を過ぎば、則ち當に杖下の魂と爲る可し、而して分錢粒米も辨じ出す可き無し、獨子の刑せらるを見るに忍びず、吾れ水に投じて死し、溘然として知る無からんと欲す老妻小婦も共に此に死せんと欲し、其の水に入るを見るに忍びず、互に相ひ極ひ出して、仍ち與に痛哭すと、士人曰、錢幾何有らば、則ち以て逋を償ふ可きや、曰く數千金苟も當る可しと、士人曰、吾れ推奴の錢幾駄有り、恰も數千に滿つ、此を以て之を償へと、即ち之を計り給す、其の三人又た大聲哭して曰、吾が輩死人の命は、此に仍て生を得、將た何を以て恩に報せん、願くは吾か家に入り留宿し去れと、士人曰、日已に暮れん、歸路且つ急ぐ、老親門外に倚らん、留連す可らずと、即ち馳せ去て之を顧みず、其の老人疾く追ひ高聲に曰く、願くは行次の居住姓名を聞かんとぞ、答て曰、之を聞くも何ぞ益せんと、因て爲めに走り去る、三人遂に此の物を以て宿逋を償ふ、當日其の子、獄門より放たれ出づ、渾室感じて其の士人を祝す、而かも其の住居姓名は、亦た之を知る莫し、士人は家に歸る、其の老慈は其の恙無くして還るを喜び、又た其の推奴意の如かりしを聞き、益々之を喜ぶ、其の放良の物は何を以て此に輸せるやを問ふ、士人對るに、錦江の事を以てす、其の老慈其の脊を拊て曰、是れ吾が子也と、後に老慈は天年を以て家に終り、益々剝落す、初終拮据するも、萬に樣を成さす、金生は、地師一人と步行す、山を尋ね遍く諸山を蹈み、一處に到る、地師曰、彼の麓に必ず大地有り、其の下村落は甚だ盛んなり、又た大家舍有るも、到るを議す可らずと、生曰く、果して大地有らば、則ち山を占むと雖、往き見るも何の傷むとか之れ有らんと、遂に地師と其の山に登り、龍脈を尋ね一處に坐し、鐵を泛べて之を觀て曰、此れ名穴なり、功名顯達、赫世比無く、子支繁衍し、國と與に存す、無上の吉地と謂つ可し、而も是の大村の後に係る、之を言ふも何ぞ益せんと、稱歎已まず、生曰、然りと雖日已に暮れたり、彼の家に留宿して去るも、亦た何ぞ妨げんやと、遂に地師と其の家に入る、一少年有り、客室に迎接し、侍つに夕飯を以てす、金生は燈に對して坐す、悲懷中に萠え、山地心に關し、長吁する而已、忽にして內室より、一少婦戶を開て突入し、金生を扶け大哭す、氣急にして言ふ能はず、其の少年驚て其の故を問ふ、少婦曰、此れ是れ錦江に逢ふ所の恩人也と、少焉くして又た抱て之を哭す、老翁老媼又た突出して抱き之を哭す、哭止んで、生の前に羅拜して曰、我を生む者は父母也、我を活す者は尊客也、我を生み我を活す、寧んぞ間有らんやと、生初め本事を知らず、惝怳忙惚す、主人內外に、錦江活命の事を細言す、鬖々爽はず、仍て言て曰、君微りせば、吾は其れ魚たらん、顧ふに安んぞ今日有るを得んや、君の高義に感じ銘鏤して心に在り、每に外室客來の時に於て、隙より窺ひ見て、或は萬一の倖を冀ひき、豈に意はんや今日恩人に遇ふを得んとを、吾輩尹の時より、獄門を出るの後、村居に退居し、極力產を治め、今は富家と成れり、家舍田庄、二所に排置せり、一は則ち吾れ之が主となり、一は則ち以て君を待つ久し、今ま幸に天、好便を借し以て邂逅するを得たり、塋を此の山に營まんと欲するが如くんば、則ち此の家を以て、仍の楸舍を作て、君之れに居られよ、吾は則ち當に越岡の家に移居す可し、唯だ君の意に之を爲せと、僕々と謝を稱し、吉を擇び室を營み、以て其の舍に居る、子有り孫有り、公と爲り鄕宰と爲り、仍て寔に繁く、富貴兼ね至たかりしと云。

◎牛商と貧僧。明府に逢ふ。

山僧の屨を織り生業する者、麻を買はんとして、二兩銅を帶び、淸州に往く、市路中に忽ち一綑槖を得たり、槖中に二十兩の錢有り、僧以爲らく、市に赴く者の遺失せしと、背に負ひ市に往く、而して渠の麻の價二兩も、亦た添て槖中に入れ、知面の飮酒廛に留付し、市中を周行す。將に錢を失ふ者を廉探して、以て給せんとす、俄にして牛商一人、其の同類に語て曰、我れ四十兩の本錢を以て、將に二牛を買はんとし、一隻は則ち先づ某市に買ひ、一隻は則ち此の市に買はんと欲し、今曉某府より暝發し、二十金の餘錢は、則ち之を牛背に付したり、今ま市門に至り始めて失ひたるを覺ゆ、未だ何處に落せるを知らず、市に歸る者止らず之を歸る者何人なるを知らず、其れ將た何人を問はんと、仍て悶然として額を蹙む、僧其の錢主たるを知るや、遂に錢數を問へば、則ち曰く二十兩なりと、其の藏する所を問へば、則ち曰く繩網橐なりと、僧遂に之を與に、留付せるの處に往き、網橐を以て出して牛商に付し其の二兩を出して曰く、此れは則ち小僧の麻價也と、只だ元錢二十兩を以て還給す、牛商詳に二十の數を計て、忽然として辭を變へ曰、厥の銅二兩も亦た吾が物也、先きには只だ牛價二十兩を以て言と爲し、布價二兩は則ち忘れて未た及ばざりしと、固執して捨かず、僧曰く此れ小僧の麻價也、小僧苟も錢を食ふの心有らば、則ち何ぞ二十兩の銅を食ふの慾を生せざらんや、哨官主は先きに明白に二十兩を失へりと言ひ、今ま小僧の麻價銅二兩を見て、忽然と辭を變じ、布價錢を以て加入して、忘却せる者と云ふも、其れ說を成す可けんや、山僧は則ち、本と黑心無し、道に在りし物を收拾し、覓めざるの地に還給す、哨官は不良の計を以てし、之を發して不成の說を爲し、山僧の麻價を以て、一時借り添えて、之を自家の布價を以てして、之に加え入る、此れ橫勒の氣有り席に滿ち、視る所能く顏に愧ぢざるかと、牛商曰く、先きに二十兩を以て發言せるは、只だ牛價の重大の爲めに、大數を置き卒爾に發言せるなり、布價に至ては、些少追入の物を以て、全然忘却せるのみ、加數を見るに及んで、始めて乃ち之を覺れり、寧んぞ天下の賊漢有り、旣に牛價を生佛の人に索め、又た可憐の物を奪て、將に己か有と作さんとする耶、豈に遑忙に忘却せるの故を以て、仍て其の丁寧の物を失ふと爲さん耶と、衆人見る所、僧商の兩言倶に成説と爲し、人可否する能はず、遂に同じく卞官に入る、卞官是れ洪俠にして默を養ふや、兩造は卞に對し、各の其の由を陳ぶ、官聽き能んで、先づ牛商に諭して曰、汝、失ふ所は明かに是れ二十二兩にして、僧の得る所は二兩に過ぎず、則ち汝が失ふ所の二十二兩は、必ず他人の爲め之を拾はれん、僧の得る所は、汝の物に非ず、是れ汝が如きは、其れ廣く汝の錢を得る者を求め、其の數を詳に檢して、二十二兩ならば、然る後に推取して是れ遺さんと、次に山僧に諭して曰、汝か得る所の段は、明かに是れ二十兩なり、彼の失ふ所の段は、二十二面と爲す、と云へば、則ち汝か得る所の二十兩の銅は、必ず是れ他人の失へるなり、彼の商の失ふ所は、汝に關するに非ず、是れ汝か如きも、亦た廣く其の眞個の錢主を問ひ、其の數の二十兩なるを詳に檢して、然る後に出して之を給せよと、分付して退出せしむ、訟を決せるの後、兩造偕に市中に出づ、牛商則ち頭を垂れて言無く、喪魂の人の若し、僧則ち大言して曰く、官決是の如し、得る所の二十兩宜べなるかな給せざることを、然れども山僧の見る所を以てするに、錢主は要するに彼に出でじ、豈に釋伽の弟子にして人に不當の物を取らんやと、遂に許して牛商に與へて曰、此の後は則ち心法を革悛し、山僧の孤弱を以て、之を施する政事に違格するを以てする勿れと、一市の人孰れか山僧の潔白を讃褒せざらんや、謂つ可し、是の僧有り、是の官有りと。

◎車五山。輿に乘じて。畵屛に題す。

月沙の李相公、天に朝するの時、從事する者、一代の選を極む、車五山天輅は文章を以て焉れに預り、韓石峰濩は、名筆を以て焉れに從ふ、行て瀋陽に至る、聞く、一富人、萬金を以て屛一坐を粧彩し、錦綵燦爛、輝煌たり、天下の名畵を邀え、紅碧兩桃を書き、桃間に鸂鶒一雙を畵く、方さに天下に、文章と名筆とを求めて、畵題を寫さんと欲し、未だ其の人を得ず、聞く、蜀中に二士有り、名筆を以て名を天下に擅にすと、方に厚幣を賫て、往て請はんとし、未だ還らず、其の屛は則ち其の家に在り、見んとを求むる者あれば、必ず出し示すと云ふと、車及び韓之を聞き、詩思滔々、華興勃々、遏住す可らず、仍て請ひ求めて、畵本及び粧績を觀る、曾て未だ見ざるの緻畵にして、亦た眞に逼る、此れを見て又た其の輿に勝えず、五山石峰に謂て曰、我れ畵題を詠せん、君須く揮洒す可し、所謂蜀中の文筆も、未だ必ず吾と君とに勝らざる也と、遂に其の人無きを瞰て、石峰墨を磨し毫を濡し、五山、吻

を鳴らし喉を鼓し、七絶一首を其の上に題して曰

一樣桃花色不レ同　難下將二此意一問中東風上

其間幸有二能レ言鳥一　爲報深紅咲二淺紅一

石峰一揮して盡くす、仍て即ち車を駈て燕京に向ふ、小焉くして其の主人來て、其の塗抹を見て、大に怒て曰、吾れ萬金を措まずして、此の一屏を粧し。方に天下第一の詩と筆とを求め、以て傳家の寶書と爲さんとし、則ち幸に得て、詩と筆とは、政に蜀士の來るを待たり、何物の朝鮮人ぞ、渠れ敢て大膽に、我の不在を偸み、我が至寶を汚す此の如きぞやと、咄々として嘆し、憤々として罵る。少焉くして蜀中の兩士來り、他人己に失着せるを見、熟視良や久うし、即ち起て堂を下り、恭く再拜の禮を行ひ、嘆じて曰、此れ眞に、是れ天下の文章と名筆と也、吾か輩は則ち風斯れ下る、敢て當らざる也と、仍て筆を閣して退く、其の主人方に、是れ眞個の名筆と文章とを認め、大に喜び、厚く潤筆の資を備え、使行の回還を待て車韓兩人を請ひ邀え、百拜謝を致し、厚く幣帛を遺る、是れより五岩峯の名、大國に擅まにし、天下に敵無しと云。

◎卜説を信じ。湖儒。香を探る。

湖南の士人、李基敬は科儒の實才也、擧を累るも中らず、而かも必ず之を得んと欲し、盡く田土を賣り得失を一擧に決せんとす、名卜に趨き之を叩く、卜者曰く、今の行、死の厄有らん、若し死せざれば、以て科を決す可き也と、李や固く其の死を免るの道を問ふ、卜者曰く中道に若し素服の女人に逢はゞ、必ず此の女を得よ、以て死を免る可しと、李や行を發し京に上る、行くこと幾日にして大川あり、前に當る、川邊垂楊の下に女有り、洴澼す、傍に美少婦有り、素服して立て望む、前路に人有り、馬に騎て來るを見、身を回して走る、李や之を見て心に之を異とし、緩く駈けて之を追蹤す、素服の者一家の大門中に入る、又た趨り入り馬を門に繫ぎ、堂に升り主人を拜す、主人は白髮の老翁也、李曰く、今は此れ科に行かんとす、路費斷絶し以て旅店に宿する無し、願くは高堂に就き一宿を借らんと、老人欣然として之を許す、奴子を喚び、夕飯を具え、馬を槽に繫き之に喂はしむ、李生幸に留宿するを得たり、其の家を環視するに、内外の墻垣は、其の高峻を極む、身俱に羽翼するに非ざれば、以て踰越すること難し、計ごと出る所を知らず、夜に達して寐むるを得ず、窓己に曙なんとし、心に一計を生じ、病に托して臥す、日已に高くして發せず、主翁杖に扶けられて來り、李を見る、詐て吟呻の聲を作す、主翁之を悶し、好言を以て之を慰めて曰、病狀此の如くば、以て前進し難し、逆旅荒踈にして病を調はざる可し、吾か家貧ならず、留を加ふる數日して、益々調護を加へよ、小しも嫌を爲す勿れと、李や幸に留を加ふる一日すと雖、竟に尋思して其の策を得ず、日纔に瞑するや、中門已に嚴く鎖す、夜起きて彷徨し、墻底を周視すれば、則ち內厥の板墻の下に、小竇有り、僅に身を容る可し、遂に匍匐して、頸を延で頭を納左右揄攤して辛うして入れば、則ち西房の內に、燈火晃明に、婦人册を讀むの聲琅々たり、東房に燈火有りと雖、寂として人聲無し、潛に窓下に進み、指頭に唾を點じ、穴を鑽り之を窺へば、則ち壁下素より衾枕口を設け、果して人無し、此れ必ず是の素服の女の房なり、身を輕くし廳に上り、暗々に戸を開て入り、燈火を吹き滅し、潛に房の一隅に伏す、良や久うして讀册の聲訖る、其の婦人轉じて東房に向て來り、門を開き却て立て曰、此の火何故に自ら滅するや多く燈油を添え、以て久しく存す可かりし者、何故に端なく滅せしと、連聲に怪ひ哉々々と童婢某が、渠の母を出し送るが爲めかと、)疑惧の意有るに似たり、旋て即ち入り來て、舖枕の上に坐し。少頃して即ち衣を解き、衾を開き將に睡に就かんとす、李や乃ち口中に於て、徹々と聲を作して曰、願くは婦人我れを活かせ、夫人方に之を疑惧するの時、忽ち男子の聲を聞き、乃ち大に驚き、衾を擁して坐す、亦た低聲之を問て曰、汝は是れ何人ぞと、李や曰、我は即ち外舍に留宿の客也、夫人曰、汝何の心を以て深夜密室の中に、身を潛め入り來れるや、李始めて擧に赴くの路を逃べ、卜者に問へば謂ふ、今の行を以て、若し素服の女人を得ば、則ち必ず當に科を決す可し、然らざれは則ち、必ず死せんと、我れ科を決するの慾を以て、且つ生を圖るの計を爲し、今夜死を冒して入り來れり、其の死其の生、惟だ夫人の一言に在り、惟だ夫人我れを活かせと、其の女之を聞き默然として語無し、良や久くして長吁一聲乃ち曰く、吾れ昨日、心寂を懷き、婢輩の澁滯を觀んと欲し、暫く川邊に出づ、意はざりき客主に逢着せんとは、此れ亦た天の緣分を生ぜる也、人の生死亦た天命に繫る、何ぞ輕しく死するを得んやと、遂に同枕を許し、且つ曰く、吾れ昨夜の夢に、黃龍腦腹の上に盤屈す今番の擧に應じ給ふは、必ずや大に闢くを得ん、榮歸の路、幸に我を棄る勿れ、我を卒ゐて去れと、李生許諾し、雲雨已に畢るや、身を借めて出で去る、睡ると一場して天乃ち曙く、老翁又た杖を扶け來り、辛勤に病を問ふ、李生曰く、幸に主翁の恩を蒙り、兩日病を調し、氣を治め已に癒ゆ、今は行を發す可しと、遂に老翁に辭し京に上る、觀光果して嵬捷す、三日を街に遊び、將に湖南に還らんとす、其の女人頻に其の舅に問て曰、今番の科に誰某が添を得たると、老翁之を歷數す、李生果して其の中に參す、女人大に喜び、新に華衣一襲を製し大に宴を設く、其の日人を街上に送り、湖南の新恩が下り來るの期を探り問はしむ、一日果して其の人に逢ふ、人をして請ひ入らしむ、主翁先づ賀意を致す、少頃くして夫人は素服を脫し華衣を換着し、內より出で來り、再拜して舅を見、且つ罪を請て曰、媳婦、舅主に奉養され、以て百年の後事を待てり、乃ち大に謬て此の地境に到れりと、因て其の初め李士に逢着し、節を毀ち相ひ約せるの事を細述す、滿酌一盃跪て之を進て曰、媳婦此れより辭せん願くは尊舅、此の盃を進め、齊しく南山を壽せよと、遂に再拜して辭し退く、轎子を備へて李生と一齊に並び發す、翩翩、偕に其の家に歸る、李生は官二品に至ると云。

◎吝客を諷し。吳物音。善く諧す。

京中に吳の姓の人あり、古談を善くして、世に名有り、遍く卿相の家に謁す、性瓜を嗜み菜を熟す、故に人、吳物音を以て之を呼ぶ、蓋し物音とは、熟物の方言也、吳は瓜の俗名、音相ひ似たる也、時に宗室有り、年老ひて四子有り、財を積み富を致す、性吝にして、秋毫も以て人に與へず、亦た諸子に貲を分たず、親友之を勸むれば、則ち答て曰、吾れ且く商量有りと、歲月を遷延し、忍んで之を與ふる能はず、一日吳物音を招き、之をして古談を爲さしむ、吳、心に一計を生じ、一古談を倣し出し、談て曰、長安の甲富に、李同知なる者有り、壽にして、富貴、男子多し、人好八字と稱す、但だ少なる時、貧に傷み、產を治め富家翁と爲り、吝癖は心性に根ざし、子姪兄弟と雖、一個物も賜與する無し、其の死に臨むに及ふでや、世間萬事都て是れ悠々たるも、只だ一の財の字有て、眷戀捨て去る能はず、病中之を思へども、奈何す可き無し、乃ち諸子を呼び遺言して曰、吾れ苦を積み財を聚め、甲富に至ると雖、今ま將に黃泉の行を發せんとして、百計之を思ふも、一個も持ち去るの道無し、前日財を吝めるの事、之を悔ゆるも及ぶ無し、丹旐一たび發せば、輓歌凄涼たり空山木を落し、夜雨阡を荒らす、一葉錢を用るんと欲するも得んや、吾が死後に棺を斂むるや、兩手を握ることを施さゞれ、棺の兩傍に各々一穴を穿ち、其の左右の手を出して、以て路上の人に示し、吾れ財有る山の如きも、空手にして歸るを知らしめよと、乃ち奄然として逝く、死後に諸子敢て敎に違はず、其の計の如くす、小人俄に其の靷行に路上に遇ひ、其の兩手の棺外に出るを見て、怪んで之を問へば、乃ち李同知の遺言なりと、嗟吁、人の將に死せんとする、其の言や善しと、宗室老人、其の談を聽き、隱然として己に逼るも、而も嘲弄の意有り、然れども其の言は則ち達理也、即席に頓悟し、厚く吳を賞す、翌朝遂に財を諸子に分ち、盡く其の寶貨を宗族故舊に散ず、入て山亭に處し、琴酒自ら娛み、終身財利を言はずと云ふ、蓋し老人の一言に頓悟せるや、自ら易からずして、吳は乃ち滑稽の類也、淳于髡をして優孟の世に出でしむるも、則ち何ぞ渠れ若かざらん耶。

◎寶氣を識り。許生、銅爐を取る。

許生なる者は、方外の人也、家貧にして落魄す、好んで書を讀み、家人の產業を事とせず、頭に只だ周易一部有るのみ、簞瓢屢ば空しと雖、以て意と爲さず、其の妻績を紡ぎ紝を織り以て之に奉ず、一日内に入れば、妻髮を斷ち頭を裹みて坐し、以て朝夕の具を供す、許生喟然として歎じて曰、吾れ十年易を讀み、將に以て爲す有らんとす也、今ま髮を斷つの妻を見るに忍びん乎と、遂に其の妻に約して曰、吾れ外に出で一年にして歸らん、苟も縷命を延べ且つ其の髮を長せよと、彈冠して出づ、往て松京の甲富白姓なる者に見え、千金を貸さんとを請ふ、白君一見して其の非常の人なるを知り、之を許るす、許生千金を齎らして西箕城に遊び、名妓楚雲の家を訪ひ、日に酒肉を辨じ、豪客少年と專ら遊蕩を事とす、金盡きて又白君に往き見へて曰、吾に大販あり、復た三千金を貸さん乎と、白君又た之を許す、又た雲娘の家に往き、乃ち第を治め、綠窓朱樓、珠簾錦席日に酒を置き笙歌自ら娛む、金盡きて又た白君に往き見えて曰、復た三千金を貸さん乎と、白君之を許す、又た雲娘の家に往き、盡く燕市の明珠寶佩、寄錦異緞を買ひ、以て雲娘に媚ぶ、金盡き又た白君に往き見えて曰、今ま三千金有らば、以て事を成す可きも、恐らくは君信せざらんと、白君曰く嗚呼何の言ぞや、更に萬金を貸すと雖、吾れ惜むに足らざる也と、又た之を許す、又た雲娘の家に往き、一の名駒を買ひ、之を櫪上に置き、纓帶を造り之を壁上に掛け、遂に大に諸妓を會し跐宕遊衍、金を纏頭の費に散じ、以て雲娘の意に適す、金盡く、許生故らに寂寞凄涼の態を作し、以て娘を試む、娘は水性、已に厭ふの意を生じ、日に少年と許生を去らしむる所以を謀る、許生其の意を猜し得、一日娘に謂て曰、吾れ此に來る所以は販商の爲め也、今ま萬金已に盡き空拳を張る而巳、吾れ將に去らんとす、能く眷戀する無き乎と、娘曰、瓜熟して蔕落ち、花謝して蝶稀れなり、何の戀ふとか之れ有らんと、許生曰く、吾れの財は盡く鎖金の巷に入れり、今ま將に永別せんとす、汝何物を以て行を贈乎る娘曰く唯た君の欲する所と、生は座上の烏銅鑪を指して曰、此れ吾が欲する所也、娘笑て曰何ぞ之を惜まんと、遂に席上に於て片々に之を碎き、纒帶に納れ、名駒に騎り、一日馳せて松京に至り。白君に見えて曰、事成れりと、纒帶中の物を出し示す、白君之を領く、許生纒帶を携え名駒に騎り、馳せて會寧に至り、市を開き肆を列して坐す、賈胡一人有り、碎銅を閲し嘖々として曰く、是れ也々々と、價を論せんことを請ふ、曰く無價の寶也と、十萬金少しと雖、願くは交易を請ふと、許生良や久うして之を諾し、遂に交易して歸り、白君に見え十萬金を以て之を還す。白君大に驚き其の所以を問ふ、許生曰く、向きの碎銅なる者は銅に非す、乃ち烏金也、昔し秦の始皇、徐市をして藥を東海上に採らしむ、内帑の中の烏金爐を出し、以て之に贐とし、藥を此の爐に煎る、則ち百病效を奏す、後に徐市海中に失ふ、和人之を得て以て國寶と爲す、壬辰の亂に、和將平行長持ち來て、行中平壤に據り、其の脊遁するに方て、之を亂兵中に失す、此の物遺りて名妓楚雲の家に在り、故に吾れ氣を望んで之を尋ね、萬金を以て之を易ゆ、賈胡は西域の人也、其の無價の論は、乃ち確論也、白君曰。一爐を取る、萬金に非すと雖、亦た且つ容易なり、何ぞ其れ勤勞再三するやと、許生曰く、此れ天下の至寶也、神物の助け有り、重價に非ざれば則ち取る可き莫し、白君曰く君は神人也と盡く十萬金を以て之に還付す、許生大に笑て曰、何ぞ其れ我を小に覰るや、吾が室は懸磬の如し、書を讀で志を樂む、今ま此の行は、特に一小試のみと、遂に辭し去る、白君之を驚き異しみ、其の迹に尾す、其の家は、乃ち素閣峰下の一草屋也、屋中に琅々讀書の聲有る而已白君其の人を知り、毎月初吉早晨に米包錢緡を以て、之を其の門内に置き、僅に一月の用を繼ぐ、許生笑て之を受く、李相公浣、元戎の爲めに、託寄の重を受け、燕を伐つの計を圖り、人才を訪ふ、許生の賢を聞き、一夕微服して往き之を見、天下の事を論ず、願くは安じて敎を承けんと、許生曰く、固り公の來るを知る也、公大事を擧げんと欲せば、我が三策に依るや否やと、李公曰く、敢て其の説を聞かん、許生曰、今ま朝廷、党人事を用ひ、萬事掣肘す公能く歸て九重に奏し、党論を破り、人才を用る乎と、李公曰、能はずと、又た曰、簽軍布を收め、一國生民の愁苦と爲る、公能く戸布法を行ひ、卿相の子弟と雖、避るを謀らしめざる乎、此の事も亦た難ひ哉と、又曰、我國、東は海に濱し、魚塩の利有りと雖、蓄積して穀を敷かず、一年を支えず、地は三千里に過ぎず、而るに禮法に拘り、專ら外飾を事とす、能く一國の人をして、盡く胡服せしむる乎と、李公曰く亦た難ひ哉と、許生聲を勵まして曰、汝時宜を知らず、妄に大計を張るも、何事か做す可きぞ、斯れ速に退き去れと、李公汗出て脊を沾し、告ぐるに更に來るを以てし、無

聊にして退く、翌朝之を視れば、蕭然たる一空宅而已

◎練光亭に。錦南。變に應ず。

鄭錦南、忠信、初め宣沙浦の簽使に除せられ、諸宰を歴辭す。一老宰慇懃に歎を致して曰、吾れ君の大器たるを知る也、其の進む量る可らず。且つ知る、君尙ほ未だ室家せず、吾ば側室に女有り、君に與へて小室と爲し、巾櫛に奉せしむるを如何と、錦南其の意に感じて之を許す、老宰曰く、然らば則ち必ず人の耳目を煩さず、發行の日に弘濟橋頭に待ち、行を治めよと、啓發し橋頭に至て見る、一輛馬行、其の鮮明翩々として來り、宣沙の行次を問ふ、錦南遂に迎て其の婦人を見る、軀殼甚だ大に「言語味無し、錦南自ら其の欺かれたるを歎ずるも、亦た排却し難く、黽勉として同行し、鎭主に到り饋る而已、頓に顧念の意無し、一夕營門の秘關來到し、折て之に見えて曰、軍務相ひ議する事有り、星火馳せ進ず云々と、遂に飯を促して喫し、別小室に入る、小室曰く、令監、今の行何事の有るを知る耶、曰く知らずと小室曰、丈夫此の亂世に當て、去就の際預め事機を料る能はずんば、何を以て事を濟さんやと、錦南其の言を奇とし、之を小室に探り問ふ、小室曰、必ず許の如き事有らん、變に應ず

るの飾は是の如し々々と、仍て紅錦緞の天翼を出し、之に着せしめ、品製適中す、錦南甚だ之を驚異し、馳せて營下に到れば、則ち巡使左右を辟けて言て曰、今ま天使路を回し、此の城に逗留し、白銀萬兩を討す、若し聽て施さゞれば、則ち梟首されんと、伯に道て曰く、事は罔措に係り、物も亦た辨じ難し、百爾思量するも、君に非ざれば、以て變に應ずる無し、故に來るを請へりと、其の言を聽くに、果して小室の言の如し、是に於て錦南出で、練光亭に坐し、營校の伶俐なる者を招き、耳に附き語る良や久うして旋る、即ち營妓の慧艶なる者四五人を選み、之をして廳に隨ひ、或は歌ひ或は琴せしめ、杯酒狼藉たり、又た營校を招き耳語して曰、今ま銀を出さゞれば、巡相死を被り、滿城魚肉となり、汝等も死せんのみ、汝出で、城内に往き、家々に火藥を挿ましめよ、練光亭上、砲を放つ三聲せば、之に火を銜けよと、營校令を奉じて退く、己にして入り告げて曰、盡く挿めりと、俄にして砲を放つ一聲諸妓傍に在り窃に之を聽き、大に恐れ佯り託して避け、稍や出で去る、各々其の家に傳へ、須臾にして滿城皆な知り、爺を呼び孃を恤び、妻を絜へ子を携へ、爭て城外に出づ、喧聲地を動かす、天使初め砲聲を聞き甚だ之を訝る、喧擾の聲を聞くに及んで、驚き起て營校に探問す、一人對て曰、宣沙浦の僉使此の若し々々と、若し又た砲を放たば、則ち滿城將に灰燼と爲らんと、天使神魂錯忘、履するに及ばずして練光亭に走り到り、錦南の手を握り、殘命を活かさんことを乞ふ、錦南理に據り之を責めて曰、上國は父母の邦也、使臣の來て詔命を宣するや、沿路の陪臣は、恪勤接待す、而るに例無きの銀を責め出さしむ、固に是れ行ひ得ざるの政、一城の人死せば、則ち死せん耳、寧ろ灰燼の中に共に死する無からんや、天使曰、吾の命は大爺の手に懸れり、當に馬を階下に立つ可し、馬に上り即ち夜と無く疾く馳せ、三日の內に當に鴨綠江を渡る可し、願くは一砲を停めよと、錦南曰、天使無禮なり、吾れ之を信せずと、連りに砲手を呼ぶ、天使錦南を抱き、千乞萬乞、號哭して之に隨ふ、已むを得ずして遂に之を許し、之をして馬を促し急に發せしむ、天使の一行は、無限に感謝し、一齊に馬に上り、風馳電邁、果して三日內に於て江を渡る、巡使大に喜び、宴を設け以て之に謝す是に由て錦南の名一世に振ふ、錦南辭して本鎭に歸り、事每に輙ち小室に問ひ、待つに神使を以てす焉。

◎勳功を策す。良妻の明鑑。

光海の末、平壤に一妓女有り、年十六七、貞潔身を持す、依市の態無く、穿踰の行無し、以爲らく、妓は賤き物と雖、當に一夫を守り以て身を終ゆ可しと、營府の裨將、冊客、其の姿色を悅び、毎に之に近づかんと欲するも、聽從せず、以て之を刑し之を杖し、父母を枷囚せんとするに至るも、終に變移せず、營邑の上下、之を稱するに怪物を以てせざる無し、其の父母毎に其の夫と作す者を求むれば、厥の妓曰、夫なる者は百年の客なり、吾れ自ら之を擇ばんと、此の言遠近に一播し、風を聞て來る者、美男子好風身に非ざるは莫く、豪富の類、日夕門に盈つ、厥の妓一幷に之を許さず、一日厥の妓、大同門樓に坐して門外を見る、柴を負ふ老總角有り、其の父を呼び之に語て曰、必ず吾が家に邀え致せと、其の父之を見、覺えす寒心して之を責めて曰、汝の心情異常なり、汝の姿色は慕悅せざる莫し、上は以て使道本官の別室たる可く、中は以て戶裨冊客の隨廳たる可く、下は某の家郎某の家郎たるを失はじ而るも一幷に願はず、天下の凶惡なる寒乞兒を得んと欲するは、是れ何の心腸ぞやど、然れども旣に其の女の性情を知る、其の父の威を以てすと雖、亦た奈何す可き無し、乃ち厥の童を邀えて夫と作す、尹の後、厥の女夫に謂て曰、吾か翟久しく此に住す可らず、願くは君と京に上り產業を作さんと、遂に之と與に京に上り、酒店を西門外に設け、色酒家を以て長安第一と爲す、城の內外豪貴の徒、輻湊せざる無し、其の時に、酒徒五六人有り、往來して之を飲む、厥の價の有無を計らず、必ず令の如く進排す、酒債夥然たれば、一末に其の酒徒に賞す、或は以て廉無しと言へば、則ち女曰く、後日多く償へば則ち好し、何ぞ必ずしも乃ち爾かせんと、其の酒徒は即ち墨洞の金正言、李佐郎の輩也、厥の女從容として金正言に言て曰、此の洞自ら生疎の者多し、將に南村に移り去らんとす、惟だ望むらくは、進賜主の主人と作らんとを、金曰く好し、吾輩の遠く來て飲酒するも、亦た良苦爲り、爾若し近く來らば則ち吾輩必ず善く主人と作らんと、厥の女仍て墨洞に移る、一日金正言を見て言て曰、吾の夫、目に一丁字を識らず、亦た諺文を解せず、酒債の記錄に至ても、毎に貿々たるもの多し幸に望むらくは、進賜主、蒙學を以て之に敎へば、則ち當に待つに先生を以てす可く、一日に一壺の酒を進排せんと、金曰く好し、明日食前より冊を挾み之を送れと、厥の女其の夫をして、通鑑第幾券を買はしめ、其の中間に貼標して曰、此の冊を挾み金正言の宅に往き敎を請へ、時に先生必ず初めより之を敎へんと欲するも、則ち必ず此の標張を以て敎を請ひ、其の言に從ふ毋れと、其の夫その言に依り、翌朝冊を挾み往て學ぶ、金正言曰く、千字か、類合か、曰く通鑑第四卷なりと、金曰、是れ汝に當らず、須く千字文を持ち以て來れと、厥の者曰く、既に己に持ち來て、此の冊を學ばんと願ふなり、金曰く此れも亦た文也、亦た何ぞ妨げんやと、初張より之を敎ふれば、則ち厥の者、手を以て貼標の處を開て曰、願くは此の貼標の處より學ばんと、金正言曰く、必ず初張を以て之を敎へんと、厥の者終に聽かず、標張を以て固執す、金正言は憤に勝えず、卷を以て打擲して曰、天下の不出漢也、都て其の妻の言を聽く也と、厥の者大に怨みて、歸て其の妻に語て曰　、此の後は金正言に酒を給する勿れ、糧も亦た給せず、瓢も亦た破らんと、婦莞爾として語て曰、君の人物若し善く人に出でば、則ち豊に此の辱め有らんやと、少爲くして金正言來り、厥の女の手を執て曰、汝は人耶鬼耶と、女曰く、吾が類の如きも、時を得て兩班と爲す、亦た可ならずやと、金曰く且つ之を竢てと、仍て呼で酒を酌む、蓋し其の貼標する處は、乃ち霍光の昌邑王に送る事にして所謂金正言は、即ち昇平府院君なり、李佐郎は則ち延陽也、厥の女、其の反正の議將に成らんとするを揣り得、故らに通鑑第四卷を將て、先づ其の意を試る也、而して昇平も亦た已に厥の婦の已に自己謀る所の事を料れるを知る也、數日の後、昇平諸公果して反正す、其の論功の時に及んで、先づ平壤妓に酒債せるを以て之を言ひ、諸議僉な同詢ならざるは無し、其の夫の名を知る者無し、昇平曰く、吾れ聞く、厥の者は巳丑の生れ也と、六甲を以て之に名つるは、則ち太だ雅ならず、起字を以て字を尋ね、名を作るを如何と、僉な曰く諾と、三等の勤に録し、則ち漢城左尹に除せられ、兵曹參判と爲れりと云。

◎節婦。難に當り高義を辨ず。

節婦李氏は、夷城の良家の女也、年十六、同里黃一淸に嫁し、十七にして寡居す、舅姑其の少にして子無きを憐み、之を嫁せしめんと欲すれば、輙ち死を以て自ら誓ひ、十年節を守る隣里咸な之を稱嘆す、夷城の風たる、婦女名節を尙ばず、又た傑黠惡少の者多く、才貌早く寡するを聞けば、則ち徒を聚め之を掠む、而も其の女も亦た以て妨げ無しと爲し、往々以て常と爲す、獨り李氏に於ては則ち、其の節義の高尙を以てし、敢て意を生せず、群に鰥夫の韓必彧なる者有り、素より李氏の才色を慕ひ、毎に門外に睥睨し、彷徨去る能はざる者屢ば也一日必彧、無賴數十人と與に、夜る隣舍に飮み、酒酣にして必彧起て曰、今夜黃家の婦を取るは如何と、衆皆な手を搖り頭を掉て曰、此れ節婦也、徒らに辱を取り必ず成る無しと、必彧曰く、然らず、今日は黃家盡く外に出で、只だ老弱者有り、吾輩を以て之を刼さば、猛獸の狡兎を攫むが如し、安んぞ其の節を用る所有らんやと、衆從はず、必彧大に怒て曰、違ふ者有らば、必ず先づ之を斃たんと、衆遂に之に從ふ、是の夜三更に其の第を圍み、門を斬て入る、李氏寢室に在り、之に逼らんと欲す、李氏免れざるを知り、怡然として笑て曰、吾が意已に決せり好事は自ら紆徐す可し、何ぞ必ずしも是の如く迫隘せんやと、必奭大に喜び、出で號んで曰く、事已に妥帖せり、喧擾を用る無かれと、仍て即ち旋り入れば、則ち李氏在らず、燈も亦た滅す、火を擧げ之を燭らせば、則ち李氏在て、帛は頸に横はる、遂に慌惚して重牆を越えて逃走す、其の舅姑曉に家に歸り、李氏の婦自ら縊るを見て、大に驚き慟く、意ふに必ず是れ韓哥の爲す所と、官門に哭して之を告ぐ、大守も亦た驚て之を憐み、之に藥を賜ふも已に及ぶ無し、遂に韓必奭及び同謀者を捉へ致す、韓は則ち營に報じて之を打ち殺し其の黨は則ち、輕重に分て之を散配す、朝に聞こえ、之を旌褒すと云。

◎李措大。學峴に地師を訪ふ。

風水の客、李懿信、將に山脈を尋ねんとし、北關より龍を逐ひ、以て楊州松山に至る、山脈此に止て、融結環抱して名穴の大地を爲す、李は終日山行して餒ると甚し、山下に茅屋有り門を叩き飢を呼べば、則ち一新喪人有り、門を出で餽るに白粥一椀を以てす、誠意感ず可し李曰く、主人は何の時に難に遭ふや、已に襄禮を過せるや否と、主人曰く、成服纔に過ぎ、喪禮の經營未だ意を留るに及ばずと、言辭凄婉たり、李忽ち矜閔の心を生じ問て曰、然らば則ち喪主は必ず是れ家貧にして意の如く山を求むるヿ能はざらん吾れ略ぼ山眼有り、今ま一處を指さん、喪主其れ能く之を用る乎、喪人曰く幸ひ之より大なるは莫し、敢て敎に依らざらん、李仍て喪主と與に、先きに見る處に至り、穴を占し及び坐し向て曰く、山を用る後は喪主の家風百稍く饒かならん、若し十年に至らば、則ち必ず緬禮の議有らん、尹の時は必ず須らく我を、城中西學峴に訪ふ可し、李書房は即ち我也と、其の後喪人果して其の言に依り窆を完うしたる後、一に李師の言の如くし、家計漸く饒かなり、大に瓦屋を起し山を治め石を立て、等節は鄉班の樣に非ざる有らんや、十年を過ぎて後、一過客有り入り來る、寒暄畢つて、先づ問ふ、溪を越えて彼山は、果して是れ主家の新山とする所かと、主人曰然り、客曰、此の山は乃ち是れ名穴にして、今は十年に到て運已に盡きたり、何ぞ緬禮せざる、若し遲れば則ち必す禍有らんと、主人聽き罷んで、忽ち向きに來れる李師の言を想ひ、其の客を家中に留め、其の翌即ち上京し、直に西學峴に向ひ之を訪へば、則ち李氏果して在り、其の人の由を告ぐ、李師曰く吾れ固り已に知れりと、仍て與に同じく來り、其の過客と山に上る李先づ問て曰、何故に緬禮するか、客曰く此れ伏雉の形也、雉は久しく伏す可らず、若し十年を過ぎば、則ち勢ひ將に飛び去らんとす、故に是の如く之を言ふと、李師笑て曰、君の見る所も亦た凡に非ず、然れども徒らに其の一を知て其の二を知らずと、仍て前峰を指して曰く、此れ狗峴なり、後峰指して曰、此れ鷹師峰なり、又た前川を指して曰、此れ猫川なり、地形是の如く相應せば、雉飛ばんと欲すと雖、其れ得可けんやと、客因て語無し、退て曰く師の高眼果して及ぶ所に非ず云々と、其の後松山の李氏、大に昌盛を爲すと云。

◎李尚書。元宵に芳緣を結ぶ。

東岳李公安、新娶を納れて後、上元の夜、鐘を雲從街に聽き、醉て笠洞の前路を過ぎ、路傍に臥し睡る、俄にして婢僕の輩來り誹で曰、新郎は此に醉ひ倒ると、仍て扶けて其の家の新房に入る、而して公渾べて省みず、洞房花燭、新婦と同寢す、翌曉睡り覺むれば、則ち別人の室也、聘家に非ざる也、公、新婦に問ふ、此れは是れ誰が家ぞ、吾れ何を以て此に到ると新婦之を疑ひ反て之を詰り、相ひ與に錯愕す、蓋し其の家の新に婚禮を行ふの三日也、其の新郎も亦た鐘を聽き夜遊し、仍は來らざるが爲め、東岳も誤て此の家に入り、婢輩も亦た誤て、其の家の新郎と認めて扶け入れたる也、公新婦に問て曰、何を以て事を處せば則ち好からん、新婦曰く、吾れ亦た夢兆の符合有り、此れ亦た緣分也、婦女の道を以て之を言へば。吾れ一死を辨して可なり、然れども吾れ數世譯官を以て、家に男無くして獨女也、吾れ死せば父母老ひて依托の所無し、此に忍びず、己を得ずんば權に從ひ君に事へ、願くは小室と爲らん耳、且つ老親を奉養し以て天年を終へんこと何如と、公曰く、吾れ故らに犯すに非ざる也君も亂奔に非ざる也、權に從ふも妨げ無し、但だ 家に老親有り、庭訓甚た嚴なり、吾か年未だ弱冠ならず、且つ未た登第せず、草笠の書生を以て小室を畜ふ、豈に難からず哉と、新婦曰く、難き無き也。君の姨姑の家に或は我を置くの所有らん乎、曰く之れ有り。然らば則ち今ま急に起て、我と偕に行き我を其の家に置き、兩家をして之を知らしむる莫れ、君久しからずして必ず登第せん、未だ第せざる前は、誓て相ひ面せざらむ、登第後、實を兩家の老親に告げ、以て團聚の地を爲すこと如何と、公其の言の如く區處し、其れを姨母の家に寡居せしめ、其の針線を助け、相ひ依りて母子の如し、新婦の家は朝に起き之を視れば、新郎新婦去る處を知らず、大に驚怪す、往て新郎の家を探ぐり、始めて假郎と偕に遁げたるを知り。遂に其の事を秘し、假に稱するに、新婦暴かに疾んで起たざるを以てし、假に斂め虛く葬れり、東岳一たび區處の後より、更に面を接せず。晝夜工を勸め、文章大に進み、幾年ならずして高科に登る、始て老親に告げ、親ら小室を率ひ來り、又た小室の家に通せんと欲す、則ち小室曰く、必ず信せざる也と、新婚の時の紅緞の衾領を出し給して曰く、此れを以て信と爲せ、此の綿は、在昔の遠祖燕に入る時、皇帝の賜ふ所也、天下無き所の異錦にして、吾が家之れ有り、以て新婚の時の衾領と爲せり、此れを見ば則ち必ず信ずと、遂に其の言に依る老父母來て女を見て、悲喜交々至り、且つ李公を見るに、宰相の器也、詳に其の始終を問ひ嘆じて曰く、天也、吾が老夫妻の後事托する有り、他の子女無し、其の家貨奴婢田宅を以て悉く之に長安の甲富を付す、其の小室賢にして智有り、産業を治め巾櫛を奉ずる、皆な閨範有り、李公の家今に至るまで富を以て稱せらる、其の笠洞の第宅は乃ち醉ひ入るの室也、小室の子孫亦た繁衍すと云。

◎柳匠に婿となり。李學士亡命す。

燕山の朝、士禍大に起る、一李姓有り、校理を以て亡命す、行て寶城の地に到る、渇すること甚し、一童女の川邊に汲むを見、趍て飲を求む、其の女瓠を以て水を盛り、川邊の柳葉を摘み之を中に浮べて之に給す、心窃に之を怪み問て曰く、過客渇する甚だ急にして飲を求む何ぞ乃ち柳葉を以て、水に浮べて之を給するや、其の女對て曰く、吾れ客子の甚だ渴せるを觀る、若し或は急に冷水を飮まば、則ち必ず病を生せん、故に柳葉を以て之に浮べ、之をして緩々之を飮ましめんとするが故也と、其の人大に之を驚異し、是れ誰が家の女ぞと問ふ對て曰く、邊を越える柳器匠家の女なりと、其の人乃ち其の後に隨ひ、柳匠の家に往き、其の婿と爲らんことを求め、身を托す、自ら京華の貴客を以て、安んぞ柳器の織造を知らん乎、日々事をする所無く午睡を以て常と爲す、柳匠の夫妻怒り罵て曰く、吾の婿を迎るは、冀くは柳器の役を助けんと欲して也、今ま新婿は、只だ朝夕の飯を喫し、晝夜昏睡す、即ち一飯嚢也なりと云ひ、伊れより朝夕の飯は半を減じて之に饋る、其の妻憐んて之を悶し、毎に鍋底の黄飯を以て、數を加へて之を饋る、夫婦の情甚だ篤し、是の如くして數年を度了せるの後、中廟は玉朝と改め、一新を著け、昏朝に罪を得て沈廢せるの流は、一幷に赦して職を付す、李生も官職を還付され、八道使に行會して、之をして尋ね訪はしむと、傳說藉々たり、李生風便を聞く、時適ま朔日にして、主翁將に柳器を官府に納めんとす、李生乃ち其の婦翁に謂て曰く、今番は則ち官家に柳器を朔納する、吾れ當に輸納す可しと、其の婦翁責めて曰く、君の如き渴睡漢、東西を知らず、何ぞ器を官門に納む可けんや、吾れ親しく自ら之を納むと雖、毎々退けらる。君が如き者其れ何ぞ事無く之を納めんやと。之を許すを肯んせず、其の妻曰く、試みて可なり、盍んぞ往かしめざると、柳器匠乃ち始めて之を許す、李乃ち背に負ふて官門の前に到り、直に庭中に入り前に近て高聲に曰く、某處の柳匠器を納るの次、來り待つと、本官は乃ち是れ李親しきの武辨也、其の貌を察し其の聲を聞き、乃ち大に驚き起て堂を下り、手を執り之を上座に延きて曰、公平。公平、跡を何處に晦まして、乃ち此の樣を以て此に來るや、朝廷の搜し訪ふと已に久しく、營關遍く行けり、斯れ速に上京して可なりと、仍ち命じて酒饌を進め、又た衣冠を出して服を改めしむ、李曰く罪を負ふの人、生を柳器の匠家に偸み、今に至り命を延べ以て度る、豈に意はんや天日を復た見んとは、本官仍て李校理の邑に在るを以て、報を巡營に成し、催して馹騎を發し、之をして洛に上らしむ李曰く、三年主客の誼、顧みざる可らず、且つ兼ねて糟糠の情有り、吾れ當に別れを主翁に告ぐ可し、今ま將に出で去らんとす、君須らく明朝に於て吾の住する處を訪ふ可しと、本官曰く諾、李乃ち來る時の衣を換え着て、門を出て柳匠の家に向ひ、言て曰く、今番の柳器は無事上納せりと、主翁曰く、異なる哉、古語に云ふ鴟も千年を老ゆれば、能く一雉を搏つと、信に虛に非ず、吾が婿も亦た人に隨て之を爲すの事有り、奇な哉々々。今夕は則ち數匙の飯を加給せよと、翌日平明に、李早く起き門庭を栖掃す、主翁曰く、吾が婿昨日は喜く柳器を納れ、今朝又た能く庭を掃く、今日は日西より出づ可しと、李乃ち藁席を庭に舗く、主翁曰く、席を舗き何を爲す、李曰く、本府の官司、今朝當に行次す可し、故に是の如き耳と、主翁冷笑して曰く、君何ぞ夢中の語を爲すや、官司主何ぞ吾が家に行次す可けんや、此れ千近からず萬近からざるの吾說也、今に到て之を思へば、昨日柳器の善く納ると云ふ者も、必ず是れ路上に委棄して、歸て之が虛語を張る也と、言未だ己まざるに、本官の工吏、彩席を持ち喘々として之を房中に舗き、言て曰く、官司主の行次に今ま方に來到すと、柳匠の夫妻は蒼黃として色を失ひ、頭を抱き籬間に匿る、少焉くして前導の聲は門に及ぶ、本官は馬に騎て來り、馬を下り房に入り、與に別來を叙し寒暄し、仍て問て曰く、娼氏は何れに在る之をして出で來らしめよと、李乃ち其の妻をして來り拜せしむ、其の女は荊叙布裙を以て來て前に拜す、衣裳獘ると雖、容儀閑雅にして、常の賤女子に非ざる有り、本官敬を致して曰く、李學士、身窮途に在り、幸に娼氏の力に賴り、今日に至るを得たり、義氣男子と雖、以て此れに過る無し、欽歎せざる可けんやと、其の女裙を斂めて對て曰く、顧るに至て微賤の村婦を以て、君子の巾櫛に待つを得、全く是の如きの貴人を味す、其の接待周旋の節に於て禮無き極まれり、罪を獲る大なり、何ぞ敢て尊客の謝を致すに當らん、官司の今日、常賤、陋湫の處に降臨せるは、榮耀極まれり、窃に賤女の家の爲めに、福力を損す有る也と、本官聽き罷んで、命を下隷に下し、柳匠を招き入らしめ、酒を饋り顏を賜ふ、己にして隣邑の守令は、絡繹として來り巡使に見ゆ、又た幕客を送り唱を傳ふ、柳匠の門外、人馬熱鬧し、觀光の者堵の如し、李氏本官に謂て曰く、彼れ常賤と雖、吾れ既に之と敵體す、必ず配と作さん、多年勞に服し、誠意備さに至る、吾れ今ま貴を以て之を易ゆ可らず、願くは一轎を借りて偕に行かんと、本官乃ち即地に一轎を得、行具を治め以て送る、李は闕に入り恩を謝するの時、中廟入り侍して、俯して流離の顛末を問ふ、李乃ち其の事を奏し甚だ悉くす、上再三嗟嘆して曰く、此の女子は賤妾を以て之を待つ可らず、特に陞せて後夫人と爲して可也と、李は此の女と老を偕にし、榮貴比無し、多く子女有り、此れは是れ李判書、長坤の事なりと云爾。

◎神主に題し。眞書は諺文に勝る。

大金なる者は班家の奴也、幼時より廳に隨ふ、學はずと雖、粗ぼ文字を解す、其の上典、杆城に莅む時、大金も隨て術中に往き、留ると歲餘、故有り京に上る、山路店舍少く、行て某境の一處に到り、民村の閭家に宿を借る、其の家に喪の故有り、終夜喧擾し、主人頻々と門を出で望んで曰く、約有り來らず、大事狼狽す、此れ將た奈何せんと云ふ、擧措忙急なり、大金其の故を問ふ、答て曰、今曉將に其の父の葬禮を過さんとす、而して題主官を某洞の某生員に請ひ、丁寧に約を爲せり、而るに尙ほ消息無し、大事將に狼狽せんとすと云ふ、仍て問ふ、客子は京華の人也、必ず題主を知らん、幸に我が爲めに之を書せ、如何と、大金渠れも亦た題主の法を知らず、而かも愚痴の性を以て快諾す、主人大に喜び、厚く酒肴を饋り、曉に及んで喪を行ふ、大金と與に後に隨て山に上る、旣に棺を平土に下し、大金に題首を請ふ、大金業に已に之を許し、以て之を辭する無し、之を書せんと欲するに法例を知らず、之を思ふこと半餉、仍て書するに、春秋風雨、楚漢乾坤、を以てす、此れ則ち博局に習ひ見るの故也、書き罷むや、主人は草上に奉安し、禮の如く祭を行て已む、山下より一個の、道袍を著くる者有り、十分の酒氣を帶びて來る、主人之を迎へて曰く、生員何ぞ人をして大事に狼狽せしむるやと、其の人曰、吾れ知舊の爲めに挽かれ、酒に醉ふて來るを得ず、今ま始て驚き覺め急ぎ來れり、題首は何を以て之れを爲すと、主人曰、幸に京華の來者有りて之を書せり、其の人曰、若し然らば則ち好し、願くは之を一見せんと、大金此の言を聞き、大に驚悕して心に語て曰く、此の書必ず此の斑の眼に露れん、吾れ將に無限の辱を受けんと、仍て托するに厠に如くを以てし、方に身を避けて逃げ走らんとするの際、其の人題主を見て笑て曰、此れ則ち眞書也、大に吾れの諺文に勝る云々と、大金始て乃ち放心す、醉ひ飽て晩に及び辭して行く、主人無數に謝を稱すと云、

◎佳妓を得て、沈相國名を成す、

沈一松、喜壽、早く孤と爲り學を失す、編髮の時より全く蕩宕を事とし、日夜狹斜青樓に往來し、公子王孫の宴、歡娥舞女の會、處として往かざるは無く、蓬頭突髩、破履弊衣、少も著澁無し、人皆な之を目するに狂童を以てす、一日又た權宰の宴席に赴き、紅綠叢中に雜り唾罵して顧みず、毆逐すれども去らず、妓中に少年の名妓、一朶紅なる者有り、新に錦山より上り來る、容貌歌舞、一世に獨步す、沈童其の色を慕ひ、席に接して坐す、紅は少も厭苦の色無し、時に秋波を以て、其の助靜の色を微察す、仍て起て厠に如き、手を以て沈童を招く、起て之に從へば、則ち紅は耳に附て語て曰、君が家は何れに在ると、沈童詳に言ふ、某

洞の第幾家と、紅曰く、君須く先づ往け、妾當に後に隨ふ可し、則ち往け、幸に之を俟て、妾は信を失はずと、沈童大に喜び望を過ぎ、先づ家に歸り、塵を掃て之を俟つ、日未だ暮れずして、紅果して來る、沈童欣幸に勝えず、膝を接して酬酢す、一童婢内より出で其の狀を見、回て其の母夫人に告ぐ、夫人其の子の狂宕を以て憂と爲し、方に招て之を責めんとす、紅曰く、催して童婢を呼び以て來れ、吾れ將に入て大夫人に謁せんとすと、沈童其の言の如くし、婢を呼び通せしむ、則ち紅は内に入り階下に拜して曰、某は是れ錦山より新に來たる妓某也、今日某宰相の宴會に、適ま貴宅の都令に見ゆ、諸人狂童を以て之を目す、賤妾の愚見を以てするに、大貴人の氣象を見る可し、然れども其の氣太た麁粗、色中の餓鬼と謂つ可し、今ま若し抑制し得ざれば、則ち將に人と成らざるの境に至らんとす、如かず、其の勢に依て之を利導するに、妾今日より都令の爲めに、跡を歌舞花柳の場に斂め、之と筆硯書籍の間に周旋し、其の成就の道有るを冀はん、未だ夫人の意下如何を知らず、妾若し或は情欲を以てして此の言有らば、則ち何ぞ必ず貧寒寡宅の狂童を取らんや、妾は側に侍すと雖、決して情に任じ傷を受けしめず、此は則ち慮る勿れと、夫人曰く、吾か兒早く家嚴を失ひ、學業を事とせず、全く狂蕩を事とす老身以て之を制する方無し、是を以て晝宵心を薫がす、今ま焉くよりか好風吹き送り、汝が如き佳人が、吾が家の狂童をして成就に至るを得せしめは、則ち莫大の恩と謂ふ可き也、吾れ何を嫌ひ何を疑はん、然れども吾が家素と貧にして、朝夕繼ぎ難し、汝豪奢の妓女を以て、其れ能く飢寒を忍び此に留らんやと、紅曰く、此れ則ち少も嫌ふ所無し、萬望慮る無かれと、遂に其の日より跡を娼樓に絶ち、身を沈の家に隱くし、其の搔頭洗垢の節も、終始怠らず、日出づれば則ち之をして册を挾み隣家に學ばしめ、歸て後は案頭に坐し、晨夕課を勤め、科程を嚴立す、少く怠意有れば、則ち勃然と色を作し、別去の意を以て恐動す、沈童愛して之を憚り、課工懈らず、親を議するの時に及ぶや、沈童は紅の故を以て妻を娶るを欲せず、紅其の意を知り、其の故を詰り、乃ち嚴責して曰く、君は名家の子弟を以てし、前程萬里なり、何ぞ一賤娼に因て大倫を廢せんと欲す可けんや、妾は決して妾の故に因て、之をして家を亡ぼすを欲せざるなり、妾は則ち此より去らんと、沈童已むを得ずして妻を娶る、紅氣を下し聲を怡ばし、洞々屬々、之に事ふる、老夫人に事ふるが如くし、沈童をして日限を定めしめ、四五日は内房に入れば、則ち一日其の房に入るを許す或は其の期に違ふか如きは、則ち必ず門を掩ひて納れず、是の如き者數年、沈童學を厭ふの心尤も前に倍す、一日書を紅に投じて臥して曰く、汝は課を勸むるを勤むと雖、吾の欲せざるを如何と。紅其の怠惰の心は、口舌を以て爭ふ可らざるを度るや、沈生の外に出るの時に乘じ、老夫人に告げて曰、阿郎讀書を厭ふの症近日尤も甚し、妾の誠意を以てすと雖、亦た奈何す可き無し、妾此れより辭を告けん、妾の此を去るは即ち激勸の策也。妾門を出づと雖何ぞ永く辭す可けんや、若し登科の報を聞かば、則ち當に即地に還り來る可しと、仍て起て夫人を拜辭す、夫人手を執て言て曰く、汝の來りしより、吾が家狂悖の兒は、嚴師を得るが如く、幸に蒙學を免る者は、皆な汝の力也、何ぞ讀むを厭ふの微事に因て、我が母子を捨て去るやと、紅起て拜して曰く、妾木石に非ず、豈に別離の苦を知らざらんや、然ども激勸の道は、惟だ此の一條に在り、阿郎歸て妾の告辭を聞かば、科を決するの後、更に逢ふを以て、約の言と爲さば、則ち必ずや發憤業を勸めん、遠きは則ち五六年、近きは則ち四五年間の事也、妾當に身を潔くして處し、以て登科の期を俟たん、幸に此の意を以て阿郎に傳布せよ、是れ望む所也と、仍て慨然として門を出で、遍く老宰の內眷無き家を訪ひ、一處を得て其の主人老宰に見え言て曰、禍家の餘生、苦ろに身を托するの所無し、願くは側婢僕の列を得、以て微誠を效し、針線酒食謹で當に看檢す可しと、其の老宰その端麗聰慧を見、憐んで之を愛し其の仕接を許す、紅其の日より、厨に入り、饍を備え其の甘旨を極め、其の食性に適す老宰尤も之を奇愛す。仍て曰く老人奇窮の命を以て、幸に汝の如き者を得、衣服飲食口體に便ず、今は則ち依頼するに地有り、吾れ既に心を許す、汝も亦た誠を盡くせ、今より父女の情を結んで可也と。仍て之をして內舍に入處せしめ。女を以て之を呼ぶ、沈生家に歸れば、則ち紅は已に去て處無し、怪んで之を問へば、則ち其の母夫人は、其の別れに臨めるの時の言を傳へて之を責めて曰、汝學を厭ふの故を以て此の境に至る、將た何の面目を以て世に立たんとする乎。渠れ既に汝の登科を以て期と爲す。其の人と爲りや必ず食言の理無し、汝若し科を決するを得ざれば、則ち此の生更に逢ふの期無し、惟だ汝が意之を爲せと、沈生聞て之を憫み、失ふ所有るが如し、數日遍く京城內外を訪ふも、終に蹤跡無し、乃ち心に矢つて曰、吾れ一女の見棄てる所と爲る、何の顏面を以て人に對せん、彼れ既に科の後に相ひ逢ふの約有り。吾れ當に意を刻し工課し。以て故人相ひ逢ふの地を爲す可し、若し科名を得ずして約の如くならざれば、則ち生けるも亦た何かせんと、遂に門を杜ぢ客を謝し、晝夜輟まず其の讀を做す、纔に數年を過ぎ、龍門に嵬捷す、生、新恩を以て街に遊ぶの日、遍く先進を訪ふ、老宰は則ち沈の父執也、歷路拜謁すれば、則ち老宰欣然として之を迎へ、古話今留を叙し從容として話を做す、已にして內より饍を饋る、新恩は盃盤饌品を見、愀然として色を變ず、老宰怪んで之を問へば則ち遂に紅の始末を以て詳に之を言ひ、且つ曰く、侍生の刻意して業を做し、以て登科に至る者は、全く故人相ひ逢ふの地を爲せる也、今ま僎品を見れば宛も是れ紅の爲す所也、故に自ら心を傷むなりと、老宰其の年紀狀貌を問ひ言て曰く、吾に一介の養女有り、而も從來する所を知らず、乃ち此の女なる無からんやと、言未だ畢らざるに忽ち一佳人有り、後窓を推し突入し、新恩を抱て痛哭す、新恩起て主人を拜して曰く、尊丈今は則ち此の女を侍生に許さゞる可らずと、主人曰く、吾れ垂死の年に於て幸に此の女を得、依て命を爲す、今若し許し送らば、則ち老夫は左右の手を失ふか如し、事處し難しと雖其の事や甚だ奇なり、相愛するや此の如し、吾れ豈に許さゞるに忍びんやと、新恩起て拜し僕々と謝を稱す、日己に昏黑す、紅と一馬に弁ひ騎り、炬火を以て前を導き、行て門に及び聲を疾くして母夫人を呼んで曰、紅娘來る々々と、其の母夫人奇喜に堪へず、中門の內に履及し、紅の手を執り階に升る、喜び堂宇に溢る、復た前好を續ぐ、沈は後に天官郎と爲る紅衽を斂めて言て曰く、妾の一端心は誠に進陽の成就せんとの爲めにし、十餘年の間一念他に及ばず、吾が鄉父母の安否も亦た之を聞くに遑あらざりき、此れ是れ妾の日夜に撫心する者也、進陽今ま爲す可きの地に當れり、幸に妾の爲め求めて錦山の宰と爲り、妾をして父母を其前に見るを得せしめば、則ち至恨畢ると、沈曰く此れ至て易き事のみと、乃ち疏を治め郡を乞ふ、果して錦山の倅と爲なる、紅を挈え偕に往き、任に赴くの日、紅の父母安否を問へば則ち果して皆な恙無し、三日を過ぎて後、紅は官府より盛に酒饌を具えて、其の本家に往き父母に拜見し、親黨を會し三日大宴す、衣服需用の資、其の豐厚を極め、以て其の父母に遺り、而して言て曰、官府は私室に異り、官家の內眷は尤も他人と別有り、父母兄弟と或は因緣の如き、頻に出入せば、則ち人言を招き官政を累す、兒や今は衙に入り、一だび入るの後は更に出るを得ず、亦た頻々相ひ通ずるを得ず、京に在るの樣を以て之を知り、復た往來相ひ通ずる勿れ、以て內外の分を嚴にせんと、仍て拜辭して入る、一だびも未だ外に通ぜずして幾ど半年を過ぐ、一日內婢小室の意を以て來り請ふて入る、適ま公事有り、未だ即ち起たす、婢子連續して來り請ふ、公之を怪み內に入て之を問へば、則ち紅は新件の衣裳を着け、新件の枕席を舗く、別に疾恙無くして、顏に悽愴の色を帶びて言て曰、妾今日に於て永久進賜に訣れん、長逝の期也、願くは進賜、保重して長く榮貴を享けよ、妾の故を以てし疚懷す勿れ、妾の遺體は幸に進賜先塋の下に返葬せよ、是れ願ふ所也と、言罷んで奄然として歿す公之を哭痛す、仍て曰く、吾れの外に出づるは、只だ紅娘の爲めの故也、今は渠れ己に身死

す、我何ぞ獨り留らんと、仍て辭を呈し遞を圖り、其の柩を以て同じく行く、錦江に至り亡を悼むの詩有り

一朶紅雲載柳車。　錦江秋雨丹旌濕。
芳魂何處更踟躕。　疑是佳人別涙餘。

◎老媼患を慮り。小室を納る。

昔は一宰相有り、内外偕に老ゆ、一童婢有り年十七、容色麁ならず性も又た醇良なり、夫人之を寵愛す、宰相常に近幸せんと欲するも、厥の女承け從はず、泣て夫人に告けて曰、小人將に死せんとす、大監屢ば小人を以て枕を薦めしめんと欲す、若し命に從はざれば、則ち畢竟大監の刑杖の下に死せん、若し命に從へば、則ち小人、夫人子育の恩を蒙り、何ぞ眼中の釘たるに忍びんや、一死の外他道無し、將に往て江水に投じて死せんとすと、夫人其の志を憐み、白銀青銅、簪珥の屬を損て出し、幷に渠の衣服を與へ、一褓に裹みて之に與て曰、今ま以て此に在る勿れ、人生又た何ぞ空く死す可けん、此の物を持し往て、汝か去らんと欲する處に投じ、此を以て生に資せよと、晩鐘纔に罷むを待て、潜に門を開き之を出し送る、厥

の婢は宰相の家に養はれ、内舍未だ省せず、門を出で路を行き、此の褓褁を持ち、向ふ所を知らず、直に大路よりして行き南門に出づ、漸く津頭に近づく時、天色方に曙けんとし、馬鈴の聲有り後より來るを聞く、丈夫有り前に近づき問て曰、汝は是れ何處の女兒ぞ、此の如き早晨に獨り何處に往くぞと、厥の女曰く、我に悲寃の事有り、將に江に投じて死せんと欲する也と、其の人曰く、其の浪死せんよりは、吾れ未だ娶らず、吾と居生を與にするを如何と、厥の女之を許す、遂に之を馬上に馱して去る、其の後幾年にして、宰相の内外倶に歿し其の子も亦た已に死し、其の孫稍や長じ、家計剝落して以て活に資する無し、忽に思ふ、先世の奴婢各處に散在する者多し、若し推奴の行を作さば、則ち要賴の資を得可しと、遂に單身行を發し先づ某處に往き、諸漢を招致し、示すに戸籍を以てして曰、汝が輩は皆な吾が先世の奴屬也、今ま吾れ貢を收むるの次下り來る、須らく汝が輩人口男女が數に從ひ、一々備え出す可しと、厥漢の輩、口に應諾すと雖、心に不良を抱き、一房を定めて之に居らしめ、夕飯を備え以て之に待ち、將に其夜に於て黨を聚めて之を謀殺せんとす、其の班は則ち知らずして困眠す、忽ち半夜に於て多互の聲跡有るを聞き、心竊に之を疑ひ、潛かに之を聽けば則ち以て戸を開き先づ入り、互に相ひ推諉す、始て乃ち之を覺り大に驚惻を生じ、身を潛め起き來て、北壁を蹴倒して出づ、厥の漢の輩、或は刀劍を持し或は椎杖を持し、或は房中より或は厨後よりして逐ひ來る、其の班逃げ生るを計る無し、遂に短籬を超越す、忽ち一虎有り前を突き捉へ去る、厥の漢輩、其の人虎の爲めに捉へ去らるゝを見、相ひ顧て大に喜び曰吾が輩の手を犯すを勞せず、自ら虎狼の噉む所と爲れり、豈に天に非ずや、永く患無しと、其虎その人を捉へ去ると雖、其衣の後領を啣え、其の體を翻へし背上に負ふ、半夜の間走る幾里なるを知らず、往て一處に投じ掀翻して地に墜す、其人肌膚は則ち傷かずと雖、精神昏窒す、己にして驚魂少く甦し、睫を開て周視すれば、則ち乃ち一大村中井邊の人家大門の前にして、其の虎尚ほ其傍に蹲坐す、天色曙に向ふや、井邊の人將に水を汲まんと欲し、門を開て出づ、忽に見る、何許の人か地上に偃れ臥す、又た大虎有り其傍を守るを、大に驚き走り入て虎有りと連呼す、其の家人老少一齊に杖を持て出づ、虎は衆人の齊く來るを見、始て身を起して欠伸し徐々として去る、始て偃臥の人に問て曰、汝は是れ何の人何に縁て此に到る、班虎又た何故に相守て去らざるやと、其人始て顛末を述ぶ、人皆な之を嗟異す、其の家の老母も亦た出て來て相ひ見、其の人の容貌を認め其人に請て內舍に入り、之に語て曰、子は兒名某氏に非ず耶と、其人大に驚て曰、吾は果して是れ也、老媼何を以て之を知るやと、老媼遂に細述し、見たりし時某宅の婢子と爲り、恩を夫人に受け、今日此の如く居生する、夫人の德に非ざるは無し、吾れ年今ま七十、何の日か之を忘れん、但だ京鄕落々、聲聞遐る莫し、今日郎君意外に此に到るは、天之をして舊恩を報ぜしむる也と、遂に遍く諸子諸孫を呼び、諭すに此を以てし、是れ吾が上典なり、汝か輩一々現身せよと、又た北窓を拓き諸子の婦を招き、一併に現身せしめ、盛饌を備て之を進め、新服を製して之に衣せ、挽留すること數日、老媼の諸子は皆な是れ壯健傑驁にして風力有り、財產富饒にして一鄕に號令する者、今ま意はさりき、其母は一介流乞の人を以て之を稱するに上典を以てし、渠の輩をして盡く其の奴屬と爲らしむ、憤怒中に撑ち又た鄕中の羞耻と爲る、然ども其の母性嚴なり、諸子敢て其の志に違ふ莫く、黽勉として命に從はざるを得ず、其の班老媼に謂て曰、吾れ家を離れ已に久し、以て急に歸る可し、須らく我か爲めに速に還るを得せしめよと、老媼曰く姑く數日を留るも亦た何ぞ妨げんや、夜深を待て、後諸子輩の睡り熟するを見、耳に屬し言て曰、郎君諸子が輩の氣色を見ずや、渠の輩吾か命を以て外面順從せざるを得ずと雖、其の心測る可らざる也、若し單り歸り去らば、則ち必ず中路非常の禍を致さん、我に一計有り、郎君其れ能く之に從ふや否と、其の班曰く、何の計ぞや、老媼曰、我に一孫女有り年二八に近し、頗る姿色有り、尙ほ未だ婚を定めず、此の女を以て郞君に納れんと欲す則ち如何と、其の班　に此の言を聞き惝怳として答ふる能はず、老嫗曰く、吾が言に從はゞ則ち以て生還す可く、吾か言に從はざれば、則ち非命の禍を致さん、我れ舊主の恩を忘れず、計を爲し此に至る、郞君何ぞ之を聽かざると。其の班之を許す、明日老嫗諸子輩を招し之に言て曰、吾れ孫女某を以て上典に納る、汝今夜に於て婚具を整へ辨せよ、敢て違忤する勿れと、諸子輩一聲を傚さす、唯々として退く、其の夕一房を修理し、新婚の房と爲し、其の班をして入り處せしむ、其の孫女を艶粧し、入れ送て遂に婚を成す、翌日老嫗入り見えて問安し、又た諸子を召し之に語て曰、上典主明日將に宅に還らんとす、孫女も又た當に率ゐ去る可し、騎馬一匹、轎馬一匹、馬數匹をして。斯に速に備え待て、轎子も亦た借り來るを爲せ、汝か輩某々も陪行して京に上り、上典主の書札を受て來り、吾をして平安行次の奇を知らしめよと、諸子命に應ぐ一齊に辨じ備へ、遂に治發して京に上る、衾枕衣服、若干錢兩、並に一駄に載せ一路無事平安に達するを待たり、其の班、書を作り其の回便に付す、其の後每年一俘し、老嫗の身を終るに限れりと云。

◎黃龍を夢み。至誠脊痳に發す。

李參判鎭恒、少時必ず科を做さんと欲す、黃龍を夢みは、則ち必ず科を得ると聞き、乃ち半間の狹室を修掃し、其の中に入り處す、家務相ひ干するを許さず、賓客相ひ通ずるを許さず便旋の外は終日出でず、朝夕の飯も亦た窓中より出納す、晝宵思ふ所は龍に非ざるは無き也其の形體を思ひ其の頭角を思ひ、其の鱗甲を思ひ、其の瓜牙を思ひ、以て龍の居る所、龍の嗜む所、龍の變化する所に至るまで、心を以て想像し心を以て指劃し、一息間斷無し、第三日に至り始て一夢を得たり、一大黃龍を挐え右臂に纏ふ、龍體大にして力壯なり、大に氣力を費し、艱辛して之を纏繞す、忽然として自ら覺むれば、乃ち一夢也、力を勞する多きに過ぎ、遍體汗を流す、李文是より實才せんと、此の夢を得て大に喜び、凡そ龍の文字の科題に合す可き者は、經史雜說に論無く、無數に做し得たり、忽然として庭試の命有り、科の前數日親ら紙廛に往き、廛人に命じ上等好品の紙を出さしめ、前に積み置き、右手は袖間に藏し左手を以て一々翻閱して、其の最も好き者を擇び、乃ち右手を出して之を拔き出す、又た思ふに、兄弟は即ち一身、弟の正草も吾れ何ぞ幷せ擇ばざらんや、吾れ登第せずして弟若し登第せば、則ち吾が登第と何ぞ間あらんと、遂に前法の如く、左手に之を翻し、右手に之を扳き、二張を携て歸る、遂に李氏と同く場中に入る、少頃くして成均官員は、御題を奉じて出で、未だ儀唱を引かず四拜す、滿場の人皆な臺上に屬目す、展べ掛るに及んで、草龍の珠帳を以て顧を命ず、滿場の擧子都て題を解するを識らず、往來探問して其の紛紜に勝えず、故丈は適ま獨り其の出處を知る、乃ち意を專らにして安坐し、古賦禮を以て一筆に揮成す、兄第兩劵次第に投じ呈す、其の榜出るに及んで、院隷名を呼んで四出す、首たる者二三人已に呼び上けらる、自家の名字尙ほ出で來らず、心甚だ燥悶す、少焉くして先づ其の李氏の名字を呼ぶ、自ら念へらく、己れ得ずと雖、弟已に登第せば、亦た何ぞ恨みんと、俄にして自家の名字纔で又た出で來る、一榜に六人、兄第聯り參じ、幷びに卿月の列に登る、老來乃ち後世の輩に向て、必ず其の誠を致し龍を夢む可きを勸むと云。

◎洪尙書。挺を受け。刄を兇る。

洪尙書宇遠、未だ第せざる時、東峽の行を作す、曰勢已に晩く、店舍稍や遠くしで、以て程を趲り站に及ぶ無し、路傍に偶ま數家の村有り、其の事情を言ひ留宿を請ふ、主人之を許す其の家に老翁姑及び一少婦有り、夕食後老翁は客に謂て曰く、一家の祥祭を看る爲めに、今夜將に他處に往かんとす、少婦獨り在り、望むらくは守家を看檢す可し、善く安寢を爲せと其の子婦に謂て曰、吾輩他に出で、汝獨り家に在り、必ず善く客主を待てと、遂に老媼と共に門を出で去る、少婦應諾し門を閉ぢて入る、遂に一室に同寢す、其の婦客主に讓りて下炕に宿せしめ、渠は則ち上炕に坐し、燈を張り絲を績ぐ、洪其の婦を見るに、是れ村女と雖頗る姿色有り、又た其の舅姑在らずして同室す、意之を挑まんと欲し、睡困の所爲に假托し、轉じて其の婦の傍に就き、試に一足を以て其の婦の膝に加ふ、其の婦、遠路の行役を以て、眠困の致す所と認め、謹で兩手を以て輕く擧げて之を下す、少間にして又た足を以て復た婦の膝に加ふ、其の婦又た前の如く之を下し、則ち未だ其の意を悟らず、意に謂へらく、其の婦甚だ牢拒せずと、又た足を以て之に加ふ、其の婦始て其の洪の已れに意有るを悟るや、客主を呼び之を覺ます、洪佯て睡り深き樣を以てす、屢々呼んで後始て欠伸して微く答ふ、其の婦之をして起坐せしめ、之を數めて曰、兩班は書を讀み義理を知る、豈に男女の別有るを識らざる乎、翁姑出で去るや、客主に謂ひ、兩班を以て之を信じ疑ふ無く、守家を勸托せり乃ち深夜の中に於て、暗に不美の心を懷ふ、兩班の行ひ豈に是の如くならや、須く戸外に出つ可しと、夏楚を覓め得て來る、洪は言を聞き愧赧に勝えず、滿面紅を通じ、己を得ず戸を出で、覓め來る、其婦は袴を褰けんことを請ふ、洪又た己むを得ず、惟れ令是れ從ふ、其の婦乃ち撻つこと十數、之を戒て曰、明日舅姑歸り來らば、當に細陳委折す可し、更に妄念を生ずる勿れと、仍て又た絲を續ぐ前の如し、翌日老翁還り來り、客主の安寢するや否を問ふ、洪は辭の答ふ可き無し、其婦乃ち夜間の事を以て之に告ぐ、老翁曰、吾れ汝の貞烈を知る、故に獨り留めて客に接せしむ、而も年少の男子色を見て心を動かすは、亦た是れ怪事にあらず其の辭を委曲にし、其の不可の意を開陳せば固より可也、汝何ぞ敢て兩班を撻楚するやと、遂に其の楚を取り其婦を撻つこと數十、洪に向て語て曰、村女知る無く、兩班をして辱を取らしめ、惶悚に勝えずと、洪は羞愧に勝えず謝を稱して去る、其日又た行くこと幾十里、日暮れ站に達ふに値ひ、又た一村舍を尋て寄宿す、其の家に只た一夫一妻有り、夕飯後其の主人告げて曰、小人適ま緊關の事有り、將に十許里の地に往かんとす、明早當に還る可し、請ふ客主善く安寢せよと、又た其妻に囑するに、善く客主に待つ可きを以てして出で去る、其女は門を閉て房に入る、其房は即ち上下間にして、間に障子有り「其女は下間に宿し、洪は則ち上房に宿す、洪昨夜の事に懲り、更に邪念無し、夜深けて後、厥の女客主を呼で曰、上間は甚だ疎冷なり、客主寒無きを得んや、須く下間に移處して、我と同宿する如何と、洪は寒からざるを以てして答ふ、厥の女數三次入らんことを請ふも、終に聽かず、其女の所爲を觀るに必ず戸を開き出て來る處有り、乃ち背緊を以て門扇を帖して之を鎖し、推し出るを得ざらしむ、果然厥の女輾轉下して門閾に至り、百般誘說し、終に門を推さんと欲して得ず、乃ち大に怒り譏罵して曰く、年少の男子女子と同房して、一點の情慾無きは、乃ち宦者なる無らんや、何ぞ其れ沒風味是の若きやと、狠藉醜辱し、喃々己まずして曰く、客主に非ずと雖、豈に他人無らんやと、遂に足を擧げ前窓を推擲して出て去り、何許の總角を携え來り、爛熳と淫を行ひ、仍て即ち相ひ抱て熟睡す、少頃して其の夫還り來り、直に其房に入り、一刀に其男女を幷せ殺す、仍て即ち出て來て、洪の寢房の外に立ち、低聲に呼で曰、客主寢に就く乎と、洪曰く汝は是れ何人ぞ、厥の漢曰く、小人は即ち此の家の主人也、請ふ門を開けと、洪は厥の漢兇を行ふの事を見、心甚だ恐怖す、而も又た思ふに、身は犯す所無し、何ぞ他虞有らんと、遂に門を開き入らしむ、厥の漢百拜稱讃して曰、行次は誠に大人也、凡そ年少の人深夜密室の中に於て、少女と壁を隔て宿を伴にして、情慾の動かす所と爲らざる者、能く幾人が有る、小人屢ば厥の女の行に多く疑ふ可きを見るも、未だ眞贓を捉へず、昨行次の儀表帑を出づるを見、厥の女欽慕の意有り、故に小人故らに托して他に出で、潜に窓後に伏し以て伺察す、果然厥の女淫情を以て行次に挑む。而も行次堅く執て應せず。厥女情慾に勝えず乃ち隣居の總角を招き之と同宿す、故に小人其の所爲を憤り、一刀に之を刺殺せり。若し行次の牢確不撓に非ずして、厥女の迷はす所と爲らば、則ち必ず小人の刄を免れざりき、吾れ多く見るも、未だ行次の若き眞正大人を見ざる也、今は此に在る可らず、天未だ明けざるに迨んで、小人と與に急速逃げ走れと、遂に相ひ隨て門を出づ、行て數步に至り、厥漢又た曰小人一忘却の事有り、請ふ其家を燒き來らん、行次少く留り之を待たんことを請ふと、即ち身を回へして入り去る、洪謂へらく厥漢を待つの義無しと、遂に獨り自ら先て去る、行くこと里許にして首を回らし之を視れば、則ち遠々地に火光天に亘る、其後登科して江原の監司と爲り、行部の路に一の治道の民、箒を擁して立つを見、之を召して前に來らしめ、車を駐めて問て曰、汝は我を知れりや、厥漢對て曰、何を以て識るを得んと、曰く汝某年是の如く々々の事を記す乎、厥漢始て乃ち覺り得て曰、小人果して之を記せりと、洪之をして營に還るの後來り待たしめ、稱道して已まず、厚く遺て之に遺すと云。

◎呂蕭衣。花を移し。木を接ぐ。

呂參判東植、嶺南右道御史と爲り、行て晋州に到る、偶ま從人と相ひ失し、且つ日暮に値ひ投宿す可き處無し、適ま一茅屋の路傍に在る者有り、往て之を叩く、人有り出て應ず、乃ち班族にして未だ冠せざる者なり、其の寄宿の意を告ぐ、厥の童難る色無く之を許し、邀て房中に入り之を欵待す、其の妹に回語し夕飯を備て之を進めしむ、夜は則ち客と上間に同寢し其妹は則ち下間に寢ぬ、其の言語動作を觀、之と酬酢するに、即ち人と爲り愛す可し、男妹同室にして内外截嚴たり、心之を異とし問て曰、年既に長じ何故に未だ娶らざると、對て曰家貧の故を以て人皆な願はず、前村の富豪曾て醮婿の儀有りしも、亦た貧窶の故を以て今忽ち約に背き、更に他處に婚を結び、富豪は將に明日を以て婚を過さんとすと、又た問ふ、汝が妹も亦た婚を定むる處有りや否、答て曰く亦た定婚の處無しと、御史此の男妹の時を過ぎ婚を失するを憐み、又た前村富漢の貪を嫌ひ婚を退くを憤る、明日直に其家に往き飯を乞ふ門閭高大、堦庭廣濶、高く張り日を遮り、盛に舗陳を設け、圍むに彩屏方等を以てし、新郎の來るを待つ、賓客堂に滿ち、奴僕庭に盈つ、釜鼎盤床器皿の屬を羅列し、魚肉を烹飪し、盛饌を備え設け、次を以て堂上に進む、此の際忽に乞客の聲を聞き、主人は奴子を喚び之を逐出さしむ。御史乍ち出で旋り入て高聲大に呼ぶ、此の如きの盛會、飲食流るが如し、而に何ぞ飢餓窮困の者をして一たび飽腹せしめざるやと、聲を連ねて堦下に進む、主人甚た之を苦み、奴子に命じ器ば一床を備て之を給せしむ、奴子乃ち殘盃冷酌、草々の數器を以て、一小盤に盛り之に待つ、少頃にして廳に上り身を諸客の末に雜ゆ、又た薄待せる兩班の意を以て多少に詬罵す、主人大に怒り。又た婢子をして之を牽き出さしむ、適ま此の時に於て、驛卒の一漢、御史の所在を尋ねて門前に到る。御史瞥見し目を以て之を瞬す。驛卒遂に高聲大に呼んで曰、御史道の出道と、一聲纔に出で滿座驚き散じ、抱頭鼠竄、門を塡めて逃る、所謂新郎適ま又た來到し、此の風色を見て亦た馬を回して急に逃る、諸ろ從人又た次々來り會し、御史遂に上堂に據り家主を拿し入れ、庭下に跪かしめ之を數めて曰。汝一邑の巨富を以て、既に大會を設く、一床の盛饌何ぞ汝に損せん、而に汝之を逐ひ出さしめ、屢は懇乞するに至て、而も乃ち衆人食する所の餘を以て草々に薄待す、又た廳に上るに至れば驅迫して牽き出す、安んぞ許の如き道理、許の如き人心有らんや、汝始め婚を越村の某道令に議し、其の貧寒を嫌ひ、期に臨で約に背き、更に他婚を招く、是れ豈に嶺南敦厚の風ならんや、今ま既に日を筮し醮席亦た設く、速に新郎の服色、白馬、紗籠を辨じ、往て越村の道令を迎へ、速に醮禮を行へと、又た一轎を送り其の處子を馱し來らしめ、又た家主に命じ華衣を備へ給せしめ、速に招き、新郎を退き去らしめて、又た醮禮を其の家に行ふ、坐ながら兩婚禮を見畢て去る、一邑其の家主の辱められたるを快とせざるは無く、其の道令の男妹善く區處せるを稱すと云。

◎和冠を料り。麻衣明かに見る。

金僉、知潤身、術人南師と古く相ひ親しむ、南の家に則ち麻衣の老人有り、座に在て南と與に相ひ對して術を論ず、老人曰く、青衣木履せば國事知る可しと、南之れ思ふこと良や久ふして曰、然り、老人又た曰、久しからずして必ず兵禍有り、鑾輿宮を離るの厄有り、西塞に至り而る後、方に舊都に恢復す可しと、南又た思ふこと良や久ふして曰、然り、末に又た言ふ、再び漢江を渡らずと、南沈思時を移して曰、然りと、僉正傍に在て之を聽き、解し得る能はず、末だ久しからずして、青衣木履盛んに世に行はる、蓋し我か國の古に木履無し、壬辰の前に至り、始て木履有り、上下通じて着す、箕子白衣して東來の後より、我が國皆な白衣を着く、壬辰前より白衣を禁じ、皆な青衣を着する故也、壬辰の夏に至り、和冦深く入る、宣祖大王遂に都を去るの行を作し、輦を灣上に駐む、平定に及んで駕舊京に還る、麻衣老人の言、果して幷に驗有り、丁酉に至り、和兵再び動き鼓行して北上す、京師大に震ふ、時に楊經理鎬、我か國に在り、宣祖大王、楊經理と與に出御し、南大門樓上に朝臣と共に、敵を禦ぐの策を論ず、僉正時に蔭仕微官を以て駕に隨ひ、末班に在り、身困れ假睡す、夢に似て夢に非ず、遽に大聲呼で曰く、再び漢江を渡らずと、擧朝皆な驚怪す、上も亦た驚き問て曰、是れ何の聲ぞやと、遂に命じて其人を招き、榻前に近づけ之に問て曰、先きに、再び漢江を渡らずとの聲は、是れ何の聲ぞ、僉正遂に前日麻衣老人に聞く所の者を以て、詳細に一々陳べ達す、仍て曰、老人の言は、已に過ぐる者を以て之を觀るに、毫髮も差爽無し、今ま再び漢江を渡らずとの說も、亦た必ず驗有らんと、上之を聞き以て喜報と無し、即ち超資して僉知を拜す、未だ久しからずして、經理遣す所の麻將軍貴、和軍に忠清道稷山素沙坪に遇ひ、鐵騎を以て突擊して之を破り、追て嶺南海邊に至る、再び漢江を渡らずとの說、又た果して驗有り。

◎宰錦城。金漢を杖殺す。

燕山の朝、嬖妾の甥に姓金なる者、居して湖南の羅州に在り、其の妹の勢を恃み、大に威福を張る、人の田を攘め取り、人の婢奴を横奪し、錢穀牛馬の若きに至るまで、己れの物の若くす、之に順ふ者は生き、之に逆ふ者は死す、一道惴々として敢て誰何する莫し、道內守令の新に任に列る者、遠道は則ち二十日に來り謁せしめ、其の次は十五日、又た其次は十日五日、近邑は則ち三日を出です、本倅は則ち當日來り謁して命を延ぶ、則ち或は遲滯すと雖而も此の期は則ち違越せず、家に飛ぶか如く善く步む者三奴を畜ひ、一日半にして能く京に入らしむ、守令の意の如くならざる者有るが如きは、即ち其の妹に報じ、或は罪し或は罷む朴訥の齋祥は憤痛に勝えず、自ら求めて羅牧と爲り、任に到る五日するも往て見ず、金漢は皮推を潑し、三公の兄及び座首を捉ふ、朴公之を聞き、即ち將校刑吏、官奴使令、及ひ邑內壯健の人並に百餘人を發し、之をして其家を繞らしめ、分付して曰、若し金漢を捉へ致さずんば、則ち死に當つ可しと、良や久くして縛して以て之を朴公に致す、一邊は監營に報じ、一邊は大杖を以て其の膝を打つ、未だ十杖に及はずして即ち死す、即ち舁いて之を出す、監司其の報を見て大に驚き、急に都事をして往て之を救はしむ、至れば則ち巳に及ぶ無し、朴公其の印綬を解き、急に馬に跨り程に登る、行て蘆嶺を踰え川院に至る、忽ち心動き其の大路を捨て、遂に左路を取り、直に興德に向て行く、當初朴公の金漢を捉致するや、其の奴善く走る者一人、一夜半にして京に入り其の妹に報ず、其の妹即ち燕山に通ず、燕山大に怒り即ち禁府の都事を發遣し、藥物を持ち之をして死を賜はしむ、時に朴公の侄の京に在る者、是の命有るを聞き、急に小斂具を貿ひ、疾く馳せて南下し、禁都の行より先つて川院に到り羅州の下人に逢ひ、朴公の興德路に由て行くを知り、即ち往て之を追ひ、古阜邑内に及ぶ、直言するに忍びず、藥事を賜ひ給て曰、聞く叔父、金漢を重く治す、禍將に測らんとす、故に來り救はんと欲するのみと、朴公其の速に知るを怪み、其の聞く所の日子を問へば、果して是れ金漢の死後一日半也、遂に與に同行して京に向ふ、其の侄は中路より先づ馳せて城に入り、公の親友に見え、詳に曲折を言ふ、諸親爭て酒を持ち出でゝ江外に迎ふ、潜に漢江村舍に引置し、日々歡飮之をして醉倒せしむ、都事は馳せて羅州に往き、朴公巳に上京すと聞き、一邊は啓を馳せしめ急に馬を回して之を追ふ、未だ京に至るに及はずして、中興の諸公巳に謀擧して反正を議せり、即ち朴公を拜して副提學と爲す、公宿醉未だ醒めず、巳れの反正と爲れるを知らず、城に入り恩を謝す、上引見す、公仰ぎ瞻て曰、天顔は朝を辭する時と同じからずと、左右告ぐるに反正の事を以てす、公闕門を出で、即ち是日に於て鄕に歸ると云。

◎屍を匿し。海倅恩を償ふ。

湖西に士人柳姓なる者有り、嘗て擧に赴かんとして京に上る、下第して無聊なり、松京の勝景舊蹟多きを聞き、即ち下去を爲し、處々遊覽す、一日城内を閑歩し、適ま驟雨注ぐか如し、生路傍の家門に避けて立つ、雨終に止ます、日已に夕に向ひ政に愁悶す、忽ち一小丫鬟有り内より出で曰、未だ何方の客主なるを知らさるも、雨勢此の如し、請ふ内に入て留り歇め、生曰く此の家は誰氏の家ぞ、何ぞ男子無きや、曰く主人は則ち行商して、外に在ると數年なりと、曰く然らば則ち外客何を以てか内に入らんや、曰く旣に入らんことを請ふ有り、必ず嫌ふを爲さゞれと、即ち隨て内に入る、一美人有り、年二十可り、姿色絶艶、人をして神魂迷蕩せしむ、生を延き室に入て曰く、貴客雨を避け久しく立つ、心甚だ安からじ、敢て此れ請ひ邀ふ也と、生は遜謝して曰、初め相ひ知らず、此の款遇を荷ふ、感謝何ぞ極らんと、己にして夕飯を進む、飯後仍て燭を明かし、相對して談笑時を移す、情實互に開け、肩を併せ膝を促し、意を恣まにし戯謔し、相ひ與に枕を昵べ合歡す、其の明日仍ほ留り、一日二日將に一旬に至らんとす、商人出て去る時、其の隣居の一友に囑し、着實に其の家事を看檢せしむ故に其人掌に來て其の安否を問ふ、生既に久く留り、形迹自ら露る、其人その幾微を察し、人を專らにして奇を通じ、之をして家に還らしむ、商人此の奇を聞き、晝夜疾く馳せ松京に抵るに及ぶ、夜己に三鼓、直に其家に向ひ、墻を踰えて穴に入り、窓よりして窺ふ、其の妻一少年と、燭を明かし對坐し、戯笑自若たり、商人遽に窓を推して入り、其の不意に出づ、其の女は則ち面に人色無し、生は則ち慌惚魂を喪ふ、商人曰く、汝は是れ何人ぞ、敢て人の家に突入し、吾妻と對坐する乎と、生、神を定め良や久うして、略ぼ其の由を陳ぶ、其妻は頭を低れ口を含む而己、商人その妻に謂て曰、汝彼れと共に死罪を犯す、當に即ち殺す可し而し吾れ既に遠くより來り、吾渇すると頗る甚し、亟に酒肉を買ひ來れと、即ち囊中を探り錢を出し之を給す、其妻違ふ能はず、錢を持ち出て去り酒肉を市て來る、商人其妻をして酒を斟かしめ自ら飲み、一盃を以て生に賜て曰、汝將に死せんとするの人と雖、第だ此の酒を飲めと、仍て佩ふる所の刀を拔き、肉を切り之を啗ひ、又た刀尖を以て肉片を挿み給す、生して夕飯を進む、飯後仍て燭を明かし、相對して談笑時を移す、情實互に開け、肩を併せ膝を促し、意を恣まにし戯謔し、相ひ與に枕を昵べ合歡す、其の明日仍ほ留り、一日二日將に一旬に至らんとす。商人出て去る時、其の隣居の一友に囑し、着實に其の家事を看檢せしむ故に其人常に來て其の安否を問ふ、生旣に久く留り、形迹自ら露る、其人その幾微を察し、人を專らにして奇を通じ、之をして家に還らしむ、商人此の奇を聞き、晝夜疾く馳せ松京に抵るに及ぶ、夜已に三鼓、直に其家に向ひ、墻を踰えて穴に入り、窓よりして窺ふ、其の妻一少年と、燭を明かし對坐し、戯笑自若たり、商人遽に窓を推して入り、其の不意に出づ、其の女は則ち面に人色無し、生は則ち慌惕魂を喪ふ、商人曰く、汝は是れ何人ぞ、敢て人の家に突入し、吾妻と對坐する乎と、生、神を定め良や久うして、略ぼ其の由を陳ぶ、其妻は頭を低れ口を含む而已、商人その妻に謂て曰、汝彼れと共に死罪を犯す、當に即ち殺す可し而し吾れ旣に遠くより來り、吾渴すること頗る甚し、亟に酒肉を買ひ來れと、即ち嚢中を探り錢を出し之を給す、其妻違ふ能はず、錢を持ち出て去り酒肉を市て來る、商人其妻をして酒を斟かしめ自ら飲み、一盃を以て生に賜て曰、汝將に死せんとするの人と雖、第だ此の酒を飲めと、仍て佩ふる所の刀を拔き、肉を切り之を啗ひ、又た刀尖を以て肉片を挿み給す、生一盃を飲み口を以て進み啗はしむ、三盃を過ぎて後、商人曰、吾れ當に此刀を以て汝を斫る可し、而も汝か殘命を憐み、特に容貸を爲さん、汝即ち出でよ、近處に留る勿れと、生百拜謝を致し、包頭鼠竄して走り、直に京城に向ふ、商人其の妻に謂て曰、汝今ま罪を知たや否さ、其妻地に伏し流涕し、萬端命を乞ふ、（商人曰、吾れ當に汝を殺し、以て其罪を正だす可し、而も人命矜む可し、姑く頭を貸すを許さん、汝若し更に此事有らは、當に寸斬して赦さゞる可しと、其妻叩頭拜謝す、商人之をして燭を滅し安寢せしめ、即ち其の友の家に往き、其の人を專らにせるの故を問ふ、答て曰、君の家に外人交通の迹有るに似たり、故に果して奇を通ずるを爲せりと、曰く其人尚は在りや否、曰く必ず去らじと、即ち其友と與に其家に至れば、即ち東方未だ明けず門戸尚は扃す、之をして門を開かしめて內堂に入れば、則ち只だ其妻有て人の在る無し、遍く家中を尋ねるに寂として形迹無し、其友その誤聞して言を輕くせしを悔ひ、心甚だ惝怳無聊たり、商人曰、君或は誤り聽けるも亦た異事に非ず、君我と情密なる故を以て、此の通奇有り、有らば則ち之を治め、無ければ則ち之を置くも、亦た自から妨げず、何ぞ必ずしも咄歎せん、第だ少婦獨り宿し、慮り到らざる無し、日後誤聞を以て慮を忽せ勿れ、前の如く照管せんこと是れ望む所也と、其友は其言の衷曲なるに感じ、き詰問の後、刑吏をして開検せしめんとす、則ち刑吏既に入り旋り出で曰、甚だ是れ怪事、屍體去る處を知らず、一屍狗有り之を覆ふに衾を以てすと云ふ、官大に驚て曰、寧んぞ是の理有らんやと、親く審視すれば、則ち果して刑吏の言の如し、元告に推問して曰、汝が父の屍體は何處にか藏する、死狗を以て代え置くは何ぞやと、元告兩目瞠然、心神迷亂して語る能はず、良や久くして供して曰、父の屍は的に室中に在り、官家未だ檢せざるの故を以て、只だ衾を以て之を覆ひ、而も防ぎ守らず、但だ外廳に於て夜を經たり、變怪此に至て其の故を知らずと、官答て曰、爾必ず爾か父を他所に隱匿し、致死を以て誣告し獄を成し、債徵を免れんとする也、嚴訊を加へんと欲すと、其人叫び叫んで屈と稱す、官曰く、汝は屈と稱すと雖、屍體在らざれば何を以て檢驗して獄を成さん、汝か屍體を尋ね得るを待て、始て檢を行ふ可しと、仍て其由を以て營門に論報し、厚く通引を賞し、之を愛する子の如し、其人屍體を得ざるを以て、更に放て官に告げず、松商は幸にして死を免れ獄を出づ、然れども其の由を知る莫し、心自ら訝惑する而已、官も亦た松商を招き見ず、彼此聲息前の如く阻隔す、六七年を過ぎて後、又た某邑宰に任せられ、松商の所在の邑と隣境也、官に莅むの後、人を遣し訪問し、潛に松商を招き其の平生を敍す、商人初め相ひ識らず、其の某年人命を貸する事を言ふに及んで、然る後始て乃ち驚き悟る、又た其の屍を藏くし檢を発せるの事を言ひ、商人大に感泣して曰く、小人曾て大人の命を活かし、而して向來の事大人還て、小人の命を貸す、此の恩此の德、糜粉するも難しと、是れより往來書信、老に至るも絶たずと云。

◎刑杖を受く。措大の風月。

一鄕曲に措大有り、文詞に短にして、風月を好む、邑倅旱に遇ひ、雨を禱る、乃ち詩を作て曰く、

大守親祈雨。萬民皆喜悅、半夜推レ窓見二明月一

人之を告る者有り、邑倅は以て官家を嘲戯すと爲し、捉へ來て臀を杖す、又た詩を作て曰

作レ詩十七字、打レ詩十五度、若作二萬言疏一レ撲殺

邑倅之を聞き大に怒り、營門に論報し、勘するに、士民の官長を凌辱するの律を以てし、遠く北道に配す、其の渭陽に來り別るや、又た詩を作て曰

遠別數千里、何時更相見、握手淚潸然三行

蓋し其の舅の一日眇するが故也、舅其の詩を見大に怒て去る、彼の措大なる者は、眞に所謂字

を識るは憂患の始也、一たび詩を作ては官杖を受け、再び詩を作ては、營配を被り、三たび詩を作ては、舅の怒に逢ふ、人の文字を愼まざる者、戒めざる可けん哉。

◎重寶を獲。慧婦夫を擇ぶ。

呉某は梁山の人也、人と爲り庸蠢、屨を捆り生に資す、屨の樣甚だ麁なり、洛下の年少適ま其屨を見、戲て謂て曰、此の屨京に在らば、則ち價値百金なりと、呉認めて以て眞と爲し七竹を捆り出し、負て京中に入り解て路傍に置く、傍人或は之を問へば、則ち價は是れ一兩と、皆な笑て去る、數日市に坐すれども一隻も賣るを得ず、時に一宰相の家に婢子有り、容貌嬋娟、性度敏慧、年方に二八、肯て婚を許さず、嘗て言ふ、自ら人を擇び其配を作る可しと、一日偶ま呉が屨を列せる處を過ぎ、其の呼價の太だ過ぎ人の買ふ者無きを見、心窃に之を異とし、三數日連ね往て之を見る、則ち一直此の如し、是に於て呉に謂て曰、吾れ當に盡買ふべし、價幾何と爲すと、呉曰く、七竹の價七十兩と、婢曰、吾と與に往き價を持ち去ると如何と、呉曰く諾、遂に屨を負ひ隨て一處に至る、第宅宏麗、門閭高大、婢引て其の居る所の廓に入る、坐定まるや呉は屨の價を索む、婢曰く明朝出す可し、姑く留り一宿せよと、仍て美酒佳肴を進め、又た夕飯を進む、器皿精潔、饌品珍妙なり、遐郷の菜膓初て見る、數匙にして之を盡くす、暮に及んで婢曰、客旣に此に來る、今夜吾と同裯すると如何と、吳は惶惻して曰く、言は則ち佳し、何ぞ敢て望まん乎と、婢遂に火を滅し衣を解き、雲雨一場して罷む、未だ明けざるに起て籠を開き、新衣を出し、澡浴せしめて之に衣す、相貌亦た桓々たり、婢曰く、吾は是れ此の家の使喚の婢也、子旣に吾が夫と爲る、當に大監主に現謁す可し愼で下に拜する勿れと、吳曰く諾、婢即ち入り告げて曰、小婢昨夜一夫を得たり、當に現身す可し、宰相曰く、然る乎、斯に速に入り現せよと、吳直に入り廳に升て拜す、侍者將に吳をして下らしめんとす、吳植立して動かずして曰、吾は是れ鄕族也、吾の夫と作ると雖、決して庭に下て拜す可らざる也と、宰相笑て曰、宜く某の陳む所と爲す可き也と、遂に出て廊底に留る、一日婢曰く、子は甚だ慧ならず、若し錢を用ゐば、則ち眼目自ら大に腦次必ず潤からんと、乃ち一緡を給して曰、此を持で去り用ひ盡して歸れと、暮に至り吳還て曰、吾が肚飢えず、酒餠必ず買ひ喫せず、終日周行するも、他に錢を用るに處無し、一文も費さずして來ると、婢曰く、路上乞人多し何ぞ之に給せざると、吳曰く、此は則ち未だ思ひ及ばずと、翌日又た一緡を佩て出づ、衆丐を聚め會し、地上に散し擲つ、丐皆な爭ひ持つ、其の狀觀る可し、日を遂て以て常と爲す、之を尋思するに、許多の青蚨空く給し、乞丐の義莫き甚しと乃ち往て射場の間良輩と交り、酒を買ひ肉を買ひ、日々分ち饋りて、便ち莫逆を成す、纔で蓬蓽に讀書の窮儒寒士と、往來して交を結ぶ、或は朝夕の供を助け、或は筆墨の費を資く、人皆な曰く、呉某は誠に今世の人に非ざる也と、婢往きて史略三略、孫武子等の書を學ばしめ、略ぼ其の大旨を解す、少焉くの頃に數萬錢を費す、婢曰く、子須く射を學び以て名を成すの道を圖る可しと、呉は本と健夫、又た諸間良と友とし善し、爭て射法を敎ゆ、鐵箭細箭倶に能くし、武經七書も亦た能く通曉す、試に赴き登第し、一紅牌を抱く、潛に紅牌を藏くし、家人をして之を知らしめず、因て呉に謂て曰、吾れ儲へ置く所の錢十萬に過ぎず、而して子の前後用る所、殆ど七萬に近く、今ま三萬を餘す、須らく行商す可しと、呉曰く、吾れ何ぞ何物の貿ふ可きを知らんや、吾婢曰く、今ま棗農大に歉せるを見る、惟だ湖西の某邑は、棗樹實を結ぶ、子須盡く貿て來る可き也と、呉其の言に依り、行て某邑に至る、秋事大に歉し、野に鎌を掛る無く、人多顚連す、呉生見て之を憐み、手に隨て盡く散じて歸り來る、婢曰く、善を積むは則ち固り大なり、但だ吾か錢將に罄きんとす、將た何を以て生を聊せんと又た一萬緡を給して曰、綿農は八道皆な歉す、獨り海西の若干邑稍や登る、須く道の處に往き綿を貿ひ以て來る可き也と吳又た海西に至り、湖西の時の事の如く、手を空くして還る、婢曰く、吾か錢只だ萬緡を餘す、今ま當に儲を傾け以て給す可し、須く此を以て盡く獘衣等の物を貿ひ、北道に入り、布蔘皮に換へて來る可し、復た前の如く浪費すること勿れと、吳は市上に往き、獘衣數十駄を貿ひ得て、咸鏡界に入る、北道は木綿本と土に宜しからず、其の貴きこと金の如し、人衣に授るを得ず、冬暖かなるも猶ほ寒を呼ぶ、吳は錢を用る水の如く、手段甚た濶く、安邊より六鎭に至るまでに、盡く衣無きの人に給し、餘す所只だ裳袴各々一件のみ、乃ち嘆じて曰、吾れ十萬錢の財を費し、實に往く虛く還らば、何の面目か復た家人に見えんや、寧ろ虎豹の腹に葬られんと、夜半に獨り山中に入り、崖を拚ぢ磴に緣り、轉じて深谷に到る、忽ち見る、萬樹の叢中に燈火耿々たるを、其家を尋ね門を叩きて宿を請ふ、老嫗有り門を開て出で語て曰、此の如き深夜 此の如き絕峽に何を以て到ると、遂に延き入れて飯を饋り、接待慇懃にす、吳乃ち持する所の袴裳を以て之に給す、嫗大に喜び、即地に解き着し、百拜謝を致す、吳饋中進むる所の菜を見るに、乃ち人蔘也、問て曰く、此の菜何處より得來る乎、嫗曰く、此の近くに吉更田有り、故に毎に採り來り菜と作す、吳曰く又た採り置ける者有る乎、嫗數十丹を出し示す、皆な是れ人蔘にして、小なるは指の如く、大なるは脛の如し、俄にして門外に負を釋く聲有り、媼曰く、吾が兒來れり、兒生れるの初め、腋下の兩傍倶に小なる翅有て、往々飛で壁上に付く、其の父鍛鐵を以て之れが翅を灸く猶ほ復た生ず、長ずるに及んで勇力絶倫なり、平時に在ては則ち易きも、禍に及ぶが故に携て深峽に入り、獵を行ひ活に資す、其父已に死し、吾れ獨り世に在りと、仍て曰く、尊客適ま至る、汝須く入て拜す可し、此の客我に裘袴を與へ以て體を掩ふを得、誠に恩人也と、其人即ち入り拜す、翌朝媼に謂て曰、吉更田は一見を得可き乎、媼は吳と與に行き、一嶺を越え一處に至り之を指示す、人蔘一山に遍し、遂に盡日之を採る、大小同じからずと雖、其の中に亦た童子蔘多く、恰も五六駄を爲す、吳曰く山中馬無し、何を以て輸し去らん、媼の子曰く、吾れ當に擔て圓山に至る可し、以後は子須く馱し去れ、吳其の言の如くし、馬を貰ひ輸し來て其家に歸り、備に顚末を其妻に道ふ、妻喜んで曰、子の積善多きが故に、天寶物を以て之に與へ、今日家に還るも亦た偶然にあらず、明日は即ち大監主の回甲生辰也、滿朝の公卿皆な來り會す、子若し諸公に參拜せば、則ち寅緣して官を做す何の難きことか之れ有らんと、翌朝稍や大なる者五本を擇び出し、大監に獻じて曰、妾が夫、行商の次出て去て、適ま此の物を得たり、故に大監樓下に奉献すと、宰相大に喜び、吳を招き入り現せしむ、婢已に細笠帖裏を備え置き、吳をして之を着して入らしむ、宰相曰く、此れ何の服ぞや、吳曰く、小人年前に武科と爲れるも、商賈生に資せり、故に紅牌を匿し置き未だ大監に告ぐるに及ばざりき、宰相曰く、白手も亦た赳々たりと、已にして諸公次第に至り、人參を視て曰く、此の如き稀貴の物、大監獨り嘗む可らず、何ぞ我に一莖を分たざるや、宰相曰く、只だ此れのみ、何を以て流及せんやと、吳方さに傍に在り、乃ち曰、小人の歸槖に又た餘蔘有り、當に之が分獻し微識を表す可しと、其家を出で、各の三莖を以て諸公に拜献す、諸公亦た大に喜び問て曰、彼は何人ぞ、宰相曰く、此れ吾か愛婿の夫にして、地處は則ち鄕族也、又た武科の出身たりと、諸公皆な曰、大監の宅の婿夫に、此の如き武辨有て、尙ほ未た初仕一窠を得ざるは、豈に大監の責に非ずやと、宰相曰、其人の武科たる吾れ亦た始て之を知れりと、日旣に昃れ諸公醉を盡くして散ず、吳は其の蔘を賣り錢を得、十萬を累ね、諸公互に汲引し、未だ幾ならずして武に除せらるゝを得、宣傳官を兼ね、節次に推遷し、官は水使に至り、妻に償ひ良借を爲して終ると云。

◎貞節を守り。崔孝婦虎を感せしむ。

洪州の地に崔氏女有り、頗る姿色有り、十八にして夫を喪ふ、只だ病盲の舅有り、崔氏死を矢て改め適かず、井臼傭賃して備に奉養を盡くす、或は他に出づれば、則ち食ふ可きの物は左右に列し置き曰、某の物は斯に在りと、舅をして手探り取て喫せしむ、隣里其の孝を稱す其の父母其の早く寡して子無きを憐み、情を奪ひ他に嫁せしめんと欲す、佯に委ね之を邀えしめて曰、母病みて方に重しと、崔叮嚀に隣里に囑し、飯を炊ぎ舅に供し、蒼皇として往く母を見れば則ち恙無し、女心に甚た之を訝る、父母曰く、汝年未だ二十ならずして、寡を守り依る無く、虚く青春を送る、人生憐む可し、廣く佳郎を擇び、明日婚を成す、須く牢拒する勿れと、女佯て曰く諾、父母甚た之を喜ふ、夜深に到るを俟て、身を脱し潜に出で、徒歩獨行して、走て舅家に向ふ、此を距る八十里と爲す、行くこと僅二十里、兩足已に繭み、寸歩も移し難し、一嶺に至る、大虎有り路に當て蹲し、以て行く可らず、崔虎に謂て曰、汝は是れ靈物なり、須く吾が言を聽く可しと、仍て實に其の由を言ひ、又た曰く、吾れ方に死を求めて得ず、汝我を害せんと欲せば、須く即ち我を噉へと、遂に直に虎前に至る、虎乃ち退却す、是の如き者屢次するや、忽ち跪て地に伏す、崔曰く、汝或は我の弱質に深夜の獨行を憐み、我をして之に騎らしめんと欲する乎と、虎乃ち點頭し尾を掉る、崔其の脊に騎り其項を抱けば、虎行て疾きこと飛ぶか如く、少頃にして已に舅家の門外に到る、崔乃ち虎に謂て曰、汝必ず餒えん、我が一狗を食へと、其家に入り狗を驅りて出す、虎狗を捉て去る、數日を過ぎて隣人傳へ道ふ、一大虎有り陷井に入り、牙を磨し吻を鼓し、大に咆哮を肆にす、人敢て近く莫し、勢將に其の餓え斃るを待たんとすと、崔之を聞き其の是虎たるを疑ひ、往て之を見る、毛色相ひ彷彿たるが若きも、夜中見る所分明なる能はず、以て詳に辨ずる無し、乃ち謂て曰、汝は是れ向きの夜我を負て來る者乎と、虎又た點頭して、涙を垂れ憐みを乞ふ者の若く然り、崔始て其の本末を隣人に語り、仍て曰く、彼の獸は猛虎なるも、我に於ては則ち仁獸也、我か爲めに放ち出すを蒙る如くんば、吾れ貧にして貲無しと雖、當に皐を以て之が價に比し奉納す可しと、里中隣人嘖々として孝婦と言はざるは莫し、言ふ所何ぞ施さゞる可けんや、但だ此虎若し放たば、人を傷る必す多からん、其れ將た奈何せんとすと、崔曰く、倘し我に教るに井を開くの方を以てし、隣人皆な遠く避けば、則ち我れ當に自ら之を放つ可しと、隣人其の言の如くす、崔遂に開て其虎を放つ、虎は崔の衣を啣んで捨るに忍びず良や久うして乃ち去ると云。

◎南師古。東國に十勝を選ぶ。

我國に秘境福地多し、南師古の十勝保身の地は、第一に、豊基の金雞村なり、郡北小白山下西水の上に在り、第二は、花山召羅の故基、内城縣の東、大白陽面に在り、第三は、即報恩俗離山の下、甑項の近地、第四は、雲峯、頭流山の下、銅店村、第五は、醴泉金堂洞、第六は公川の唯鳩麻谷兩水の間、第七は、寧越の正東上流、第八は、茂豐の北洞、第九は、扶安壺谷の下、邊山の東、第十は、陜川、伽耶の南、萬壽洞、なり、此れ皆な亂に當り身を保つの地にして、赫岩の記す所は、蓋し其の選む者也、且つ余の聞く所を以て之を言へば、近圻には、則ち楊州に山内村有り、洽北の八十里に在り、御營倉村の東麓より、水口に入る二十里、地便ち開廣、山下は結局し、四面皆な十里有り、坡陀陵阜之れに間り、村落頗る盛に、急に臨めば以て投ヒて藏くるに足る、水口外に江有り、即ち永平鐵原の兩水合流する處、楊根に小雪村有り、治北の四里に在り、四里入れは自ら迷原にして、最も深峽と爲す、而も寛廣平穩にして、壬辰の亂に、此れ獨り晏然眞に居る可し、仁川平島は麗末四十年の和寇に當り、沿海の邑、慘被焚掠せられざるは無し、獨り此の島は、和寇至らず、安堵患ひ無し、我國に至るも、又た壬丙の兵禍を免る、必ず是れ地理極て吉く、福地と爲すに足る、江原道は則ち、春川の麒麟谷最も深僻と爲し、人迹罕に到る、又た佛谷有り、狼川界に接し、昭陽より溯流して上れば、一水有り、谷口より岩壁壁下し、壁峻く路絶ち、大木を以て架接して梯を作し、出入する者は、攀緣上下して入る、二十里可り皆な崎嶇岩逕、旣に入れば便ち豁然として平良、田土肥沃、村落殷盛なり、貴ふ所の者は、魚鹽以外、人至らざるか故也、又た自記有り、狼川邑の東多里津より東北して行き窮まれば、大小の天彌村を尋ぬ、極めて深僻にして、一天彌は楊口に屬し、一天彌は淮陽に屬す、淮陽に屬する者最も勝る、又た南樞蔦驛の南より、水に由て入る十里許に、五歲洞と名け、或は七十洞と稱する者有り、又た雞山猪峴より西して、東大川を渡り、川に由り六十里許せは、頗る寬くして人家四十戶に近く、此の間に到れば、筍谷は則ち、此村より三十里許なり、其東直下五十里許に、名山有り黜魚淵と曰ふ、此れ皆な亂に臨で隱る可し、又た靑霞山有り、平康の東北、安邊の西南に在り、其の下周四十里の處に、深僻在り、土地極て沃に、外人到ること罕れなり、高城雲田は川界に接通し、周三十里曠土多し、亦た避け藏る可し、旌善は則ち、素と桃源と稱せられ、別派星磨皆な天險にして、一夫當關の地、此れ皆な危を避けざるは無し、黃海道は則ち、谷山郡の西三十里に、明媚村有り、山川灑落、洞府寛敞、大溪は中に横り、土沃にして人稀れたり、又た西面して、頤寧坊、馬音洞は、深山長谷に在り。四面高峻、窮林日を蔽ふ、甚だ豆粟に宜く、且つ蔬菜饒かなり、壬辰の和寇に、兵燹の及ふ所は、皆な數百里外に在り、此處獨り晏として無事なり、牛溪記中に、當に卜居す可きを言ひ、明媚に亂有らは馬音に入る可しと云へり、新溪に別區有り、治の東に在り、多く複嶺を踰え、谷口に至るに及んで、極めて峻猛にして攀ぢ難し、既に入れば廣平肥沃、周回三十四里許り、其の地に入居す可し、人々多く之を知り、亦た身を避く可し、忠淸道には則ち、忠州の月岳山下、地甚だ淸し、靈末、和寇の至るや、風雲雷震の警あり、和兵驚て退き、其の再び至るに及ぶも亦た然り、和相ひ戒めて敢て近かず、其傍の松溪德山等の村、皆な深穩美土、以て隱る可き也、丹陽郡に龜次村有り、治の南十餘里に在り。人家五六十有り、土皆な膏沃稻田、兩山環擁し、岩流絕勝なり上中下の仙岩有り、然も四面皆な險絕にして、僅に人を通ず、村の東南に山城有り、名けて獨樂と曰ふ、其の西南北は則ち、絕崖峻壁にして、復た城を望まず、獨り東偏に畧ば雉堞を設け、亂石崎嶇す、乃ち上中に雙泉有り、數十人を容るに足る。蓋し古へ亂を避る處也、竹嶺の東に、橋內山有り、其の中甚だ廣く、樹木叢茂し、絕澗橫に截ち、谷口に大木を架し橋を作る、若し木を去れば則ち路通せず、山脊は多く之を居く、永春の如きは、則ち只た一線を通ずるのみ、江路は隠藏の地に非るは無し、赫居の所謂る、太白小白両山の險、南に豊榮有り、北に丹永有り、東に奉安有り、皆な吉と、余聞道らく、誂秘記に曰、太白を上と爲し金剛之に次ぎ、智異又た之に次ぐと、又た云ふ、太白小白を上と爲せば、則ち両山の近地は皆な古の吉土也、慶尚道には、安東奈城の北面に、大川有り、洞澗に縁り深入する六十里許にして、北向して棧道五六里許を過れば、地有り、奇邃桃源に似たり、又た春陽面を奇勝と爲し、福地の最と爲す、正に太白の南に在り、洞府寛敞、平野夐遠、大川灣回し、浮麓嫩麗谷々の村落は、稲田彌望し、水口は坤に在り、辛方は沿流二十里許り、始て洞に入る、洞の幅員は回ると五十里、東に去る三歩界にして、魚鹽分集す、人に宜しき者此の如し、全羅道には、德裕山の南に猿鶴洞有り、素と洞天福地と稱す、清川白石、上下五十里、人其の源を窮る者無し、赤裳山は四面壁立し、峻絶の中に泉石有り、古人險に因て城と爲す、今ま史庫在り、潭陽に秋月山有り、石壁削立す、四圍の中に溪澗有り、西北に微逕有り、徒行する者通す可し、此れ皆な宜く避防す可し、東方の山川に深阻多く、亂に當て竄隱するの處、奚んぞ此に止まらん、若し郡邑を以て之を論せば、江陵、三渉、蔚珍、平海等の地の如き、未だ嘗て兵禍を經ず、庇仁、藍浦も亦た兵を見ず、赫岩の言、信なる哉。

◎李班刑法を受く。

法曹李相浣、咸鏡道嚴姓なる人と、掌令の李曾と田を訟る者を判するに、嚴は直にして、李は曲也、李相旣に之を決せるの後、嚴哥、當さに決訟の案を受く可きに、數日杳として聲息無し、李公巳に料るに、其の遐方の賤民にして、朝貴と大訟を辨じ、孤立據る無く、必ず殺を匿くし、跡を掩ふの患有らんと、乃ち機敏の者を募り、李曾の家を窺覘せしめ、其の兒奴を誘ひ捕へ、反覆窮詰す、兒遂に略ぼ端緒を吐けとも、猶ほ未だ詳に告げず、公遂に少く刑杖を加ふ、兒云ふ、始め酒食を以て之を誘ひ、終に乃ち之を殺し、人をして其屍を擔ひ、南城を踰え之を漢江に沉めしめたりと、公入て上に白して曰く、國の以て國たる所以の者は、刑政紀綱也、今は朝紳意を恣まにし、訟隻を搏ち殺す、而かも只だ貴勢の故を以て、法を正だすを得ずんば、則ち國安んぞ亡びざるを得ん乎、此れ必ず屍を得て、然る後其の罪を正す可し臣方に之を探らん、若し得ば、則ち臣必ず曾を手殺せんと、時に公は見に訓將を帶ぶ、遂に軍卒及び坊民を發し、盡く江船を取り、多く鐵鉤を造り、蜘蛛網の如く江を蔽ひ、捜し得て旗を立て、疾く馳せて來る、公起て案を拍て曰、曾は今ま死せりと、之を驗するに、果して是れ嚴の屍なり、是に於て、公は多く刑吏軍卒を發し、曾の家を圍み、曾を捕へ、卒に獄中に斃す、朝庭震慄す。

◎父の命を乞ひ、忠婢三節を完うす。

京中の士人、沈姓なる者、奴婢有り、漏れて善山に在り、推覈し得て。盡く厥の數を出す甚だ夥し、士人、一奴の饒富なる者を見るに、女有り、香丹と名づく、年十九、姿貌有り、之れを納れて甚だ寵姿す、其の婦の奴輩之を害せんと欲し、期を定む、女之を知り其夜に至り、士人と倍々昵愛を加え、諧戯至らざる所無し、士人の袍袴を脱して自ら着、其の襦裳を取りて換え着る、士人調偕之を久うす、忽ち坐を却て泣く、士怪んで之を問ふ、女首を俯し聲を低し語て曰く、主に大禍有り、迫て今夜に在り、門外に密網して、透出す可きを難し、奈何せんと、士人大に驚き措く所を知る莫し、女曰く、此れ皆な婦の族黨にして、所謂吾か父も之を禁ずる莫し、亦た與つて之を知る、然れども首謀者に非ず、猶ほ恕す可き也、今ま吾れ主の服を換え着たるは、將に身を以て主に代らんとする也、主但た女を呼す出ず者有るを聞かば、即ち此の服を以て、髮に被らし面に蒙り、疾く走り出では、幸に以て脫するを得ん、必ず吾か父の死を免せよと、言ひ訖て流涕縱橫す、士人大に感傷す、夜將に半ならんとす、門外に衆炬齊く明かに、凶徒擁し入り、果して女を呼び出す、士人は女服を以て、髮に被り面に蒙り、躍り出で疾く走る、此の村、宮門を距る遠からず、士人直に官家に至り、大に呼んで閽を叩く、邑倅之を聞き大に驚き、門を開き呼ひ入れば、則ち髮を被る一女子也、之を問ひ曲折を得、邑倅即ち多く校卒を發し、卒ひて以て馳せ赴く、賊徒猶は未だ散せず、一々縛結して漏失する無し、入て其女を見れば、則ち己に亂斫され、血は房內に盈つ、蓋し旣に女を殺して、徐に其の誤を知り、方に散じ走らんと欲するの際なり、官捕已に迫て、脫するを得る者無し、邑倅即ち上司に報じ、盡く之を戮す、獨り女の父は、士の懇乞を以て、幸に免る、噫、此れ其主の爲めに、其の忠を遂げ、其夫の爲めに、其烈を爲し、其父の爲めに、其孝を爲し、一擧して、三綱を見る、本邑に碑を立て焉を旌す。

◎欺騙を善くし。猾胥。痴倅に弄せらる。

某人嘗て峽邑の知縣と爲る、政を爲すを淸介、一物と雖妄に取らず、而も性本の迂拙、事を作す虚疎、任滿ちて歸行の橐、蕭然として裝を治むるに由無し、心正に緊急なり、吏某なる者は素と親任する所なり、人と爲り伶俐、且つ其の拔萃指使さるゝに感じ、一たび忠を效さんと欲す、知縣の正に途に窮し、進退兩難を見て、心甚だ之を憐む、人を屏け密かに告げて曰、相公廉潔自ら處し、氷蘗自ら持す、瓜期漸く近づきて、行李辨じ難し、小的誠に竭し報を圖らんと欲し、思ふて一計を得たり、徒たに行を治むる慮無きのみに非ず、抑も將に屋を潤して餘り有らんとすと、知縣曰く、言若し理有らば、曷んぞ聽從せざらむ、吏曰く、某座首の家は一縣の富甲なる、官主の前に知る所也、今夜小人と伴を作し試に偷兒の手段を行はゞ、則ち千金立ちに致す可き也と、知縣大に怒て曰、汝此等不法の事を以て、敢て我を干す豈に宰と作て盜を爲す者有らんや、妄言する勿れ、罪は笞に當すと、吏曰く、相公若し是の如く執拗せば、則ち公の債數百金は、將た何を以てか之を報せん、路需五六十緡は、何を以てか辨じ出さん乎、且つ宅に還るの後、年豐かにして妻は飢に啼き、冬暖かにして兒は寒を呼び、寒室は懸罄の如く、釜中に塵を生せん、那の時當に小的の言を思ふ可し、且つ暮夜事を行ひ、鬼神も測る無し、此れ所謂逆に取て順に受る者也、願くは三思を加へよと、知縣は點坐細商す、話漸く機に投ず、乃ち眉を壓して言て曰、第だ往き試みん、當に何の貟樣を作して出づ可きか、對て曰、只だ此の宕巾發莫、輕服にして足ると、乃ち某吏と手を携え同く出づ、時に街鐘巳に歇み、人聲漸く稀に、月落ち霧合し、夜色漆の如し、垣を梯とし潛かに入る、一庫門に至り、竇を穿ちて入る、吏愕然として曰、誤て酒庫に入れり、然れども小的は酒戶素と寬し、此の佳醸に對し、口角涎を流す、試みに畢吏部の故事を行はんと、因て知縣の發莫一隻を脫し、一大白を飛ばし、雙手知縣に奏献す、此の地頭に到て敢て支吾せずと强め飮んで盡くす、吏逕りに四五の發莫を傾く、佯り醉て大言して曰、小的平生、酒後に耳熱し、長歐一関す、是より伎倆あり、今や清興敎々、按住し得ず、願くは相公、節を按して一たび聽けと、知縣大に驚き手を揮て急に止む、吏は分說に由らずして、大に一聲を放つ、尨は門人に吠え、室數を驚かし、三條の大漢は睦眠中に在り、驚き覺めて賊有りと大呼して出づ、吏は勢に乘じて身を脫し、物を以て竇を塞ぐ、知縣出でんと欲するども得ず、遑急計ごと無く、甕間に躱く、火を把て處を照らし、皆な云ふ、賊は酒庫の中に在りと、鎖を打し門を開き、揪住緊縛す、甕中に鱉を捉るが如し、手到り拈じ來て、諸を皮の帒に納れ〻門首の柳枝の上に掛け、明日將に官に告げ懲治せんと、吏潛に其の祀堂に入り、一把火を放ち起し、因て一呼して曰く、火起れりと、家人都て火を救はんと走り、只だ座首の父九十九歲の老人を餘す、半鬼半人後堂に癡坐す、吏潜に入て曳き出し、柳樹下の皮帒に至り、老人を以て之を代え置く、知縣を扶け起して忩々に逃げ脫す、知縣は兩隻脚に飛跑を生じ、氣喘し聲澌し、心頭無明、業火按抑すれども住まらず、目を瞋らし大に叱して曰、爾は我を殺す也、世豈に宰と爲て賊を作す者有らんや、賊を作して酒を喫し放歌する者有らん乎と、吏笑て曰小的の妙計は今始て成るを得たり、相公旣に脫せるの後に、座首の九十の老父を以て代えて皮帒に貯へり、人知覺する無し、公の輩の趣きを倣さしめぬ、即ち拿し來らば、獄中に囚置し、衙を早め座首を招き、入り來らば前に當て解を發し、不孝を以て罪を論じ、枷を着け囚を嚴にせん、後は此の如くなせば、則ち數千金坐して得可き也と、知縣果して其の言に依り淩晨に座首を招き、入り謁し聽に升らしめ、座を賜ひ因て問て曰、君が家夜來賊を捉へたりと云ふ、牢囚を解き來れ、今當に君に對し嚴治せんと、公們を倣さしめ、抱き來り解き出せば、則ち一老漢は皮帒中より、欠伸して出づ、座首は是れ其父なるを見て、驚惶慚懼し、堦を下り罪に伏して曰、此れは是れ民の老父にして、家人誤て捉ふ、罪合さに萬死す可しと、知縣案を拍ち大に怒て曰、吾れ夙に聞く、爾の不孝は一縣に著聞すと、今乃ち故無くして此の綱常を犯す、容恕すると難しと、仍て皂隷を呼び、翻倒して地に在らしめ、二十殺の威棒を猛打し、皮綻び血出づ、二十斤の死囚枷を着けて獄に下す、座首百爾思度するに、實に名敎に負くの大罪、生を圖るに路無し、聞く、某吏は最も縣爺に緊しと、乃ち潜かに招て哀告して曰、君若し此の重罪を脫せしめば、則ち數千金も猶ほ輕報と爲すと、先づ白金二百兩を以て、放在して卓上に在り、吏佯て久しきを持し難きを爲し、乃ち慨然として二千を應諾し夜に乘じて家に輸さしめて後、入て知縣に告げ、寬鬆放ち出す、分文も留めず、盡く知縣の家に送る、居ること幾何も無く、新官下り來る、公堂交印の際、知縣自ら思へらく、若し此の吏を留めば、則ち其事必ず洩れんと、乃ち密に新官に囑して曰。縣吏某は奸猾にして權を弄す、容れ置く可らず、我れ去るの後、君必ず之を殺せ、庶幾くは一邑之に賴て安からんと、再三申囑して去る、新官は、舊官の付託を以て、必ず見る所有らん、且つ其意に違ひ難しと明日衙を開き其吏を捉へ入れ、曲直を問はず、直に打殺せんとす、吏暗に揣るに、吾れ新官に罪を得る無き者なり、此れ必ず舊官が事の發せんことを恐れ、我を殺して口を滅せんと欲する也、一做さず、二休せず、當に自ら全うする所以の計を思ふ可しと、乃ち新官を仰ぎ視れば、則ち左目眇なり、乃ち大聲哀告して曰、小的、新官交遞の際に於て、甚だ罪過無し、但だ舊官の案前に目を瞖するの故を以て、此の身を殺すの殃を致せり、豈に哀しからずやと、新官驚き問ふ、汝何の術有て能く眇目を療するや、試に之を言へ、當に汝を赦す可しと、吏曰く、小的少時江湖の上に飄蕩し、一の異人に遇ひ、靑囊不傳の秘術を授かり得たり、若し目眇する者有らば、則ち手到り病袪ると、新官大に喜び、之をして縛を解かしめ、堂に延き座を賜て曰、舊官は眞に人に非ざるかな、此の大恩有て未た報ゐず、反て之を殺さんと欲する也、余も亦た一目眇なり、爾能く之を醫するや否と、吏熟視して曰、此の症は最も是れ醫し易き者なり、相公夜に乘じ暫く小的の家に出でば、則ち當に神方を以て之を試む可しと、新官大に喜び、苦ろに此の日の遲々たるを恨む、既に暮れ便服して獨り出づれば、則ち吏已に門外に候ふ、延て後堂に入れ、觥壽迭に錯り、水陸倶に備り、飮んで半醉に至る、新官問て曰、夜深し、刀圭之を試む可きや否と、吏唯々する而已、少焉くして一の黃牝犢を縛して席上に置く、新官問て曰、此の物奚爲れぞ至るや、對て曰く、此は是れ神方也、若し一場の雲雨を行はゞ、則ち目自ら瘳えんと、新官信せずして起たんと欲す、吏大に笑て曰、舊官相公の小的を殺さんと欲する者は、正に此を以て也と、新官は半ば信じ半ば疑ひ、肯て直前せず、吏督促すること再三、新官目を瘳するに急なり、且つ酒力多し、下褌帶護を解き、膝跪して坐して那話を把り、曚朧として進み去る、那の牛兒は、吼嘶踶齧す、艱辛して事を畢る、吏迭て門首に至て曰、小的明朝に、當に進謁して賀を作す可し、三盃の薄酒を以て相ひ待つ勿れと。新官は縣堂に入り坐し、燭を乗り朝を待ち、鏡を攬て自ら照せば、則ち一夜睡らずして、右目も又た眇せんと欲す、且つ怨り且つ慚ち、快隷をして星火して捉へ來らしめんとす、則ち吏は彩縄を以て、牛鼻を繫ぎ、被らすに絳緇の衣を以てし、徐行しつ大に呼はつて曰速に大門を開け、知縣相公の室内嫣々の行次なりさ、一府駭き笑ひ、醜聲狼藉たり。新官慚て内軒に入り、敢て出頭せず、數日にして夜に乘じ、任を去り京に上ると云。

◎一扇を惜む。措大の吝癖。

遐郷の窮措大、家に居り、吝嗇を以て郷谷に名有り、嘗て夏初に於て、鹽石魚一尾を買ひ得て、之を梁上に懸け、毎飯に家人をして、只だ一次仰ぎ見て食を爲さしめ、曰く、佳ひ哉魚の味や、是れ猶ほ徒食に愈されりと、其の稚子、父の意を解せず、一飯にして再び仰ぎ見る父叱して曰、口に醎無きを得んや、何を以て再び家を爲さんと、衆敢て復た仰ぐ莫し、又た人有り、嘗て扇一柄を遺る、措大、大に諸子を呼で之を示して曰、此れ誠に佳品、壽は幾年を得可きやと。措大の諸子、長は唯だ器は父に肖るも、餘は類する無き者なり。其の仲子先づ之に對て曰、一扇の壽は一年にして足ると。復た其の次に問ふ、亦た仲子の言の如し、措大便ち大に悅ばずして曰。吾が家を敗る者は、必ず若が曹也と、其の長子を顧みて曰、汝第だ之を言へ、長子跪き進で曰、諸弟は年尙幼、皆な節用の道を省みず、一扇は二十年を支ゆ可しと、措大は辭色を降し、少しく賛賞を加へて曰、其の道如何と。長子曰く、一たび開闔の間にも、未だ損を致すを免れず、其の扇を盡く展べて、柱に執て動かさず。頭を以て之を搖かすに孰若れぞや。則ち特に二十年に至らん乎と、滿座皆な大に笑ふと云ふ、噫、顧ふに彼家の子、弟奢を崇び。侈を極め、酒色の場に溺れ、其の祖先の業を破る者、此れ寧ろ彼に愈らんや、然も奢と吝とは、其の失は一也、思て中行を得て之と與にせば、則ち庶くは其れ可也。

◎勳業を成して。糟糠を忘れず

光海の朝に、一宰相榮貴比無く、其子も又た躐を驟めて承宣に至り。第宅宏麗、金穀惟れ積む。其の婿の金生は、甚だ是れ孤畸、婦の家に贅寓す、婦の家の内外主僕、皆な之を厭ひ薄んず。廝役小童と雖、皆な金生と呼び。未た尊奉する者有らず、然も其の婿の婦は、獨り憐之に對て曰、一扇の壽は一年にして足ると。復た其の次に問ふ、亦た仲子の言の如し。措大便ち大に悅ばずして曰。吾が家を敗る者は、必ず若が曹也と、其の長子を顧みて曰、汝第だ之を言へ、長子跪き進で曰、諸弟は年尙幼、皆な節用の道を省みず、一扇は二十年を支ゆ可しと、措大は辭色を降し、少しく贊賞を加へて曰、其の道如何と。長子曰く、一たび開闔の間にも、未だ損を致すを免れず、其の扇を盡く展べて、柱に執て動かさず。頭を以て之を搖かすに孰若れぞや。則ち特に二十年に至らん乎と、滿座皆な大に笑ふと云ふ、噫、願ふに彼家の子、弟奢を崇び。侈を極め、酒色の場に溺れ、其の祖先の業を破る者、此れ寧ろ彼に愈らんや、然も奢と吝とは、其の失は一也、思て中行を得て之と與にせば、則ち庶くは其れ可也。

◎勳業を成して。糟糠を忘れず

光海の朝に、一宰相榮貴比無く、其子も又た躐を躐めて承宣に至り、第宅宏麗、金穀惟れ積む。其の婿の金生は、甚だ是れ孤畸、婦の家に贅寓す、婦の家の內外主僕、皆な之を厭ひ薄んず。厮役小童と雖、皆な金生と呼び、未た尊奉する者有らず、然も其の壻の婦は、獨り憐恤して繾綣たり、日々晨に出で朝に入り、朝に出で暮に入る、入るも則ち未た敢て跡を、宰相及び夫人承宣の前に投せず、輙ち小門有り逕に婦の室に入る、毎に戸に倚て佇待し、堂を下り上を扶け、親ら衣袍を解、躬ら丼卓を進む、宰相傔隷婢僕は、皆な珍肉に飫くも、金生に饋る所は、只だ苦菜數器のみ、婦は時々憤怒して、金生に對して泣然たり、生は則ち一笑して曰、他人に寄食す、此れ猶は愈れり、奈何ぞ懷を疚まんやと、一日生は曉に歸り室に入れば、其婦を見ず、獨坐稍や久うす、婦忽ち垣の後より潜に入る、生其の故を詰る、婦曰く、今朝慈母は余を盛に責めて曰、汝、衣食は皆な父母の逬を仰ぎ、只だ金生に在ては、朝暮慇懃に、情好洽く篤し、彼れ金生なる者は年四旬を過ぎ、徒に我か穀を耗し、汝が平生を斷つ醜惡且つ甚し、一念到る毎に、髮豎ち齒酸す、汝は反て此の厮に善く事えて、父母に十倍す汝一に前度を用んと欲せば、此の厮に隨て出て、好く自ら飽暖す可き也云々と、余は此より敢て戸に由らず、直に入らば復た親の責を速けばなり、今日は日影已に移れり、尊章は已に還れるを想ひて、故らに遺矢に欋托して、潜に逃れて此に至れり、萬望寬恕せよと、生曰く聘母教る所旣に是の如くば、則ち卿何爲れぞ來るやと、已にして婢は朞餠を進む、婦は其婢に緊く囑して曰、愼んで俺が此に在るを謂ふ勿れと。婢は應じて出づ、生大に飯膳を喫す、卓上に一の雞脚有り。婦曰く、尊章愼んで此を進む勿れ、生曰く何の謂ひぞ、婦曰く、先きに鼎に一雞を烹る。偸有り盜み去る、盡く体膚を食し。惟だ一脚、落ちて溷側に在り。姉輩其の事を相ひ道ふや。慈母曰く此れ粱肉と爲す可し、必ず餠卓に置き、這の厮をして、霎時口を悅ばしめよと云へり、故に果して此の饋有るなり、穢惡殊に甚し、口に近づく合らず、生曰く、聘母の脩餉は、一肉の事も特恩に係る。敢て指を染めざらんやと、言ひ訖て盡く餠を啜る、已にして生は身を起して出でんと欲す、婦の曰く、日暮れ鐘鳴る。尊章何くにか去る、生曰く、今夜三更せば、卿須く園に登り、遙に鳳闕の外を望め、則ち當に閧閙の聲有る可し、差や久しく撕殺するか若くば、則ち決を引て死せるなり、又或は、霎時の間に鎭定せば、則ち珍重に偸生せる也と。婦滿口に應諾す、生踉蹌として出づ、婦は是の夜、眠らず、三鼓下に至り、人の睡るを間し。潜に園脊に登て望む。天衢を望むに人の聲無し。意に謂へらく、生の妄誕せるなりと、將に岡を下らんと欲するや、忽に見る、火炬天を燭し、人喊ぎ馬嘶き、飛んで闕門に到る、勢ひ風雨の如し、數刻にして喧噪は一擁して入る、只だ見る宮城の內、楓林の外、間ま火光有て、甚だ喧噪せず、時に宰相父子は、俱に禁直に値り、其家は幷に一個の男子無し、未だ其の由を識破するに由あらず、只だ室に歸るを得て疑訝す、翌剳赤脚は帶し了り、宰相は早く饍して、闕に向て入る、則ち御衢の上、千騎駐札して鞭打捧擊し、四下人を辟く、赤脚は主の勢を恃み、陣內を衝き過ぎんと欲す、隊官之を笞つ、赤脚大に罵て曰く、我は是れ某洞、某大監宅の家奴なり、公廳の小校安んぞ相迫るを得んと、衆失笑して曰、汝が主は是れ凶逆の魁なり、爾怎ぞ敢て勢を賣るやと、因て亂蹋して驅け出づ赤脚僅に危亡を脫し、滿身血に染み、歸て其家に告ぐ、其家大に驚き、半信半疑す、夫人曰く、無賴の金生逆を謀り、事覺れて其の鞫問に當り、誣て我家を引き、以て宿憾を逞くする也、我の夫子は好し々々と、生の婦も亦た甚だ疑眩し、俛首答る無し、居ること幾何も無くして、數個の郎官馳せて門屛に到り、或は文簿を檢括し、或は庫藏を搜點す、一家大に哭し、郎官に向て其由を問ふ、則ち郎官秘して應へず、即ち蒼頭をして、潜に出でゝ消息を調探せしむ、良や久うして蒼頭回り告げて曰、昨夜新王即位し、舊主は廢竄され、滿朝の公輔は、大妃を幽廢するを以て、論ずるに逆律を以てすと云ふ、故に小的は、大監も此の禍を免れざるを恐れ、亟に大理廳に往き、下落に探れば、則ち大監と小令公とは、備に酷刑を受け、骨髓盡く碎く、日ならずして當に、肢解の律を用ゆ可しと云、憐む可し夫人小姐皆な官籍に入る、小的も亦た何處に淪落するを知らずと、夫人大に叫んで、一聲地に昏絕す、老小咸な聚て哭倒す、蒼頭忽ち涙を收めて起ち、夫人を連呼して曰、先きに惶遽に因て、竟に一語を漏らせりと、夫人曰く第だ之を言へ、蒼頭曰く、小的門隙より偸に虎頭閣上を覰れば、一座の少少年有り、緋を衣、金を貼す、酷だ金生に似たり、或は此の厮因緣して此を得たる耶と、夫人曰く、世間貌相の相似る者、自來限り無し、此の厮焉んぞ能く卒かに金緋を得んやと、生の婦曰く、天下の萬事預め度る可らず、試に往て之を覘へと、夫人曰く、女は一に此の厮を信じ、輙ち妄想を起すなり、俺か腔子宜く煩惱を覺ませと、蒼頭曰く、小的願くは更に往き、若し是れならざれば則ち已まんのみと、因て墻を踰て去る、飛で金吾の門屏に到れば、則ち兩個の皂隷有り、雙なから壬衣を穿ち、大道を辟除す、之に繼ぐに十個の旗手を以てし、兩行唱導し、一座の高軒に、一位の妙年宰相坐着す、衣袍甚た華やかに、騶從雲の如し、蒼頭睛を定めて看了すれば、宛として是れ金生也、乃ち踊踆して去る、前導は直に闕門に入る、那の宰相も亦た隨て入る、稍や久うして出て、轉じて一直房に入る、蒼頭は皂隷に問て曰、這位は是れ誰れぞ、答て曰金判書、某曰く鄕貫は何處ぞ、曰く某鄕、曰く現に何職に居る、曰く吏曹判書、御營大將、同春秋、同成均、司僕、掌樂、司譯、內醫、四司、提調と、蒼頭大に喜び、歸て其事を告げ、且つ生の名字、鄕貫、年記を、生の婦に問へば、則ち又た皂隷對す所と、一々相ひ符す、夫人乃ち和顔を以て、生の婦に謂て曰、我れ貴人を知らず、一に此れ冷待砍穿し了す、一雙の肉眼、以て此罪を謝す、然も禍は燒眉に在て、救ふ者有る莫し辭む可し汝の父、汝の兄幷に一夙を受く、汝倘し生育の恩を念ひ、姑く冷落の咎を恕せば、則ち枯骨も以て再び肉く可く、寒荄も以て春に復す可し、汝其れ念はん哉と、生の婦曰く、的に金生の貴顯を知て、父兄の禍を救ふ能はずんば、則ち當に釖に伏して死す可し、萬望憂を解けと、婦因て一瓤を索め、短札を寫し下して曰、妾の倘は此の死を忍び、苟も食息を偸む所以の者は、誠に一沒の後も、君子益す當に踽踪せば、懷を慰むるに所無きを以て也、故に念々して今に至れり、今聞く、天道善に福して、秩を顯し身を榮にす、昔の凄斷も、今は熱赫と爲れり、妾此れより君子に累無し、妾が命途乖舛し、家禍轉だ酷に、一死に非ずんば以て此の懷を償ふ無し、將に父兄の褸命と誓て終始せんとす、現在の緣業は、己に浮雲逝水成れり、倘し維摩知る有らば、或は來世に於て、少く此の債を了せん、萬望珍重せよ、廣厦曲甑して、華蓬を忘る毋れ、朱輪高牙して、困步を忘る毋れ、錦襖紈袴して、緼袍を忘る毋れ、駟峯熊掌して、咬菜を忘る毋れ、庶くは泉坮の望に副へよと、書き罷んで、蒼頭をして飛で金生に傳へしむ、生正に衙に坐し事を治む、忽ちに此の書を見て、感泣臆を沾す、翌朝々罷んで。冠を免ぎ伏奏して曰、願くは臣が勳名を納れ、糟糠を保つを得せんとをと、上宣して其の由を問ふ、生一々陳べ對ふ、上之が爲めに動容し、特に生の婦に貸し、翁は喜地に薄竄す、生は盛儀車服して、其の婦を迎え、偕に欽賜の甲第に到り、其の皃藻を稱ふ、婦の母も亦た生の家に寄り、以て餘年を終ゆと云。

◎千金を捐つ。金象胥の義氣。

譯官洪純彥、萬曆丙戌丁亥年間に、節使に隨て皇京に入る、時に新に起れる、一青樓有り、門楣の上に一牌を懸け、書するに、銀千兩に非れば擅に入るを許さずと、中華の蕩子弟皆な價重きの故を以て復た意を生せず、洪譯之を聞き意に謂へらく、聲價是の若く重大ならば、貯ふ所の女子は、必ず是れ天下の一色ならむ、果して傾國傾城の如くんば、則ち千金何ぞ惜むに足らんやと。試に門に入て詳細に訪問すれば、則ち此れ遊冶の娼家女に非ず、即ち某侍郞の女子にして、某侍郞は公錢數萬金を逋せられ、方に錦獄に枷囚され、擬するに一律を以てし、家産を蕩盡し、姻戚に徵し及ぼして、足らざる所尙は三千金なり、命を償ふの外更に他道無し。旣に子姓無く只だ一個の女子有り、姿色才華、等儕に超出す、其の女子悲怨に勝えず、身を賣り金を得、餘錢を備へ納めて、父の命を救ひ得るの計を爲さんと欲し、已むを得ずして此の擧有りと云、洪譯之を聞き其の情景を矜憐し、其の女子を救はんとし、直に門を出で、行中諸人が儲ふ所の銀を捜し得て、厥の數千に滿ち、青樓に輸送せる後、使行に隨て出で來る、其の女子旣に身を汚さず、空く千金を得て公錢を充納し、將に死せんとするの父の命を救ひ活かす、感頌恩德、天高く海深く、銘佩して心に在り、暫も忘る能はず、仍て青樓を罷め本家に歸る、後に石尙書星緇の妾と爲り、別に錦緞を織り、毎匹に輙ち報恩の二字を繡し、行人の便毎に、申勤して付送し、歲に課して廢せず、壬辰和寇の東搶するに當てや、宣廟龍灣に播遷し、价を專にし援を大國に請ふ、尹の時洪譯も又た隨て往く、石尙書時に兵部尙書を帶び、洪譯の高義を夫人に習聞し、且つ夫人も洪譯の入來を聞き、懇に尙書に乞ひ、其の周旋を要す、石尙書皇帝に上告し、朝廷に下托し、李提督如松を遣し、軍三千餘員、兵馬幾萬を率ゐ、以て之を救ふを名とし、又た糧穀賞銀を降し、以て接濟の地と爲し、竟に寇亂を掃平し、宮禁を肅淸し、鑾與幸に京に返るを得たり、此れ固り是れ神宗皇帝、小國を字恤し、藩屛を再造するの恩德に出づと雖、石尙書夫人が此の間に處するの力、又た與つて効ありと謂ふ可し。

◎二妾を得たる。權上舍の福緣。

古へ安東に權進士有り、早年にして庠に上る、家計至て貧に、又た配耦を喪ふ、旣に子女無く、又た僮指に乏し、身に奴婢を兼ね、窮して自ら存する能はず、隣に常漢の寡女有り、姿色稍や麗、家貲頗る饒か也、靑年に夫を喪ふ、矢て他に適かず、精潔身を持す、村里の惡少年も、亦た敢て意を生せず、權は旣に居を隣し、其の狀を習ひ知る、屢は媒婆を送り、以て動靜を探る、厥の寡之を聞き藐々たり、誠に奈何ともす可き無し、一日權、中庭に散歩す、適ま厥の寡過ぎ去り、忽ち言て曰、進士主近日平安なるや否、一洞に居生して未だ嘗て往來せず、今ま適ま從容す、今日夕餅を來り喫せよ、吾が家其好みを爲さんと云ふ、權常に意を留る所にし、未だ諧ふに及ばざりしに、今ま厥の寡の言ふ所、寔に望外に出づ、眞に所謂童蒙我に求む、寧ろ喜幸せざらんや、遂に滿口に許諾し、日昃するを待て、躬から其家に往く厥の寡欣然として迎接し、之を上座に延き、饋るに夕飯を以てし、之と與に坐談して笑ふ、厥の寡忽ち曰、進士主、髻を解き髮を編み、吾と衣裳を換へ、以て一時の嬉娛を爲すこと如何と、權其の意を曉る莫し、而も違拒する能はず、言ふ所に依て之を爲す、厥の寡遂に手を携て房に入り、之を裯中に臥せしめ、又た曰く、進士主先づ寢に就け、吾は則ち急に放便して後、當に入り來る可しと言ひ、仍て出で去る。久うして回り來らず、權滿心疑怪し、輾展して寐らず、忽ち三更に於て、窓外に喧嘩の聲有り、衆丈夫一齊に攔入し、之に蒙らすに衾を以てし、緊々と結縛し、負て街に出づ、行くこと數十里許にして、一大門に入り、一間の淨室を掃ひ、擔を卸し其の縛を解く、權固り其惡少年輩が、厥の寡を劫掠せんと欲するの計を料り、下回を見んと要し、一聲も做さず、其の爲す所に任じて、動靜を默察すれば、則ち本邑吏房の家也、少頃くして吏房入り來り、勸るに米粥を以てするも、厭驚を爲せるを以てして權は緊く衾被を蒙り、顏面を露さず、勸る所の米粥も、亦た牢く拒で飯せず、吏房曰く、今夜は則ち、必ず驚刧して未だ定まらず、心緒散亂せん、姑く之をして安意就眠せしめんと一女息有り、年笄に及んで未だ嫁せざる者をして、之を一房に同宿せしめ、以て驚懷を慰安すと爲し、喩する事理の地を以てす、權は自ら是れ久しく鰥せるの餘、此の深夜靜寂の時に當り、未笄の處女に逢ふを得て、一房に同處す、寧んそ無事虛く度るの理有らんや、其の處女衾を携へ房に入り、枕を連ねて同宿し、間ま好言を以て之を慰撫し、衾を擧げ面を接し、其の身體を撫す、權の手を引き携え入りて、共に一衾に處し、乳を撫し口を合せ其の殊常を極む、其の處女極めて疑怪すと雖、旣に認るに寡女を以てし、之を刼し來る、豈に他慮有らん、務めて其歡心を得んと欲し、相ひ與に戲謔す、意はざりき、中ごろに兩脚を緊く抱え、狠藉搆會す、其處女甚た惝怳驚刼すと雖、柔弱の質を以て、怎ち强壯の氣に當る、敢て聲を發せず、首を俯し命に從ひ、一場の雲雨已に畢る、天明を待たずして卽ち出で去り、羞媿死せん欲し、亦た其父母に說道する能はず、權は日の出づるを待て、衾を擁して起坐し、前窓を推開し、吏房を招き來し、大聲叱責して曰、汝は汝の女を以て、納れて箕箒の婦と爲さん欲せば、則ち從容稟告して、其の肯否を聽かん而已、何ぞ敢て暗地深夜に、兩班を刼縛し、汝の女と之をして同寢せしむるは、此れ何の道理ぞ、此れ何の人事ぞ、吾れ若し此を以て官に告げば、則ち汝の罪は將に何の境に至らんとする乎と、吏房始め認るに寡女を以てし縛し來る、詎んぞ料らんや、班民を誤り縛せんとは、其の分付を聞き、已に惶刼に勝えず、首を擡げ之を見れば、則ち平日素より親む權進士也、事不意に出で措く所を知る無し、寡女の刼縛、班長の誤捉、兩罪俱發す、萬死猶ほ輕し、地に伏し戰兢し、告るに死期將に迫らんとするを以てし、躬から赦す無きの罪を犯す、之を生し之を殺すも、恭く處分を竢たんと云ひ、哀乞して已まず、權仍て衣冠を索め取り之に語て曰、汝の罪狀を究めば、死も贖ふに足らず、既に汝の女と一夜の緣有り、亦た人情無きにあらず、當に十分參酌す可し、特に安徐を爲せ、然ども汝の庄穫産業は、必ず折半して以て汝が永に給せよ、汝が女も亦た須く轎馬を備ふ可し、當日に本宅に治送するを可と爲すと、吏房は死中に生を得、萬分に喜幸し、稽首して謝を稱し、惟れ令是れ聽く、權は其の朝食を待て後、緩歩して家に歸る、其の隣家の寡婦も亦た來り會し、言て曰、吾れ夫を喪てより、更に嫁せざるを誓ひ、立心既に固く、萬言回し難し、日前風に傳ふ、本府の吏房將に某夜に於て、盜劫の事を行はんとすと、之を聞て甚だ驚悚するも、身は既に寡弱、若し此境に至らば、則ち一死の外更に他道無し、而も人命は至重なり、豈に浪死す可けん、且つ强暴の辱めに逢はんよりは、寧ろ節を隣班に毀たん又た進士主の吾に留意するを孰知す、故に果して吾家に誘ひ致し、衣裳を換え着せ、女人の貌に假粧せしめて、身卽ち禍を逃れ幸に當夜の厄を免れぬ、進士主は則ち、一時の横厄を經と雖、此の會に因緣して、又た一處女を得たり、亦た豈に幸に非ずや、吾れ守寡の女を以て端無く隣班と手を携て入り、衣を換て着、平生の貞節も、毀敗して餘す無し、今は則ち將に進士主と同居して以て生んとす云々と、少焉くして、吏房は其女を治送し、權進士は窮餓の身世を以てして、一朝に二小星を得、大喜望に過ぎ、并に二妾を率ゆ、隣寡既に貧ならず、且つ吏房の分財甚た饒足にして、此を以て猝に富家翁と成り、平生を安享し、子姓も亦た盛なりと云。

◎清州の倅。權術を以て盜を捕ふ。

李趾光、善治を以て名有り、訟を決する神の如し、清州に莅む、時に一衲有り、入て訴て曰某は某處の僧を以て、紙を賣り生に資す、今日場市に、一塊の白紙を負ひ來り、市傍に憩ひ暫く負を釋けり、旋て則ち回り見れば、則ち紙塊已に去る處を知らず、四面搜索すれども、能く得る莫し、此の資業を失ひ、萬還飯の望無し、伏して乞ふ、推給して此の殘命を活さんとを云々、李曰く、汝能く守る能はずして、現に人海の中に失す、推給せんと欲すと雖、將た何の處に問はんや、須く煩聒する勿れと、即ち退き去る、之を暫くして、駕を十里の地に命ず、薄昏に衙に還らんとし、路房に長丞《とつじき》を見る、手を以て之に指して曰、此は是れ何物ぞ官行の前に、乃ち敢て偃蹇して長く立つ乎、下隷曰く、此れ非人也、即ち長丞也と、李曰く是れ長丞と雖、亦た甚だ倨傲なりと、之をして拿し來て外に拘留せしめ、以て明朝を待つ、而も亦た夜に乘じ逃躱するの慮れ無きにあらず、三班の官屬は、官門に令を待つの外は、一幷に守直して可なりと、官隷の輩聲を齊く應答すと雖、而も皆な面々窃に笑ひ、一人の守者する者無し、李固り其の此の如きを知り、夜深に至るに及んで、伶俐の通引をして、暗に他の處に置かしむ、翌日衙を開き、羅卒に號令し之をして拿し入らしむ、羅卒は其の處に奔り往けば、則ち朱髯將軍は、已に化して烏有先生と爲れり、始て疑惑を生じ、遍く遠近を索む官家號令すると、星火よりも急なり、羅卒已むを得ず、之を失ふの由を入て告げ、罪を待つ李乃ち、佯て憤怒の色を作して曰、身官屬と爲て、官令に遵はず、守直を善くせず、竟に之を失ふを爲す、無罪にす可らず、首吏より以下、各の紙一束を納れ、即刻令を待て、若し納めざる者有らば、當に笞つこと二十度を以て之に代えんと、是に於て、三番の下は盡く紙を納れ、須更にして官庭に積み置けり、即ち前日入り訴へる僧を招かしめ、之をして渠が失ふ所の紙を、此中より辨別せしむ、僧の紙には本と標する所有り、手に隨て探し出して一塊に滿つ、李曰く、聚數を作さしむれば、旣に汝が紙を索む、須く速に出て去る可し、此の後小心謹守し、此の如きを作す勿れと、其僧百拜謝を致して去る、李因て、其の紙束の從來する所は、即ち市に居る一無賴漢の竊取せる所、渠の家に輸し置き、適ま闕紙督納の時に當て、紙價甚だ翔り、遂に盡く發賣せるもの也、乃ち厥の漢を捉へ入れ、其の罪を治し其の價を徵し、買ひ來れる官屬に分ち給す、其の餘の紙束は、納る所の諸人をして、各自に取り去らしむ。是に於て一邑の吏民、皆な其の神に伏すと云。

◎車五山。屛を隔て百韻を呼ぶ。

車天輅、文辭浩汁にして、詩も又た雄奇なり、精粗相ひ雜ゆと雖、而も立るに萬言を就し、滔々として窮まらず、敢て敵する者無し、宣廟の末、天使朱之蕃來る、朱は是れ江南の才子雅と風流有り、到る處の所、詞翰輝耀し人口に膾炙す、朝家極めて賓使を選び、李月沙を接伴と爲し、李東岳を延慰と爲す、其の幕佐も亦た皆な名家大手なり、沿路唱酬して平城に至る、朱使、夕に臨み箕都に下り、古五言律詩に依り百韻を賓幕に命じ、曉未に明けざるに趁んで製して進めよと、月沙大に俱れ、諸人を會し之を詢る、皆な曰、時方に短夜、一人の能くする所に非ず、若し分韻之を製し、合して一篇と爲さば、庶くは及ぶ可き乎と、月沙曰く、人各の命意同じからず、湊合して豈に文理を成さん、如かず專ら一人に委せんには、惟た車復元を以て之に當る可しと、遂に之に委ぬ、天輅曰く。此れ旨酒一盆、大屛風一坐と、韓景洪執事を得るに非ざれば。不可なりと、月沙命じて之を具へ、大屛風を聽中に設け。天輅。

痛飲すると、數十鍾にして屏內に入り、韓護は屏外に於て、十張連幅の大華牋を展べ、筆を濡して之に臨む、天輅は屏內に於て、鐵書鎭を以て迚りに書案を扣き、鼓動を吟颯す、己にして高聲大唱して曰、景洪書せよと、逸句俊語、絡繹として沓出す、護は、隨て呼べは隨て書す、俄にして叫呼震動し、跳蕩踴躍し、鬍髮赤身、屏風の上に出沒す、迅鷹の猿を驚かすも、比するに足らず、口中之れ喝て、水湧き風發す、護の速筆も猶ほ暇あらず、夜未だ半ばならずして、五律百韻己に就る、天輅大聲一呼屏風を蹴倒す、頽然たる一赤身の骯髒也、諸公は其の詩を取り、首を聚め一覽し、奇怪せざる莫し、雞未だ鳴かざるに、通使を呼び進呈せしむ。朱公即ち起て燭を秉り之を讀む、讀んで未だ半ばならずして、把る所の扇、之を鼓して盡く碎け、諷詠の聲朗かに外に出づ、平明に賓使に對し、嘆賞嘖々たり。

◎韓石峯。興に乘じて。一陣を灑ぐ。

韓護、嘗て朝の天使に隨て燕京に往く、時に一閣老有り、烏緞を以て一障子を作り、之を華堂の上に掛け、天下の名筆能書の者を集め、將に厚く之を賞せんとす、護も亦た往く、障子煥爛として動き輝く、鼠鬚筆を解き、琉璃椀泥金の中に沉む、筆を以て名有る者數十人、相ひ顧みて之に敢て進む莫し、謹や、其筆興勃動自ら抑ゆる能はず。進で筆を執り、泥金の中を攪弄し、忽ち筆を揚げ之に灑ぎ、灑落障子滿つ。觀る者大に驚き、主人大に怒る、謹曰く、吾も亦た稱して東方の名筆と爲す也と、乃ち筆を把し起立し、奮迅に揮灑す、眞草相雜り、其の意態を極む、金泥を灑落して皆な其の中に在り、一の遺漏無し、神妙奇逸名狀す可らず、滿堂の觀る者、叫絶咨嗟せざる無し、主人乃ち大に喜び、宴を設け之に待ち、厚く贈遺有り是に由て謹の名大に中華に著る、國人之に題して曰、安平の筆は、九苞の鳳雛の如く、常に雲霄の氣有り、韓謹の筆は、千年の老狐の如く、能く造化の跡を偸むと、宣廟甚だ謹の筆を愛し、時々書を命じ入らしめ、賞賜甚た多く、珍羞屢は下る、遂に東方第一の筆家と爲る。

◎峽氓。誤て他人の祝を讀む。

故宰相の子有り、路に窮峽に出で、日暮れ店遠し、一農舍に投宿す、舍内方に狗を殺し猪を屠り「熳爛烹飪す、故相の子、其の由を詰れば、則ち是の夜は、即ち庄主の喪の餘也と、終夜喧擾して、睫を交るに堪えず、柁て雞唱に至り、叫噪呼應すると前に十倍す、祭を設け羞を陳べ、哭聲耳に聒し、祝辭を讀むに及んで曰へる有り、癸酉五月二十日と、故相の子、臥し聽て暗に笑て曰、今日は即ち甲戌五月十六日也、何を以て往年の五月とし祝を作くるやと正に訝惑の際、又た聽く、孝子某云々と、正に是れ自家と同名也、又た聽く、敢て顯考、大匡輔國、崇祿大夫、議政府領議政、兼經筵春秋館、弘文館、藝文館、觀象監事、世子師、諡は某公府君に昭告す云々と、故相の子、驚て起き自ら語て曰、然らば則ち、庄主は故首閣の子耶、何ぞ流落此に至るや、然も職啣及び諡號は、我か先考と相ひ同じきは、亦た一異事なりと、又た聽く、顯妣貞敬夫人、某貫某氏と云ふ、又た自家の先妣の貫鄕姓氏と、毫も差爽無し、乃ち大に疑ひ、其の祭を撤するを待て、亟に庄主を呼んで曰く、汝の先世は曾て何の官を做せりや、庄主惶恐して曰、詎んで能く官を做さん、毎に終身禁衛軍を免れざるを以て、恨みと爲せる耳と、又た問ふ、爾の名は誰と爲す、對て曰、某也と、果して自家と同名に非ざる也、又た問ふ、汝が母の姓氏は某なるや　、對て曰、小的の母は、幼にして父母を失ひ未だ姓字を識らずと、又た問ふ、爾は能く字を解するや、對て曰、只だ諺文を曉る、又た問ふ、爾の祝辞は誰に從て代書せるや、對て曰、小的は生來祝法を識らず、昨夕に貴星が、小的の家に祭を設るを知り、祝有りやと問ふ、曰く無しと、貴星揶揄し誹り笑て曰、祝無くして祭るは、祭らざるに等しと云ふ、故に餽るに數椀と濁醪とを以てし、請て祝式を學ぶ、貴星は一張の白楮を索め、諺文を書き下し、小的をして習讀せしむ、小的看過するに、甚だ解し難からず、故に大に喜びに勝えず、一洞の諸家と約して、此の紙を珍藏し來て後、家々輪て之を回讀せんとし。先づ今曉に試みし而巳と、故相の子大に之に駭き、諭すに事理を以てし、即地に焚燒せしめ、大に其の僕を責む、其僕曰く、小人毎に上典の宅に於て、忌日に祝文を慣れ聽き、以て習誦するに至れり、意に謂へらく、世間の祝式皆な此の如しと、故に果して此の事有る耳と、故相の子、心甚だ安からざるも、之を如何ともする無し、更に思ふ、先きに讀める祝の年月干支は、即ち去年自家の親の忌日也、或は云ふ、庄主の狗を殺し猪を屠り、及び其の祭を設け祝を讀みて、誤て他人の神を請ひ、故相の子を以て之を言へば、其の親祭を殊鄉他家に設けて、神主を黷すに至り、一般の猥狽を容る、尤も一咎を觀る也と。

◎小會を成す。四六の詩令。

古に一方伯有り、營將、中軍、通判、冊客、審樂、檢律、及び長子の承宣、次子の學子と暇日に遊宴す、方伯曰く、佳作有らずんば、何を以て志を言はん、但た一座の諸賢、箇々詩を能くすを保し難し、若し四六一句を以て、口に率て走り成さば、即ち佳し々々と、衆曰く諸方伯先づ吟じて曰、桃千朶、柳萬條、一年春光と、營將曰く、小官は武夫にして、實に闘花儷葉の才無し、願くは柏梁の拾に效ひ、七言詩を以て、各の其の職務を言はんと、方伯之を許す、營將曰く、棍十個、刑二次、治盜活法と、長子承宣吟じて曰、正三品、從二品、承旨閣望、次子擧子は吟じて曰、詩三上、賦二下、毎榜初試、中軍吟じて曰、錢十貫、米五斗、官況至薄。通判吟じて曰、灾百結、還千石、催料劇務、冊客吟じて曰、米一斗、肉十斤、下記筆削、檢律吟じて曰、杖一百、徒三年、功議各減、審樂吟じて曰、薑三片、棗二枚、不拘時服と、相ひ與に大に笑ひ、積で一軸を成す、一妓有り進んで曰、妾獨詩無く、徒に酒肉に飽く、願くは一句を献ぜんと、滿座佳しと稱す、妓曰く、夜三板、晝二次、長時不厭と、人々絶倒す、歡を極めて罷む。

◎芳緣を結ぶ。二八の娘子。

英廟の末に蔡生なる者、家勢貧窶、崇禮門外萬里峴に僦居す、蝸舍頽圮、簞瓢屢ば空し、生の父愷悌謹んで拙に、恬靜自ら守る、飢寒を以て其の操を易えず、惟だ其の子を嚴訓して、衆緒を紹がしめんと欲す、一の不是なる處を見るも、未だ曾て愛に溺れて包容せず、必ず裸にして縄綱の中に入れ、高く梁上に懸け、以て之を亂椎して曰、吾家の門戸劇く、復た汝の一身に係る、酷罰有らずんば、何ぞ過を悛むるを望まんやと、生時に年十八、翁が禹水睍の睦學究の家に委ね、結親の日と雖、亦た課讀せしめ、親迎の後、紅席の事も皆な、日を指し許す所有り、一日生に詔て曰く、冷節只た餘す四個日、墓祭は固り宜く躬ら行ふ可し、但た汝成冠の後も、猶は省墓を曠す、情に於て理に於て、俱に是れ未だ妥ならず、明曉に於て程を　る可し、三日にして百有幾里を走らば、則ち當に期に赴き壁下に到る可し、事を將るの際、須く一箇の誠字を用ゐ、拜跪出入す可し、或は少も忽にする勿れ、行路に女伴及び喪輀を見ば、必ず避回して見ざれ、務めて心齋を以てせよと、生は僕々として命を領し、翌日曙を拂て行く、父又た門を出で之に囑して曰、長程は決して浪りに度る勿れ、一經を默誦し、逆旅は必ず須く食を節し、用て二竪を免る可し、勉めよや勗めよやと、生滿口に應承して、南門に往き轉じて十字街を過ぐ、葛衣麻鞋、行色零星たり、忽に五六の皂隷有り、豪悍肸健一騣の駿骨を携え、金勒繡韉、路傍に拜す、生羞赧して敢て當らず、足を疾めて便ち走る、皂隷は閧々丸く圍んで曰く、小的の家令公、郎君を奉邀せしむなり、願くは速に馬に上れと生訝惑囁嚅して曰く、君は是れ誰か家に我を藏獲するや、四顧に顯親無し、誰か此に速に去る有らんやと、皂隷は更に打語せず、力を齊うし推擁勒使し、鞍に據り策を施し、鞭を打ち迅きこと飛龍の如し、生目瞪し口呿し、羇を定る能はず、哀呼悲叫して曰、我か庭闈倶に耋し兄弟終に鮮し、望むらくは慈悲を垂れ、縷喘を救活せよと、皂隷佯て聽かざるか若くし、惟だ驅騁を事とす、俄頃にして一門に馳せ入り、轉じて過ぐること限り無し、小門中に廣廈渠々有り、制度宏敞、楣桷彫繢たり、衆僕は牢を翼けて堂に升らしむ、堂に老翁有り、頭は烏紗を載き風巾を折り、明珠を以て片紙に之を承け、兩鬢に一雙の金圈を貼了し、身に大花青錦の氅衣を穿ち、腰に紅絛兒の帶を横へ、高座に枕香、椅上に五六の丫鬟は、粧粧麗服して序列す、生は怯く拜し席に膝づく、主翁扶け起し寒暄し、踵て生の姓名閥閲年紀を問ふ、生一々便ち對ふ、主翁喜んで眉睫を動かして曰、然らば則ち吾れ命を薄うせずと、生終始愚騃他に究解すれども得ず、他に動問すれども得ず、惟だ滿面紅を通じ、手を拱して侍り坐す、主翁曰く、吾か家は世々象胥を以て業に資し、位は金緋を忝くし、家銀貨を饒す、詎んぞ自ら足らざらん、但だ身外に一女有り、人の儷皮を受け、未だ巹醴に趣かずして、夫婿逝天し青春空閨、情事極めて憐れにして、禮守に妨げ有り、瞻昤に碍り有り、未だ他に適くに便ならず、奄として三稔に亙る、忽ち前宵に於て、悲號哀鳴し、聲々恨を吞み、寸々に斷傷す、行路の人と雖、亦た當に之か爲めに傷感す可し、矧んや予が一點の骨肉、都て此の女に寄す一日忍び見るも、輙ち一日の愁を惹き、百年忍ひ見るも、便ち百年の樂無し、缺陷の世界迅きこと流駛の如く、絲肉以て耳を醒し、錦繡以て眼に侈り、膏腴以て口を悦すと雖、猶は樂みを取る多餘なきを恨む、又た何そ孤獨にして、淸涙を以て日と爲し、哀怨を用て家計と爲さんや、事窮迫に到り、計奈何とする無し、乃ち童僕をして、晨に天街を候はしめ、賢愚貴賤を論ずる毋く、必ず初て逢ふの一少年丈夫を以てし、力を極めて邀へ致し、以て佳緣を占はしむ、意はざりき、郎君微息と赤繩を宿繫し、湊合甚だ巧みなり、萬望す其の寡縈を憐み巾櫛を奉せしめんとを、生益々見て瞭然として敢て應る有らず、主翁曰く、春宵苦て短く、行閣雜人已に唱ふ、願くは君此の未明に迨で、以て花燈を成せと、因て生を攝て起ち、携て行閣に入る、轉じて一座に到れば、花徑廣く周る數百步、四圍粉墻を以て之を約し、墻の內に池塘を鑿ち、小艇を其の渓に艤し、僅に兩三人を容る、乃ち同乘して濟る、蒸蕕挺立して、尺尋辨ずる莫し、溯て異香の中に入る者、差や久し、塢巘斗立し、文石を以て中に築き起て、階梯を設け、以て其の上に達す、生舟を下り階を登る、階盡きて十二の欄干有り、茴席炳爛朧焰瑩透す、主翁を生を留めて入る、生停立偷覷すれば、則ち奇草異石、名花彩禽、海に入り市を觀るが如し、恍惚として名狀す可らず。居ると幾何も無く、二りの青衣は生を邀て之を導く、生踵て一座の純院に至る、只だ見る、碧紗の牕裡に、銀燈耿煌、香烟裊々たり、二八の娘子は、月態化貞、靚粧眼を眩す、戶内に翹立し、隱映顯晦し、只だ一班を窺ふのみ、生趦趄して進む、娘子の蓮步乍ら動き、宛轉として出で來る、生を攝て入り、拜し了て一拜す、生沒頭に答拜して偶坐す、毾㲪の侍婢は饌を進め、珍味方丈、資器綜錯す、生羞赧して敢て箸を下さず、主人曰く稚女の富貴は、吾が固り有する所也。但だ仰で君に侍む者は、若し恩情間つる無く、譏疾行はれざれば、則ち百年の凫藻を得可し、惟だ君之を圖れと、生亦た答る能はず、主人は身を轉じて出づ、一媼は兩個の錦裀を、寶床の上に鋪き列べ、生に請ふて入らしむ、生黽勉して入る、媼又た娘子を扶けて生と與に並び坐せしむ、仍て流を下して鎭を蘇するに、文犀を以てす、生掣肘矛盾し、猶は未だ情を定めず、更に阮郎天台を以てして自ら之を解き、柳毅洞庭して自ら之に況ふ、乃ち燈を嘘き枕を交へ、情思繾綣たり、日高きと三竿、始て乃ち寢を覺ませば、則ち衣衫袍帶、一も存する無し、驚訝に堪へず、娘に詰る、娘曰く、樣に依り衣を製せんと欲し、敢て竊に出せりと、言ひ訖るや、媼は一紋の箱を以て入て曰、新衣巳に完し、望むらくは、郎君に進め着せよと、生見る、綺紈粲々として、穩に身子に稱ふ、大に喜で穿ち下し、旋て早膳を畷るや、主人入て起居を候ふ、生喃喘して曰、大爺寒蹤を鄙ます、恩摯鄭重なり、久しく甥館を叩りにし、用て微處を表せんと欲せざるに非ざるも、而も但だ墓祭は即前に在り、前途修遠なり、若し一刻延び拖がば、則ち以て期に及ぶ無し、敢て此に別れを告げん、仰て心諒を乞ふと、主人曰く、先壠は此を距る幾里ぞ、曰く百里羨り有り、主人曰く、若し間關困歩せば、則ち三日を費す可し、若し一たび駿鬉を馳せば、則ち半日の程に過ぎず、願くは姑く兩日留れ、此の望に孤く無かれど、生曰く春廷の訓誡甚た嚴なり、余若し此に淹滯し、乃ち肥に乘り衣輕く、揚々として馳驟せば、則ち事覺はるを致し易し、願くは大爺三思せよと、主人曰く、吾が籌己に熟せり、妥帖有る可し、愼んで深慮すると勿れと、生實に捨るに忍びず、斯の言を聆くに及んで、自ら以て幸と爲す、主人は生を携て山亭水謝、松竹田に到る、眼を悅ばし懷を暢べ、介々たる幽勝なり主人曰く、余が姓は佥、官は知樞を倣す、世人相ひ與に夸張し、吾が產業を以て、國内に甲たりと爲す、故に微名頗る遠近に播る、君、或は之を聞くや否、生曰く、街卒田夫も皆な貴名を知る、況んや予偬くまで聞くと、雷の耳に灌ふが如し、主人曰く、吾れ嗣無きに緣て、園林の勝事を究極し、以て餘景を陶寫せんと欲し、院落樓榭、實に分を僭る、愼んで世人に說與し、以て大戻を獲るを勿れと、生唯々たり、越えて二日、生晨に起き程に登る、輪蹄俱に備り、御率り擁す。日未だ昃ならずして、己に梂下五里の地に到る。乃ち舊衣に換着し、足を裹んで入る、翌朝祭を行て路に復る、未た幾十步に到らざるに、車馬已に路傍に俟つ、生は錦衣を改穿し、馳せて金の家に回り、因て家に還らんと欲す。金曰く、貴爺は、君の步む有るを料りて、君が騎る有るを料る能はじ、百里の長程一日にして還らば、則ち漏罅已に補綴に出で、君を料るを得じ、更に信宿を過ぎて歸り覲せよ、生穩に香閨を度り、新情款洽す期の如くして別れ、泫泗面に被る、娘子進んで後會を問ふ、生曰く、親の教え嚴重にして游ぶや必ず方有り、倘し春秋の墓祭に、更に余をして替え行かしめば、則ち謹で一たび今日の規を倣す可し、爾らざれば、歲を經年を經て、娘子は便ち是れ一般の寡ならんと、言涙と與にす。幷に鳳別れ鸞離る、生は年妙に心癡す、自ら來て大に火鐵小嚢に即かんとを願ふ、而かも家貧にして未だ金の家供する所の、繡刺華麗、制度精緻を見るを得ず。乃ち珍奇を受讓して便ち捨るに忍びざる也、娘子曰く、此の嚢を大嚢の中に藴晦せば、人測り見難し、舊衣に換着して、獨り此の物を携へば、甚だ違戾有らんと、生は言の如く家に皈り復命す、父丞に先塋の安否を問ひ、且つ修齊の誠慢を問ふ、生之に對へて甚だ悉くす、即ち讀書を命す。

生は口咿唔すと雖、心未だ甞て金の家に到らずんばあらざる也、一日父は内閨に宿せと敎ゆ生は夜婦の室に入れば、破窓漏簷、寒風骨に透り、蒲薦廡衾、蚤蝎甚だ熾なり、妻は荊釵短裙垢容痩尖、身を起して迎ふ、生苦た意に適する無し、一語を交へず、惟れ念々只だ金の家の、蘭閨眼曰の行樂に在り、前遊夢の如く、後會期し難し、因て元微之の、曾經ニ滄海一難レ爲レ水。除ニ却巫山一不ニ是雲一。の句を默誦し、自ら身勢に暗符するを覺え、短吁長嘆轉展して寐らず、曉鐘に到るに及んで、始て睫を交るを得、日晏に到て未だ覺めず、妻は黎明に先づ起き、自ら想ひ道ふ、尊章は平日琴瑟甚だ調ひ、情眷恒に篤し、忽ち楸に怨してより後、一に此れ冷落せり、必ずや別人間に情を留る有らん、我は舊好也と、因て生の容色衣彩を歴看するに、顯露する所無し、因て偶ま生の佩ふる所の布嚢を見るに、昔し曾て空々たりしもの、今ま忽に盈々たり、疑雲漸く遮り、乃ち裡面を偸み驗すれば、則ち果して一介の小錦嚢有り、中に火金石を實て、兼て碁子樣の銀貨有り、妻大に怒り床上に列べ置き、生の睡り覺るを待ち、自ら赧なり、居ると幾何も無く、父は厲聲して入て曰、豚犬尙ほ睡裡に在り、何の暇有つてか一字を讀了せんと、因て戸を開て之を叱す、生驚て起き衣を攝す、父は目を轉ずるの際、已に床上の小嚢を撞見して、駭痛に勝えず、生を裸にして、諸を縲罟の中に納れ、梁上に掛け力を用ゐて打す、生は苦楚に堪えず、一々實を吐く、父一層激怒して三百曲踊し、隣家に折簡して、一刀を借了し、金令を招かしむ、令は自ら是れ豪華、宰執學士と雖、坐ながらにして輙く邀る能はず、況や一學究の一星を遣して、自ら招來に任ずるをや徒だ婿女の歸屬を以て、甘んじて凌逼を受け、刻下に馳せ謁す、父勵聲大に責めて曰、君一に禮を壞り、常に女の淫奔を聽るす、旣に自から好からず、又た吾が兒を誤るは何ぞやと、金曰く、婿を擇ぶの事正に阿戒に丁る、彼此不幸ならば已に可ならず、今は即ち水流雲空し兩家安逸して、相ひ干涉せずんば則ち已まん、何ぞ人の釁累を摘み、高聲に彰顯せんや、父以て應答する無し、金即ち辭し去らんとして曰く、胤有らば茲を以て裔とせん、魚湖相ひ忘れ、愼んで相ひ迫る勿れど、因て瓢然として去る、過了すると一歲、金は雨を冒して來るや蔡老曰く、曩昔の牢約今ま胡んぞ經庭するやと、金曰く適ま郊堈に出で、忽ち雱霈に値ふ、此の間に他の親知無し、敢て貴弟に入り、少く暴雨を避く、萬望す見諒せんことを、蔡老怡然として曰、吾れ久雨に獨り坐し、以て陶瀉する無し、君に逢て以て閒話す可しと、金禮を執り甚だ恭く、談笑娓々、正に牛毛蠶糸の如く、甚だ綜理有り、面も幷に蔭學の事に及ぼす、蔡の父生平追遊するも、越えざらん乎、村學の秀才、終日語を接して惟だ相ひ較す、貧窘する印の如く一板なり、金を見るに及んで、辯博韓偉。重ぬるに諂笑を以て娼を献じ。乃ち大に悦んで心酔す、金其の意を默會し、即ち僕從を呼んで曰く、余は走り得て肚裡飢えたり、須く橐裡の食物を將ち來れと、僕從つて佳肴珍饌を進む、金大白に滿酌し跪て蔡老に進む、蔡老冑開き、口涎れし、正に轟飮せんと欲するも、陽に之を斥く、金曰く、盃酒は素昧に屬するも、猶は然り、況や吾曹、托契己に久しく、顏面已に厚し、豈に並び坐して獨り酌むに忍びんやと、蔡老語沮み、一飮して輙ち危が盡くす、青州の從事滌ぎ盡して、胸膈磈磊たり梗腸蔬神は、却て珍肉に蹴破せられ、醉眼潮の如く、襟期散朗たり。金は飮を盡くして歸らんとす、蔡老曰く、君は好し是れ一介の酒伴、必ず頻に枉顧を賜へと、金曰く、今日の天雨に、一借して幸に對觴するを得たり、而も余は、公務私務の故に、盡日紛叢す、安んぞ身を抽で更に到るを得んやと、蔡老送て門首に至る、醉に乘じて室に入れば、團聚家人少し、盛に金の好處を言ひ、旋て又た昏寢す、平明に乃ち覺め、昨日其の賺する所と爲れるを頗る悔ゆ、而も及ぶ可らず、金密に家人をして、生の家の動息を詗探せしむ、一日家人回り告げて曰、蔡の家は五日爨せず、內外僵れ臥し、景色慘怛たりと、金乃ち生に移書し、饋を送ると數千孔方兄、生の闔家欣び踊り、丞に饘餐を備ふ、而かも翁をして道を知らしめず、樣托して貸りたりと稱し、饋を翁に進む、翁は飢に充るに急にして、未だ窮詰に暇あらず、一日二日再びて食ふも虞れ無し、蔡老始て怪み之を問ふ。生悉く其の由を備にす。蔡老怒て曰、寧ろ溝壑に顚倒すとも、豈に坐して名無きの物を受るに忍びんや、事旣往に屬し、實に嘔吐し難し。且つ償ふに路無し、此の後愼んで戒めを破る勿れと、生唯々す、少頃にして靑趺已に乏しく、飢餒舊に依る、而も蔡老性本と疎拙、產業を謀らず、生と母とにて撑え、東補西掇し、下充上拖し、周歲に至て、勢ひ弩末に同じく、債は山の如く積り、死亡迫つて呼吸に在り、金又た這箇の樣子を探り得、復た十斛の長腰、百金の鵝眼を以て、生の爲めに之を壽す生豈に父母の垂死を見るに忍びんや、心灼け肺燃え、靦顏く恥づ、甕を擔ぎ貸償すと雖、何事か辞す可けん、而るを況んや人の好意を以て送り助くるをや、乃ち欣然とし迎え受け、以て親の厨を修る、父方に病昏瘵々として、唯だ食飲を貪る、生連りに膩を灕ぐ、數日にして乃ち痊ゆ、繼ぐに甘旨を以てし之を調養す、蔡老曰く、此の物誰より辨ずる乎、生又た其狀を告ぐ、父微笑して曰、金令安んぞ時々急を周うするを得んや、此の後は則ち、決して受る有る勿れ、受けば當に之を筈つ可しと、生は命を領す、父は高臥して飲食愁ひす、桂玉する者且さに五六ケ月、夫の儲ふ所も又た罄るに及んで、愁惱すると前に十倍し、荏苒として苟楚する者、又た許多の日月なり。蔡老其の喪餘に當り、蘋藻倶に空しく、情事摧抑し、室隅に偶座して、百計熏心す、忽ち見る、一僕緡錢二百を齎し、來て生に献ず、乃ち金の家餉くる所也。生は父の敎に準擬して、之を辞せんと欲す、父曰く。他以て人を救ふに急に、我が祀需を助く、情に於て義に於て、全く却く可らずと、半は完うし半ば受け、允合中を得、生は敎の如くす、翌日金は盛んに食草を備え、來て生に饋る、生又た之を却けんと欲す、蔡老曰く、既に熟せる這の物、狠狽して回し送る可らず、今ま指を染む可む可し、自後は則ち、一切防塞せよと、因て相ひ與に大に嚼む、香味雜錯し、一家飫くを成し、口碑雷の如し、金は慇懃に蔡老に勸む、蔡老は一直辭せず、直に泥醉に到り、刎頸を結ぶを許す、且つ生に詔げて曰、汝金家の閨秀と、本と自ら楚越の遙なるも、忽ち秦晋の好みを成せり、豈に天緣の存する無からんや、汝終に踈と爲り、人の平生を棄斷す可らず、今宵は甚た吉し、一宿して還る可し、留連に至る勿れと、生大に喜び諾々たり、金も再拜嗚謝し、亟に斑騅を以て生を家に送る、自已は則ち、或は蔡老の其心を二三にする有らんとを慮り、故に遷延を爲し、日曛れて乃ち去る、生は翌日返面す、蔡老は渾て昨日の話頭を記せず、乃ち怪み問て曰。汝何に早く冠帶を整ふと。生實を以て對ふ、父悔懊媿赧して、罪責する能はず、此れより。生に一任して、其の爲す所に聽るし、些の圭稜を露さず、衣食祭祀皆な金に賴る、金も又た日々酒を載せて來り、討論衷曲す、蔡老早く貧に傷み、髮鬚白と爲り、夫の坐衣遊食に及んで。又た日に與に暢飮し、頗る自適を覺ゆ、前日の苦海を追念すれば、體膚粟を起す。一日金は從容として言を進めて曰、公子が余の家に往來するは、漸く人眼に礙る、願くは此より絕を告げんと、蔡老驚て曰く、然らば則ち、吾れ當に密に、吾が婦を家裡に迎え、跡を藏くし蹤を滅せん、金曰く、公子年少にして布衣、上に庭闈有り、下に正室有り。法として媵を家に畜ふ可らずと、蔡老曰く、第だ妙策を思ひ、以て愚か迷に詔げよ、金曰く、吾れ別に一室を貴第の旁に築き、以て晨夕の往來に便せんと欲す、未だ高見の如何を審にせず、蔡老曰く、然らば則ち、室宇は高きを用る無く、婢僕は多きを用る無く、稟质は富を用る無く、以て吾か家の寒素を守らん、金曰く諾と、乃ち家に歸り、材鳩を鳩め瓦舍を建て、便ち一區の甲第を成す甚だ蔡老の志に非ざる也、蔡老奈何ともするに由無し。時に或は咄舌し、繼て以て金を譲む金曰く、第宅は子孫を長ずる所以也。竊に觀る、足下玉を抱き珠を懷にして、未た世に需めざるも、令子賢婦ならば、當に其の報に食む可し、豈に門閭を高くする無からんやと、蔡老大に喜んで止む、宅成つて之を落す。金時に夜る女を生家に送り、舅姑に禮謁せしめ、女君因て新舍に住す、三日に小宴し、五日に大宴し、以て舅姑を娯ましめ、內外童僕盡く歡心を得生其の母に告げて曰、阿父母に生苦を乞ひ、倶に桑楡に迫つて迷はしむ、息や年淺く學蔑し檄を奉ずるを期し難し、願ふに、今に一分志養の道は、只だ新舍に移處し、穩に富貴を享けしむるに在り、願くは採納を得んと、母曰く、我れ若し移去せば、即ち金の家は、當に我を何と謂ふ可き、生曰く、此れ金令及び側室の意にして、我は傳命の郵に過ぎざる耳と、母頗る肯ずるの意有り、備さに蔡老に告ぐ、蔡老曰く卿は志氣衰へ、還て贅說有るに至ると、其妻怒曰、我れ尊章に從てより、歠水刀山、未だ嘗て一日も慮を釋かず、今幸に衣食の大を得て、安居志を肆にす、次婦の恩固り大なり、今ま又た城に處り我を邀え、以て餘年を養ふと、何の虧傷有つて勉め從ふを爲さざるやと、蔡老曰、卿自ら去れ、我は即ち當に窮廬を守る可しさ、其母乃ち日を卜して搬び徹す、其父時々往き見れは、則ち數十の傔僕は、迎て門首に拜し、左擁右攝されて即ち別堂に入る、堂は即ち其父の廠と爲し、搆えて以て、或は來住に便にする者也、堂に入れば即ち、圖書架に滿ち、花卉砌に委し、使令前に滿ち、應對流るが如し、入て老妻に對すれば、而も亦た之の如し、晷を移して坐臥し、捨て去るに忍びず末は乃ち勉强して家に還れば、即ち破屋數間、舊に依て蕭散たり、忽ち自ら念ふて曰、餘生幾くも無し、一彈指の頃に過ぎず、何庸れぞ自ら苦む此の如きぞと、丞に生を招て曰、吾れ獨り空舍に寓し、汝に食を傳へしむるは、還て一奨を成す、且つ室家分ち張り、晩景最も難し新舍に同處し、以て閒戀に便せんと欲す、意に於て如何と、生大に喜ぶ、其父乃ち即日に居を移し、庭に間言無し、金は、資郭十畝を以て、券を立て生に與ふ、生既に家累無し、惟だ擧子の業を事とし、未だ幾くならずして登第し、功德世に輝くと云。

◎鄭謙齋。中國に畫名を擅にす。

鄭謙齊、敾、字は元伯、繪畫を善くし、最も山水に妙なり、世に三百年來丹靑の絶品と稱す求むる者麻の如くして、酬應倦まず、時に北里同閈に居る士人、其の山水三十餘張を得て、常に之を珍愛す、一日其の士人、槎川の李公に詣り、其の架上に唐板の書秩推積し、環て四壁の上に在るを見、問て曰、唐板の書何ぞ此の如く多きやと、李公笑て曰、此れ一千五百卷と爲す、皆な吾が自ら辨ずる者也、巳にして又た曰、人誰れか知らん、皆な鄭元伯に出づ、北京の書肆甚だ元伯の書を重んず、掌大の片紙と雖、重價を以て易えざる莫し、吾れ元伯と最も親し、故に其書を得る最も多し、毎に燕使の行に於て、多少を論せず之に付し、以て觀る可きの書を買ふ、故に能く此の如きの多きを致せりと、始て知る、中原の人眞に書を知る我が人の徒に名を取る如きにあらざる也、又た一中路の家より錦裳適ま來る有り、謙齋の家に肉汁の爲めに之を汚す、內より甚だ之を憂ふ、謙齋之をして持ち來らしむ、汚す所頗る廣し即ち其の襞積を去らしめ、其の汚れる所を洗ひ、之を外舍に莊す、一日天氣淸爽、畫興大に發す、乃ち彩硯を開き、錦幅を展べ、楓岳を其の中に大繪す、燦爛纖悉、精彩流動す、餘の存する者二幅有り、更に金剛山を畫く、極めて奇妙、眞に絕寶也、其の後、錦裳の主來る、謙齋曰く、吾れ適ま畫興發動して、佳本無きを恨み、君が家の錦駭來り在るを聞き、取て畫本と作し、其の中に萬二千峰を移し來る、君が家の婦女必ず大に驚駭せんも奈何せんと、其人も亦た書格を知る、忭喜に勝えず、謝を致し僕々として皈り、珍羞一大具を致して之を進め、其大なる者を莊し、以て家寶と爲し、其二幅を以て使行に隨て、燕に入り、持して、畫肆に詣る、適ま蜀の僧靑城山より來れる者有り、之を見て大に嗟賞を加へ、稱するに絕寶を以てし、乃ち曰く、方に新錨を成し、此を以て佛に供せんと欲す、銀百兩を以て之を買はんと、其人之を許す、將に價を論せんとするの際、又た南京の一士有り、之を見て曰、吾れ當に價を增す二十兩にす可し、請ふ以て我に皈せと、僧大に怒て曰、吾れ已に價を論じ、賣買己に決す、豈に士子にして利を見て義を忘る、此の如き者有らんや、吾れも亦た價三十兩を添えんと、其書を取て之を火中に投じて曰、世道人心一に此に至るか、吾れ若し此を貪らば此の人と何ぞ異らんと、乃ち衣を拂て起つ、書主も亦た百兩の價を取らず、只だ五十兩を以て販ると云、一日曉の比ひ、睡り覺むれば、忽ち人有り來て門を叩く、之を延て入れば、乃ち一たび親む所の舌人也、一の佳箑を持ち進めて曰、今ま將に燕に赴かんとし、玆に來り別を告ぐ、願くは公暫く揮灑を加へ、以て鄙行に贐せば幸甚と、時に東窓已に白げ、氣甚だ爽か也、謙齋乃ち海水を作る、飛波怒沫、凶湧澎湃、而して一小船を波面に着く、一过の風帆半は顯る、之を視るに杳然たり、舌人之を謝して去る、燕肆に入るに及んで、肆主把玩已まずして曰、此れ必ず晨早作る所也、精神風帆上に在り、扇香一樻を以て之に易えんと、舌人取て香を料れば、五十枚を得、長さ皆な數寸、此を以て譯官の輩、謙齋の書を得れば、皆な視るに奇貨を以てす。

◎嚴舅を畏れ。婬婦矢言を出す。

安東の權進士某なる者、家計富饒、性嚴峻、家を治る法有り、獨子有り、婦を娶る、婦の性行たる、妬婞にして制し難し、其舅の嚴を以てするも、敢て氣はしめず、權に怒氣有るが如ければ、則ち必ず席を大廳に鋪て坐し、或は婢僕を打殺し、若し命を傷るに至らざれば、則ち必ず血を見て止む、此を以て、若し席を大廳に鋪けば、則は家人惴々として、其の必死の人有るを知る也、其子の妻の家は、隣邑に在り、其子は、其妻の父母を見んが爲めに行き、歸路に雨に遭ひ、避けて店舍に入る、先づ見る一少年、廳上に坐し、厩に五六匹の駿馬有り婢僕又た多く、內眷を率るの行の若し、權を見て、少年は之を寒暄し、酒肴饌食を以て之に勸む、酒甚だ淸冽、肴又た豊旨、其の姓氏居處とを權少年に相ひ問ふ、則ち對るに實を以てす、先來の少年は、只だ姓氏を道ふも、肯て所在の處を言はず、偶爾此を過ぎ、雨を避けて此の店に入り、幸に年輩佳朋に逢ふ、豈に樂しからずやと、仍て之と酬酢し醉を以て期と爲す、權少年醉倒して先づ睡る、夜後始て覺め、眼を擧げて審に見れば、則ち同盃の少年は、旣に形影無し、而して自家は則ち內室に臥せり、傍に素服の佳娥有り、年十八九可り、容貌端麗、其の常賤に非ずして、的に是れ洛下鄕相の家の婦女たるを知る也、權生大に驚訝し、其女に問て曰、吾れ何を以て此の處に臥す、君は是れ誰が家ぞ、何許の婦女此處に在るやと、其女子羞澁して答へず、之を叩くと再三、遂に口を開かず、最後數食頃を過ぎ、始て低聲にして言て曰、吾は是れ洛下の門地、繁盛の仕宦の家の女子、十四に出で嫁し、十五に夫を喪へり嚴親又た早世し、男兄家を主れり、兄の性執滯にして、俗に從ひ禮を執るを欲せず、幼妹をして寡居せしむ、改めて適くの處を求めんと欲すれば、則ち宗黨の是非大に起り、皆な門戶を汚辱するを以てし、辭を峻くして嚴斥す、兄も已むを得ずして計るを罷む、仍て其の轎馬に我を馱して門を出で、去向する處無くして、行を轉じて此に至る、其の意以爲らく、若し合意の男子に遇はゞ、則ち委ねて之に托し、自家因て以て之を避け、以て諸宗の耳目を遮らんと欲する者也、昨夜君の醉に乘じて、奴子をして負ふて內に入り臥せしむ、家兄は則ち、必ずや遠く走らんと、仍て傍に在る一箱を指して曰く、此の中に五六百の銀子有り、此を以て妾の衣食の資と作さしむと云ふと、權生之を異とし、外に出で之を視れば、則ち其の年少及び許多の人馬は、幷に去る處を知らず、只だ駑駿の童婢二人、傍に在る有り、生還て內に入り、其處女と同寢す、思量すれば則ち、嚴父の下私に自ら妾を卜せば、必ずや大擧措有らん、且つや其妻悍妬の性、必ず相ひ容れじ、此れ將た奈何せんと、千思萬量するも、實に好個の計策無し、反て奇遇の佳人を以て、頭痛を爲す、朝を待て、婢子をして謹んで門を守らしめ、而して其女に言て曰、家に嚴親有り、歸らば當に奉稟して率ゐ去る可し、姑く少しく之を俟てと、店主に申飭して門を出て、直に親朋中知慮有るの家に向ひ、實を以て之に告げ、之か爲めに劃策を願ふ。其友沉吟良や久りして曰、大に難し々々、實に好策無し。而も第だ一計有り。君家に歸りて數日に於て。吾れ當に酒席を設けて之を請ふ可し、君も翌日に於て又た酒席を設け我を請せよ、我れ當に自ら方便の計有りと、權生其の言に依り、家に歸るの數日、其友人伻《つかい》を送り懇請するに、適ま酒肴有り、諸益畢く會す、此席に兄無かる可らず、兄須く賁臨せよと云ふを以てす、權生の其父に禀して席に赴く。翌日權生は其父に禀して曰某友昨日酒有りて邀ふ有り、酬答の禮闕く可らざる也、今日畧ほ其の酒饌して、諸友を請ひ邀へば、則ち好きに似たりと、其父之を許し。爲めに酒席を設けて其人を邀え。且つ洞中の諸少年諸人を邀ふ、皆な來て先づ權生の老父に拜見す、權曰く、少年の輩迭に相ひ酒會して一に我が老を請はざるは、此れ何の道理ぞと、其の少年對て曰、尊丈若し主席ならば、則ち年少の侍生は、坐臥起居意に任じて之れを爲すを得す、且つ尊丈、性度嚴峻なり、侍生の輩暫時拜謁し十分心を操るも、或は其の過ちを見るを恐る、何ぞ終日酒席に侍坐す可けんや。尊丈若し降臨せば、則ち殺風景と謂つ可しと、老權笑て曰く、酒席に豈に長幼の序有らんや今日の酒は我れ主と爲らん、其の拘束の儀擺脫し、終日湛樂せん。君が輩須く百番我に失儀すべきも、我は汝を責めず、歎を盡くして罷めん、以て老人をして、一日孤寂の懷を慰めよやと、諸少年一時に敬諾し、長幼座を雜えて觴を擧ぐ、酒半ばに至り、其の多智の少年は前に近ひて曰、侍生に一古談の奇事有り、請ふ之を一言し、以て一粲に供せんと、老權曰く、古說極めて好し、君試に我が爲めに言へ、其人乃ち、權少年の客店奇遇を以て、古談と作して之を言ふ、老權は節々奇と稱し、曰く、異なる哉々々、古は則ち或は此等の奇緣有り、而も今は則ち未だ聞くを得ざる也と、其人曰く、若し尊丈をして之に當らしめば、則ち何を以て之に處せん、中夜人無きの際、絕大の佳人傍に在らば、則ち其れ將た之を近づけんや否、旣に之を近けば、則ち將た卒ゐ畜へんか、抑も之を棄てんか、老權曰く、旣に宮刑の人に非ずんば、則ち佳人に黃昏に逢ひて、豈に虛く度るの理有らんや、旣に寢席を同うせば、則ち卒ゐざる可らず、何ぞ棄てゝ惡を積む可けんやと、其人曰く、尊丈性本と方嚴なり、是の如き時に當ると雖、而も必ず節を毀たじと、老權頭を掉て曰、然らず々々、吾をして之に當らしむるも、則ち節を毀たざるを得ざる也、彼の內に入るは、故らに爲すに非ざる也、人の爲めに欺かる、此れ則ち吾の故らに犯すに非ざる也、年少の人美色を見て心動くは、自ら是れ當事なり、彼の女旣に士族を以て事を行はゞ、則ち其の情戚み、其地窮す、若し一見して而かも此を之れ棄てば、則ち彼れ必ず羞を含み寃を含みて死せん、豈に積惡に非ずや、士大夫の事を處する、是の如く齷齪す可らざる也、其人又た問て曰、人情事理果して是の如き乎、老權曰く、豈に他意有らん、斷じて當に、薄倖の人を作らずして可也と、其人笑て曰、此れ古談に非ず、即ち胤友が日前の事也、尊丈既に事理當然を以てし、再三質言して教る有るからは、則ち胤友庶くは罪を免るを得んなりと、老權聽き罷んで、半餉語無し、仍て色を正だし聲を勵まして曰、君が輩皆な罷め去れ、吾れ處置の事有りと、諸人皆な驚怯して去る、老權仍て高聲に曰、斯に速に席を大廳に設けよと、家中の人皆な悚然として、將に罪を何許の人に治めんとするを知らず、老權は席上に坐し、又た高聲に曰く、急に斫刀を持ち以て來れと、奴子惶忙として命を承け、斫刀及び木板を庭下に置く、老權又た高聲に曰、書房主を捉へ下し、之を斫刀板に伏せよ、奴子は權少年を捉へ下し、其の項を以て之を刀板に置く、老權大に叱して曰、悖子、口尙ほ乳臭の兒を以て、父母に告げずして、私に小妾を畜ふは、此は是れ家を亡ぼすの行也、吾の世に在るも尙ほ此の如し、況や吾の身後に於てをや、此等の悖子は、之を留るも益無し、如かず、吾が世に在るの時に、頭を斷て以て後獘を杜ぐと可也と、言ひ罷んで奴子は號令し、之をして趾を擧げて之を斫らしむ、此の時上下惶々として、面に人色無し、其妻と子の婦は、皆な堂を下て哀み乞ふて曰、彼の罪殺す可しと云ふと雖、何ぞ目前に獨子の頭を斷つに忍びんやと、泣き諫めて已まず、老權聲を高めて叱し、退き去らしむ、其妻驚怯して避く、其の子婦は、頭を以て地を叩き、血流れ面に被つて告げて曰、年少の人、設ひ放恣自ら擅にするの罪有るも、尊舅の血屬は、只だ此れ而已、尊舅何ぞ殘酷の事を行ひ、累世の奉祀をして、一時に嗣を絶たしむるに忍びんや、請ふ子婦の身を以て、其の死に代へんことを、老權曰く、家に悖子有つて家を亡ぼすの時、辱めを祖先に及ぼさんよりは、吾れ寧ろ之を目前に殺し、更に螟嗣を求めんこと可也、此を以てするも彼を以てするも亡ぶるは則ち一也、如かず之を亡ほし、之を乾淨するの愈れりと爲す也と、仍て號令して之を斫らしむ、奴子は口に應諾すと雖、足を加ふるに忍びず、其の子婦泣き諫めて益々苦ろ也老權曰く、此の子家を亡ぼすの事一に非ず、侍下の人を以てして、擅に自ら妾を畜ふ、其の亡兆一也、汝の媢妬を以て　、必ず相で容れざる此の如く、則ち家政日に亂る、其の亡兆二也、此の亡兆有り、如かず、早く之を除去するの好しと爲さんには、子婦曰く、妾も亦た是れ、人面人心を具ふ、目に此等の光景を見て、何ぞ妬の一字に念ひ及ふ可けん、若し尊舅一番の容恕を蒙らば、則ち子婦謹んで當に之と同處し、少しも和を失はざる可し、願くは尊舅此を以て虚と爲す勿れ、特に廣蕩の恩を下せと、老權曰く、汝今日の擧措に迫つて、此の言有りと雖、必ずや面諾にして心は然らず、婦曰く、寧んぞ此の理有らんや、若し或は此等の言に近き有らば、則ち天心ず之を殛し、鬼心ず之を誅せん、老權曰く、汝は吾の生前に於ては、或は然る無からん、而も吾が死の後、汝必ず復た其惡を肆まにせん、此の時吾れ巳に在らず、悖子は敢て制せざれば、則ち此れ家を亡ぼすの事に非ずや、如かず、頭を斷ち以て禍根を絶たんには、婦曰く、焉んぞ敢て是の如くならんや、尊舅下世の後、若し或は一分の非心有らば、則ち犬豚にだも若かず、當に言を矢つて婦を納る可し、老權曰く、若し然らば則ち汝矢言を以て紙に書し、以て納れよと、其の子婦は禽獸の盟を書し、且つ曰、一たび違背の事有らば、子婦は父母の肉も以て生ながら啗ふ可し、言を矢つて此に至るも、而も尊舅終に聽かずんば、信に死有る而已と、老權乃ち赦して之を出し、仍て首奴を呼び分付して曰、汝は轎馬人夫を率ゐ、某店に往き、書房の小室を迎て來る可しと、奴子命を承はて率る來り、舅姑に見ゆるの禮を行ひ、又た正配を禮拜して、之をして同處せしむ、其の子婦敢て一聲を出さず、老に到るも和し、同人に間言無かりしと云爾。

◎官租を輸して。富民兩班を買ふ。

杆城に一兩班有り、貧にして好んで書を讀む、郡守の新に到る每に、必ず親く其戶に造て之を禮す、其の家貧にして、歲に官糴を食ひ、積んで千包に至る、郡守は則ち其貧を知て以て償を爲す無く、之を督する無し、一日觀察使、此に巡到し糴簿を閱し、大に怒て曰く、何許の班民が、乃ち軍餉を乏しくするぞと、囚を命じて嚴しく之を督す、郡守意に甚だ之を哀れむも、亦た奈何ともする無し、兩班日夜に號泣すれども、計の出づる所無し、其妻之れを罵つて曰、平生好んで書を讀むも、縣官の糴に益する無し、咄々、兩班は一錢に直ひせず、其の里の富人、私に相ひ計て曰く、兩班は貧と雖、常に尊榮なり、我は富むと雖、常に卑賤なり、兩班を見れば、則ち屛營に跼踖し、匍匐して庭に拜し、鼻を曳き膝行す、我は常に此の如く其れ僇辱さる、今ま兩班貧にして、償ふ能はず、力に大に窘む、其勢ひ誠に保つ能はず、其の兩班を、我れ且つ買ひ、以て之を有せんと、遂に門に踵て其の糴を償ふ、兩班大に喜んで之を許す、是に於て富人立ろに、其の糴を官に輸す、郡守大に驚て之を異とし、自ら往て兩班を勞ひ、且つ糴を償ふの狀を問ふ、其の兩班は、氈笠短衣にして、道に伏して謁し口に小人と稱す、郡守大に驚き下扶して曰く、何ぞ自ら貶辱する是の如き乎と、兩班益〻恐惧頓首し、俯伏して曰く、惶悚、小人敢て自ら辱むるに非ず、已に其兩班を鬻ぎ、以て糴を償てす、里の富人は乃ち兩班也、小人復た安んぞ敢て、其の舊號を冐さんやと、郡守歎じて曰、君子也、富人也、兩班なる哉富人也。富んで吝まざるは義也。人の難を救ふは仁也、卑を惡み尊を慕ふは智也。此れ眞に兩班なり、然ども私に相ひ交易して、券を立てざるは訟の端也、我れ汝と與に、郡人に約して之を證し、券を立てゝ之を信せん。郡守當に自ら之を署す可しと。是に於て府に歸り、悉く郡中の士族、及び農商工賈を召き、悉く庭に至る、富人は鄕所の右に座し、兩班は公兄の下に立ち、乃ち立券を爲して曰、某年月日、明文を爲し事を改め、兩班を斥賣す、官穀を償ふが爲めなり、其の値千斛、維れ厥の兩班なるや、名は多端に謂ふ、書を讀むや士と曰ひ、宦に從ふや士夫と曰ひ、德有るを君子と爲し、武階は西に列し、文階は東に序す、是を兩班と爲す、鄙事を絶棄し、古を希ひ志を尙び、目は鼻端を視踵を會して尻を支ゆ、東萊博議は、誦するを氷匏の如く、古文眞寶は、細寫する荏の如し、飢を忍び寒に耐へ、口に貧を説かず、長聲に奴を喚び、歩を緩くし履を曳き、手に錢を執る毋れ、米價を問はず、暑に跣足する無く、飯は徒髻する無く、恐るも妻を搏つ無く、怒るも器を蹋る無く、病むも巫を招く無く、祭るも僧を齋する無く、牛を屠る無く、錢を賭する無し、凡そ此の百事は違ふ無しと、兩班此の文記を持して、官城主に辨正し、杆城郡主押し、座首別監證し、署の通引は踏印し、戶長讀み畢る、富人悵然たること久うして曰、兩班は只だ此れのみ耶、吾れ聞く兩班は神仙の如しと、審にすれば、是の如く乾沒ならば、改めて利す可きを爲さんと、是に於て、乃ち改めて券を作て曰、維れ天の生民、其の民は四維、維れ民の中、最も貴き者は、稱するに兩班を以てす、利其れ大なり、耕せず商せず、粗ぼ文史に涉り、大は文科を決し、少は進士を成す、文科の紅牌は二尺に過ぎざるも、百物倶に備り、維れ錢の槖なり、進士三十にして、乃ち初仕を筮するに、猶ほ名蔭と爲し、善事は雄南たり、耳白傘風、腹膰鈴諾、室に冶妓を珥み、庭に鳴鶴を馴す、窮士は鄕に居るも、猶ほ武斷を能くし、隣牛に先耕し、里氓に借耘す、孰れか敢て我を慢せん、我が灰を汝か鼻に灌ぎ、髻を暈し鬢を汰するも、敢て怨咨する無しと、富人は券を奉じて舌を吐て曰く、之を已めよ々々孟浪なる哉、將に我をして盜を爲さしめんとする耶と、頭を掉て去る、終身敢て復た兩班の事を言はず。

◎園中に伏し。舊妻計を授く。

丙子の胡亂に、松都商賈の妻、擄にせらるゝ者有り、商賈は其の妻を失ひ、號呼して性を喪ふ、銀を聚め瀋に入れば、其妻は馬將軍の畜ふ所と爲れり、商賈銀盤を持ち、東人の隣居に擄へられたる者に問ふ、答て云ふ、汝の妻は馬の絶愛する所と爲る、萬に贖ひ還るの理無し汝徒に死せん耳、急ぎ歸れと、其人猶ほ忘る能はず、其の面を見んことを願ふ、隣人曰く、深く藏して出ださず、此事至て難し、但だ將軍に、毎に夜水を飲み、其女を信ず、夜半必ず其をして、水を取らしむ、潜に其の園に伏せば、或は之を見んも、是れ甚だ危道也、と其人情に勝えず、夜往て園中に伏す、其妻夜半に果して至る、就て手を執る、其妻言無し、即ち入り去る、少焉くして復た出で、小包を以て之に授けて曰、我れ無狀にして、身を胡虜に失すと雖、亦た一端の心情有り、人旣に我を戀ひ以て此に至る、豈に恝然ならんや、然ども萬身を脱するの道無し、若し歸らんと欲すれば、則ち禍必ず君に及ばん、須く此を持ち國に歸り妾を買はゞ、當に我に勝さる者を得可し。千萬保重せよ、的國遲る勿れ、恐らくは追騎有らん急に往き飯を炊ぎ、村舍に伏し、三日喫す可き者を賚へ往けと。仍て手に越道の山程を指して曰、　の頂に石窟有り、潜に其の處に伏し、三日にして出て去らば、則ち以て免る可しと商賈は其の言の如くし、急々飯を炊ぎ、往て石窟中に伏す、翌朝其の妻は、園中別れたるの所に自頸す、馬將軍大に驚き、以爲らく朝鮮人來ると、卒を發し捜索す、三日にして乃ち止む、其人始て出て來ると云。

◎孟監司。東岳奇事を聞く。

孟監司、冑端、山水の游びを愛し、嘗て楓岳に入り、至幽深處を窮探す、一菴有り極めて淨潔、老僧一人、年百餘歲、容貌古健、禮を執る虔恭なり。孟公之を異とし、仍て留宿して、將に其の所得を叩かんとす、僧忽ち其の沙彌を召し、謂て曰く、明日は即ち吾か師の忌日也需供を設く可し、沙彌曰く唯々、明曉蔬食を設け、老僧之を哭し甚だ哀しむ、孟公問て曰、上人の師は何の名にして、道の高きと何如、願くは之を聞かんと、老僧悽然たる之を久うして曰、公之を問ふ有り、何ぞ隱諱を用ゐん、吾は朝鮮人に非ざる也、日本より來る、師も亦た僧に非ず、即ち士也、始め吾の出で來るや、壬辰の前に在り、本國は吾等八人を選ぶ、皆な計慮に深く、饒勇絶倫の者なり、朝鮮八道を分掌せしむ、凡そ朝鮮の山川夷險、道里の遠近、關隘要衝、務めて暗配を要す、凡そ朝鮮人の、智略才勇の者を以て、皆な之を殺して後始て復命を許すと、八人共に鮮語を習ひ、既に熟して出で、東萊館に來り、變じて朝鮮僧の服と作り、將に發せんとするの際、相議して曰、朝鮮の金剛は靈山也、必ず先づ此山に入り祈禱し、然る後分散す可き也、遂に同行する十餘日、始て淮陽の地に到り、一士を見る、木履を着け黃牛に跨り、山谷より出づ、同行の一人曰く、吾輩連日寺を尋ね、食を見ず又た肉を喫せず、氣力甚だ微なり、如かず此人を殺し、其肉を屠り食はんには、然る後に前進する好きに似たり、皆な曰く善しと、遂に同じく士人に進む、士人曰く、汝輩何ぞ敢て乃ち爾る、汝輩は和國の間諜なり、吾れ豈に知らざらむ、當に盡く之を殺す可しと、八人大に驚き、劍を拔き齊く進む、士人騰躍超忽、拳を奮ひ脚を飛ばし、疾きこと神の如し、頭破れ肢折れ死する者五人、三人皆な地に伏して生を乞ふ、士人曰く、汝果して誠心に歸伏し、能く死生相ひ遂げんや否と、三人稽顙し、誠を致し天を指して誓を爲す、士人領して其家に歸り三人に謂て曰、汝輩和の使ふ所と爲り、我國を覘はんと欲すと雖、知慮淺短、技術甚だ疎なり其れ何ぞ能く爲さん、今既に天に盟て歸伏す、心の誠僞は吾れ以て洞知す可し、吾れ當に敎るに劍術を以てす可し、若し和兵來らば則ち、吾れ汝輩を領して兵を起し、往て馬島を守らば賊兵を遏むるに足る、異國に勳を樹てば、汝も亦た何ぞ厭はんと、三人拜謝す、遂に共に劍術を受け、既に其の能を盡くし、服事甚だ勤め、士人甚だ信愛す、一日三人一孤菴に同宿す、朝起すれば、士人忽ち人の害する所と爲り、流血室に滿つ、少僧大に驚き、兩人に問て曰、此れ何事ぞやと、兩人曰く、此人に服事し、其の劍術を盡すと雖、同來八人の義は兄弟に同じ、今ま皆な其の殺す所と爲り、今は只だ兩人を餘す、此れ大讐也、其れ暫時も忘る可けんや、久しく之を報ひんと欲して、顧ふに乘ず可きの隙無し、今ま幸に間を得たり、何ぞ殺さゞるを得んと、小僧大に責めて曰、吾輩既に再生を受け、盟て兄弟と爲る、恩義既に深く、情父子に同じ、豈に仇怨を論じ此事を作す可けんやと、痛哭頓に仆る、遂に前んで兩人を刺し、皆な之を殺し、乃ち此山に於て僧と爲り、一沙彌を得て、此菴に孤坐す、齒百歲を過ぎ、毎に吾師才智の高き、意氣の深き、情義の篤きを想ひ、愛惜窮り無く、至痛心に在り是を以て師の忌日に當り、哀痛輙ち自ら抑ええず、久うして衰へずと、孟公聽き畢て、感嘆に勝えず、曰く尊師の明識神勇を以てして、乃ち兩人の不利の心を懷くを知らず、終に害せらるゝに至るは何ぞやと、僧曰く、「吾師豈に兩人の吉人に非ざるを知らざらんや、而も其才を愛し、深恩を以て其の死力を得、且つ其智以て制服するに足らんと欲して也、師は我が才識の類を出づるを謂ひ、之を愛する尤も甚し、我の親戚を遺れ、故土を忘れて、服勤怠らざる所以の者は、此れが爲め也と、孟公依て謂ふて曰、上人の釼術見るを得可き乎と、吾れ今ま甚だ老廢して、試みざる己に久し、卒に之を爲し難し、公姑く數日を留り、吾が稍や氣力有るを俟て、試みに之を爲さん耳と、翌日孟公を邀ふ、一處に至る、十柏樹有り、大さ十圍可り、雲霄に上る、僧は袖より兩物の團圓毬の如きを出し、繩を用て堅く縛り去る、繩訖て兩介の鐵塊を見る、卷帖して拳の如く、手を以て平展すれば、則ち數尺の霜刄、尖り秋水の如く、劵舒紙の如し、僧は兩劒を把り起て舞ふ、始めや頡動低仰頗る遲し〻俄にして漸く見る、迅疾揮雀して風生じ、之を久くして騰踴、飄として空中に浮立し、盤旋去來する而已只た見る、一個の銀瓮は柏樹層葉の間に出沒し、掣電閃爍、倏ち長く、倏ち短く、岩壑に襲喫す、遍く是れ霜刄、柏樹紛々として、飛び落る雨の如し、孟公神慴れ魄慄ひ、正視する能はず、其の柏葉多くは寸斷し、樹枝は半は童なり、良や久くして僧方に投じて、樹下に立つ氣を咄く數口、曰く氣衰へたり、復た少年の時に非ざる也、始め吾が壯時に釼を舞はすや、此の樹の下葉は、多く中破して細絲の如し、今は則ち然らず、全葉の者多しと、孟公大に之を異とし、僧に謂て曰、上人は神人也と、僧曰く、吾れ久しからずして死せん、吾が跡の永く泯るに忍びず、故に公の爲めに言ふ此の如しと。

◎輦路に訴て。忠僕冤を鳴らす。

榮川の儒生閔鳳朝、一子有り、婚を過ぎ未だ一年ならずして身死す、其の孀婦は、朴氏の女にして、亦た斑閥有るの家也、喪を執るに禮を以てし、舅姑に孝奉す、隣里之を稱す、來る時童奴一人、名は則ち萬石なる者を率ゆ、閔の家素と貧窮なり、朴氏躬自ら紡績し、奴をして推汲せしめ、朝夕の供、未だ嘗て闕かず、隣居に金祖述なる者有り、亦た班名有り、家計萬金を畧ぬる富者也、籬間より偶ま、朴氏の姸美を見、心に之を欲す、一日閔生他に出でんと欲し、揮項を祖述の家に借り着す、祖述其の在らざるに乘じ、人をして朴氏の寢房を探知せしめ、月を帶び騣冠を着て其の家に入る、時に朴氏獨り其の寢房に在り、房は其の姑の房と一壁を隔て、間に小戸有り、朴氏睡り覺め窓外の履聲を聞き、又た窓間の月色下に人影を見、心窃に疑惧し、潜に起て戸を開て、其姑の房に入る、其姑怪んで之を問ふ、其の由を密語し、姑婦相對して座す、萬石なる者は、祖述の婢夫にして其家に宿し、寂として一人無し忽ち戸外に有り、厲聲して曰く、朴寡婦は吾と私有るや、亦た己に久し、斯に速に出だし送れ云々と、其姑聲を疾くして洞人を呼び、謂つて曰く、賊人來る有りと、隣家の人火を擧げて來る、祖述仍て其家に還歸す、朴氏の姑婦は其の祖述なるを知れり、閔生歸り來り、其言を聞き忿つて自ら勝えず、官に訴えんと欲す、而かも所聞の好からざるを致すを恐れ、仍て姑く之を忍ぶ、其後祖述は又た、洞中に揚言して曰く、朴氏は吾と相ひ通じ、孕んで己に三四朔云々と、傳說藉々たり、朴氏之を聞て曰く、今は則ち以て官に訴へ耻を雪ぐ可しと、裳を以て面を掩て官庭に入り、祖述の罪惡を明言し、又た自家誣ひを受るの狀を言ふ、祖述は貨を官屬に行ひ、且つ一邑の官屬は、倶に是れ祖述の奴屬也、刑吏の輩皆な言ふ、此の女自來淫を行ふ、所聞の出る亦た己に久しと、本倅の尹彝鉉は、官屬の言を信じ聽き、乃ち曰、汝若し貞節有らば、則ち人に誣ひらると雖、久うして則て自ら脫せん、何ぞ乃ち親ら官庭に入て、自ら明らめんや、退去する可也と、朴氏曰く、官より若し辨白して、金哥の罪を嚴處せざる若くんば、則ち妾當に自ら此の庭下に刎ぬ可しと、仍て佩る所の小刀を拔き、辭氣慷慨す、本倅怒り叱して曰、汝此を以てして吾を恐動せんと欲する乎、汝若し死せんと欲せば則ち大刀を以て汝の家に自ら刎ねて可也、何ぞ乃ち小刀を以て斯を爲さん、速に出で去れと仍て官婢をして背を推して官門の外に逐ひ出さしむ、朴氏門を出で聲を放つて大哭し、其の小刀を以て其の頸を刎ねて死す、見る者錯愕せざるは無し、本倅始て乃ち驚動し、之をして屍を運び去らしむ、閔生は其の忿に勝えず、庭に入り語多く侵逼す、本倅は、士民の惡を肆まにし、官庭に侵逼せるを以てし、營に報じ、閔生は安東府に移し囚はる。其の奴萬石なる者、其の狀を以て京に上り、駕前に金を鳴らす、下該の道査有り之を啓し、行査に判付す、則ち祖述は累千金を以て、賂を洞人及び營邑の下隷に行ひ、朴氏の死に至ては自刎に非ず、孕胎の説を羞愧して、毒を服して死を致せりと云ひ、藥を貿ふの嫗、藥を賣るの商皆な立證すと、此れ亦祖述の、賂を老嫗及び商人に行ひて然る也、獄久しく決せず、施ひて四年の久しきに至る、閔家は朴氏の屍を以て、斂せずして棺に入れ蓋を覆はず、曰く此の讎を復するの後、改め斂めて葬る可しと云ひ、越房に置く者四年、而も身体少しも傷敗する無く、生る時の如く、其門に入るも少しも穢惡の臭無く、蠅蚋も亦た近かず、亦た異とす可し、奉化の倅朴時源は、其の再從姻妹の間也、往て其の靈筵に哭し、棺蓋を啓て之を見るに、則ち生る時の如く異る無しと云ふ、萬石は金の家の婢夫と爲りて、一男一女を生めり、此時に當て其妻を逐ひ訣して曰、汝が主は吾が主を殺す、即ち讎の家也、夫婦の義重しと雖、奴主の分も亦た輕からず、汝は自ら汝が主に還歸せよ、吾は則ち吾が主の爲めにして死せんと、之を絕ち、京師に奔走し、必ず復讎せんと欲す、金判書相休の按節の時に及んで、萬石又た上京して金を鳴らす、啓を本道に下し、更に査官を定めて窮覈す、則ち閔家は朴氏の柩を、査の庭に擔ひ來る、中に帛を裂くの聲有り、閔家の人棺蓋を擧げて之を示さんと欲す、査官は官婢をして驗視せしむれば、則ち面色生る如く、兩頰に紅暈有り、頸下に尙は劒刺の血痕有り腹は背に帖し、肌膚堅きこと石の如く、小しも腐傷無し、藥物賣買の商及び老嫗は、嚴鞫して之を問へば、則ち始て實を吐て曰、祖述より各々二百兩を給され、故に此の如き言を爲せりと云ふ、營門より狀を以て聞し、祖述は法に伏し、朴氏は閭に旌し、萬石は復を給せらる。嶺南の士は石を以て萬石の忠を記す。

◎精誠を致し。曉に課して佛像を拜す。

昔は李姓の一士有り、經業を明かにし、解を發せんと做す、式年初試の會講は、翌春に在り習會を爲して之れが工を講せんと約し、親友三人冊を携え、往て北漢の中興寺に會し、靜僻の室を揀び、淨掃して入り處し、以て專心誦讀の計を爲す、李は、曉頭毎に、頭を梳り身を浴し、佛堂に往て、佛像に向つて焚香再拜し、暗々に祈祝す、諸親友毎に譏り笑ふ、李は之を聽くも藐々とし、誠を專らにし勤めを致す、風饕雪虐・天陰り雨濕るの夜と雖、未だ一たびも廢せず、其中の一友之を誑さんと欲し、李に先つて佛堂に往き、身を佛軀の後に藏くし、以て之を待つ、少焉くして李果して來り、香を焚き其の祝辭を祈禱す、蓋し曰く、平生願ふ所は、準して一科に在り、虔誠默祝、敢て少しも懈らず、伏して願くは、靈佛慈悲の心を垂れ、陰に普施の力を施し、明春の科に捷たしめよ、七大文預め指示を爲し、以て專一講習の地を爲せ云々と、其の友詐つて佛語を作して曰、汝が精誠一直懈たらざるを觀、極めて嘉尙を爲す、明春會試に、當に出づ可きの講章を、吾れ當に先告す可し、易の某掛、書の某篇、詩の某章、論孟の某章、學庸の某章、當に出つ可し、汝須く力を專にし此を誦す可し、以て純通に慮ひ無しと、李は俯伏して恭く聽く而已、又た再拜謝を致して曰、佛神靈を降し此の指敎有り、恩澤天の如し云々、是より以後、他章を讀まず、只だ七大文を讀み、晝夜誦習、吾を忘れ食を廢す、小註に至るまで幷に皆な突誦す、其友は始め欺嘲の意を以て、此の假托の擧有りと雖、意はざりき、其の認めて眞個佛の敎えを以てして、酷信此に至らんとは此れ誠に我が敗を致すの嘆有らん、其の欺かるゝの狀愚騃の擧は、一は則ち笑ふ可きも、一は則ち悶す可し、其の友人之に謂て曰、佛は七章を指し敎ゆと雖、佛は靈否は、固り未た知

る可らず、君但だ佛語を信じて、只だ
に出では、則ち豈に無限の狼狽無きに
至るやと、李曰く、誠意積む所、神朗
らんや、君多言する勿れ、第だ明春の
告げて曰、君の祈禱たる、狂に非ずん
軀の後に藏くし、佛語に假托して、上
ち吾の爲す所也、意はざりき、君の策
極にして、迷惑の甚しきや、吾れ誠に
に臨んで敗を取るの地無し、至て可な
の共に鑑る所、神明の共に燭す所、天
に先つて講習せしめんと欲して、旣に
て此れを傳へしむる也、由是論之ば、
る也、天賞に之を使ひ、神寶に之を明
四面沓至すと雖、萬回聽の理無し、是

是れ七大文のみ、會講の時、李入つて講席に坐す、少焉くして講紙は帳裏より出で來る、急々に講章を開き視れば、則ち七大文を書き出す、而も即ち昨冬講する所の章也、李は大喜に勝えず、復た思を運らさず、即ち高聲に大讀を爲し、並に音釋前註、一字を差えず、一吐一口氣盡く之を誦す、輕車の熟路を馳け、駿馬の峻坂を走るが如し、七試官大に稱賞を加へ、交も相ひ擊節して扇墜つるに至り、遂に各の書き通し、七を以て純通通登第す、明經科を設けしより以後、初めて之れ有りと云。

◎貌を以て人を取り。詔使一笑柄を爲す。

貌の心の如くならざる者有り、貌の心の如き者有り、孔子の貌は、蒙倛に類し、貌を以て人を取るは、之を子羽に失す、晏平仲は長け六尺に滿たざるも、心は萬夫に雄たり、哀駘駝は惡を以て天下を駭かすも、而も之と處る者は、思ふて去る能はず、孟嘗君は眇たる小丈夫なり、韓信は黃面の丈夫なり、張子房は貌ち婦人の猶く、郭解は狀ち中人に及ばず、田蚡は貌ち侵《せひく》く、我國の尹弼商は風采埋沒す、中原の相者其の身を見て其の貴きを覺えず、其の遺矢を見るに及んで、其の極めて貴きを知る、貌の醜を俔《たゞ》ふるを成し、時人之を稱して御覽座客と曰ふ、此れ皆な中にして、其の外を飾る能はざる者也、伍員は長け十尺、眉間一尺、終に天下の烈丈夫と爲す、項羽は虎狀なり、其の怒るや人皆な讋伏し、敢て仰ぎ視る無く、人馬數里に辟易す、諸葛亮は、眉宇の間に江山の秀を聚め、張飛は、壯士其の目環の如し、許遠は寬厚の長者、貌ち其の心の如く、盧杞は藍面鬼色、婦女見る者皆な笑ふ、我國の趙光祖は容色絕美なるも、每に鏡を覽て歎じて曰く、此れ豈に男子の吉相ならんやと、崔永慶は己丑の獄に逮び、獄卒之を敬して、風に趍り命に奔り、惟だ或は後れんことを恐る、此れ表と裡と皆な一の如き者也、昔し詔使の我國に入るや、以爲らく禮義の邦、必ず異人有らんと、行て平壤に至り、路傍に丈夫有るを見る、長け九尺、髯腹に至る、頗る之を異さし、一語を交えんと欲すれども、言達せず、遂に手を擧げ其の指を圜にし、以て之を示す、丈夫も亦た手を擧げ、其指を方にして之に應ず、詔使又た三指を出して以て之を示す、丈夫は五指を屈して之を答ふ、詔使又た衣を擧げて之に示す、丈夫其の口を指して之に對ふ、詔使は京に至り餘伴に語つて曰く、吾れ中原に在て爾の國は、禮義の邦なるを聞けり、信に虛ならずと、餘伴曰く、何を以て之を謂ふ、詔使曰く、吾れ平壤に至り、略傍に丈夫有るを見たり、狀貌甚だ偉なり、其中必ずや我に異る有るを知る、是に於て、吾が指を圜にして之を示す者は、天の圓なるを爲す也、丈夫其の指を方にして之に應ずる者は、地の方なるを謂ふ也、吾が三指を屈する者は、三才を謂ふ也、丈夫の五指を屈する者は、五常を謂ふ也、吾が衣を擧げて之に示す者は、古は衣裳を垂れて天下を治めるを謂ふ也、丈夫の其口を指す者は、末世に口舌を以て天下を治るを謂ふ也、路傍の丈夫すら猶ほ此の若し、況や有識の丈夫をやと、餘件之を奇とし、平壤に移文す、丈夫は驪を飛ばし京に上り、厚く之に賂ふ、仍て問て曰く、天使は三指を屈するに、爾は何を以て五指を屈せるや、對て曰く、渠れ一日に三時《たび》食せんと欲す、故に三指を屈す、吾は一日に五時《たび》食せんと欲す、故に五指を屈すと、又た之に問て曰、天使衣を擧げ之を示す、爾何を以て其の口を指せるや、對て曰く、渠れ憂る所は着に在り、故に其の衣を擧ぐ、吾が憂る所は喫に在り、故に我が口を指せりと、庭中之を聞て皆な大に笑ふ而も吾使は則ち之を知らず、以て奇男子と爲し、敬して之を禮す、噫長鬚の丈夫は、詔使に敬せらる、是れ豈に徒に貌を相して之を失し、亦た我國禮義の名に恸さる、豈に萬世の一笑囮に非ずや、長鬚者乃《むし》ろ故《ことさ》らに謾辭を爲し、以て跡を歿《くらま》すに無からん耶、近來相國柳琠、燕京に赴き、相者をして其の相を視せしむ、從行の僕有り、容貌甚だ偉なり、相國の衣冠を假て之に示す、相者熟視して笑て曰く、此れ終身賣炭翁也、何ぞ子の我を欺くやと、是に於て相國出でゝ之を見る、相者之を望み驚て曰く、是れ眞の閤老なりと、吁相者の人を鑑するは、詔使の人を識ると異なれる哉な。

◎野鼠天下の巨族に婚を求む。

凡て婚姻の道、之を望む太だ濫なれば、必ず成るの理無し、昔し野鼠有り、篤く其子を愛し將に婚を求めんとす、鼠翁は鼠姑と相與に語て曰く、我れ此の子を生み、之を愛重する此の如し、必ず無雙の巨族を擇んで結婚せしめん、族の無雙なる者は、天と婚を爲すに若くは莫しと、遂に天に就て其故を告げ、婚を爲さんことを請ふ、天曰く、吾れ能く大地を覆育し、萬物生じ、羣生育つ、吾に尙るもの莫し、惟だ雲や能く蔽ふ、吾は雲に如かざる也と、是に於て野鼠は雲に就て、前言の如くして婚を請ふ、雲の曰く、吾れ能く宇宙に充塞し、日月を蒙障し、山河晦く、萬物昏す、而も惟だ風や、雲を散ず、吾は風に如かざる也と、遂に風に就て又た婚を請ふ、風の曰く、吾れ大木を折り大屋を飛ばし、山を簸し河を揚げ、過ぐる所靡然たらしむ、然かも惟だ果川郊の石彌勒は、吾れ之を倒す能はず、吾は果川の石彌勒に若かずと、野鼠又た石彌勒に婚を請ふ、石彌勒曰く、吾れ能く中野に屹立し、千百世を經るも、確乎として抜けず、而も惟だ野鼠は土を土が趾に掘り、則ち吾れ頽れんとす、吾は野鼠に若かざる也と、是に於て野鼠自ら返り、歎じて曰く、天下無双の巨族は、吾が族に若く莫き也と、遂に野鼠と婚せりと云ふ。亦た以て世間求婚者の鑑戒と為す可し。

◎詩話一則。

鄭北窓磏、九月念後、咏菊を詠じて曰

十九廿九皆是九、　九月九日無レ定レ時、
多少世人皆不レ識、　満堦惟有ニ菊花知一、

と、其の弟碏之に和して曰く、

世人最重重陽節、　未ニ必重陽一引レ興長、
若對ニ黄花一傾ニ白酒一、　九秋何日不ニ重陽一、

向者《さき》に朝庭局を開き、東方の詩を選び、大提學柳根は、碏の詩を取り磏の詩を捨て、以て律無しと為す、吁磏は音律に通ず、曾て根の知音に如かずと謂はん乎、磏字は士潔、北窓は其の號也、博學多識、儒道佛の三教に貫通し、数は康節の如く、醫は俞扁の如しと稱せらる、

年十四にして、父に隨て明京に至る、諸蠻人爭ふて來見す、確能く四夷の語を爲して之に應ず人々驚異せざる無し、號して天人といふ、乙巳の禍に其父を力諫したれども聽かれず、弟磆却て兄を構陷す、遂に亂を避けて隱潜し、歌を作つて自ら挽し悄然座化す、年四十四、

◎鄭麟趾の逸話。

河東の鄭麟趾、幼にして親を喪ひ、寡母に侍し貧居す、文才早く就り、容貌玉の如し、常に書を讀んで夜に至る、垣を隔て處女有り、容色絶艷、嬋妍窈窕たり、隙を鑽り眼を偸みて見る、美少年讀誦琅々たり、心之を慕ひ、墻を踰え來て之に匿らんと欲す、河東色を正だし之を拒む、處子聲を發して之を彰さんと欲す、河東其の拒み難きを知り、温辭之を論して曰く子は是れ晉紳の家の女たり、我れ未だ室有らず、家貧にして母老ひ、媒行未だ應ずる者有らず、室を娶ると雖、美室子の如を得んを甚だ難し、吾れ若し母に告げて計らば、親母必ず喜んで之を許さん、然る後百年の歡を圖る可し、今若し情に勝たずんば、子に於ては、信を失ふの婦と爲り、吾に於ても亦た快からず、子他人に適くも、必ず終身の恨み有らん、姑く忍んで明日親に告げ、兩家禮を成すに如くは莫しと、處子甚だ喜び、約を成して去る、河東は

翌日母に告げ、家を移し之と絶つと云ふ、鄭麟趾字は伯睢、居常易を好み、其號を學易齋と云ふ、太宗の朝重試に魁に居り、文を以て名有り、太宗嘗て曰く、文に鄭麟趾あり、武に洪師錫あり、是れ皆將相たるに堪ゆ、國家爲めに憂ひ無しと、世宗の鮮命を拜して治平要讀、歷代兵要を撰し、諺文を修正するに及び麟趾、及び成三問、申叔舟、崔恒等をして文を撰定せしむ、後ち大提學に進拜し、高麗史贊を進む。

◎義僕頓智を以て。賊を倒す。

私奴尹良なる者は、至義の人なり、其主に陪して、馬を牽て車岑を踰ゆ、日且さに曛れんとす、一人有り、釼を挺き前路を截ち、直趁して進む、尹良は其の賊なる知るや、即ち主を捽んで馬より墮し、其の胸に踞つて曰く、是の夫は吾が主也、居常我を鞭撻し苦きと甚し、其の怨を報ひんと欲して、其便無し、今ま後馱に、某々の物、珍寶若何あり、願くは我に釼を借せ、吾れ、且に是の夫を甘心して、汝と與に其の物を分たんと、賊之を信じて、之に釼を假す、尹良直に其釼を倒にし、遂に其賊を刺して、其主を活からす、

◎熊も亦た情有る乎。

麟蹄縣の民、山に入り樵を採らんとし、玄熊に遇ふ、熊乃ち其の民を壓し、坐を堅くし居を移す、民仰ぎ見るに、其陰は女人の如し、爪を以て之を抓す、良や久くして乃ち喜ぶと甚しく、頽然として臥し、民を持して釋さず、民試みに男女の歡を倣す、熊大に之を愛し、挈して窟中に入り、大石を積み疊と爲し、之を幽すると、犴牢の如く、出る毎に便ち大石屋の如きを擧げ、其門を杜づ、細草を聚め藉と爲し、山中の百果を摘み之に與ふ、珍異多く、其の飢を療すると數日、熊も亦た神物也、能く人語を曉る、民曰く、吾れ家に居り、稻粱魚肉を食ひ、綿絲痲錦を衣《き》る、春夏服を異にし、夜臥に鋪有り蓋有り、生物を食せず、烹飪に釜鼎有り、淡を食はず、鹽醬有り、以て味を調し、裁割するに刀刄を以てす、此の許多の物無ければ、吾は病み且つ死せん、汝幸に我を出し生還せよ、岩穴に枯死せしむる勿れと、此よりして後、熊は村舍に入り、白米酒甕醬缸を偸掠し、人の如く立ち載せて來り、牛馬の如く負駄して輸し、紬衣錦襖、綵衾、釜鬲器皿、畢く致さゞる無く、皆な周く用ゆ可し、人間大小の具、取り用ゐて富家の如し、日に鹿豕獐兎、及び民家の鷄狗牛羊の肉を得、以て餉り、陸纔として匱しからず、獨り刀刄の利物に及ばざるのみ、民は窟中に居り熊を以て妻となす、但に飢寒を免がるのみならず、財用を致して裕有り、輕煖に衣、床褥に寢ね、膏粱に飽き、醇醪に醉ひ、珍羞を列らね、烟火して食ふ、獨り開閉は彼れに在り、家に還るの望斷たる、居ること三年、熊信じて疑ひ無きを知り、乃ち溫辭して說て曰く、我れ汝と類を異にすと雖、旣に夫婦と爲り、情愛兩融し、相ひ疑戢する無し、而るに戶外の防、日に益々牢く、出入自由を得ず、我れ甚だ悶塞す、汝の出遊する時、戶を杜さずと雖、我れ將た何くにか往かんやと、此れより戶を出づるに杜さず、民猶ほ窟穴を離れず、熊稍や之を信ず、民は機に乘じて逃走せんと欲するも、其の追及を恐る、乃ち詐つて熊に謂て曰く、吾は春川の淸平某村に在り、父母兄弟と音を絕する三載、一書を以て存沒を探らんと欲す、能く之を傳ふるや否と、熊之を頷く、依て一封の書を付して之を送る、其の遠く去るを度かり、密に走つて家に還る家人初め民を失ふや、謂へらく、山に入て虎餌と爲れりと、喪に服する三年を閱る、民至るに及んで、皆な驚き走り以て鬼と爲す、民備さに始末を陳し、相ひ持して痛哭す、熊は窟に還れば其の民を失ひ、山を遍くして狂吼し、近山村落無數に毀破し、搜索三晝夜、絕食して自ら斃る、民の財用器皿は、諸を窟中儲くる所に取り、之を用て終に饒家と爲れり、吾が妻の家の婢夫金允なる者、是の事を聽て之を慕ひ、嘗て山行して雌熊を見、其の陰を露はして臥し、之を于さんと欲す、熊驚き起て之を舐め、骨出でゝ死す。

◎過ちを悟て。馬首を斬る。

丞相黃守身は、喜の子也、眄する所の妓有り、鍾情特に甚し。父の喜常に之を責むること切なり、守身唯々として而も猶ほ悛めず。一日守身外より至る。父の喜は衣冠を整え、出で門に迎ふる大賓の如くす、守身惧れて地に伏し、其故を問ふ。喜曰く、吾れ子を以てし爾を待てるに、爾聽かず。是れ我を父とせざる也、我れ賓禮を以て相ひ接する耳と、守身叩頭して死を請ひ、更に妓と相ひ問はず、嘗て醉を扶けられて横載し、妓の家を過ぎて宿す、夜半に酒徹して醒め、目を開て之を視れば、燭影の下に女の有る在り、之を側察すれば、則ち眄する所の妓也、驚て曰く、爾は何爲れぞ此に在るや、妓對て曰く、吾が家を舍てゝ安くにか行かんと、之を諦視すれば、乃ち妓の家也、是に於て大に怒り、其の僕を詰り之を殺さんと欲す、僕對て曰く、來る時馬首此の家を指す、意ふに大人轡を回す也と、蓋し昔日妓の家に往來して、之に隈ふと甚だ勤む、馬首の回るは人に非ざる也、守身遂に悟り、釼を取て其の馬首を斬る、後に蔭官を以て相位に至ると云。

◎請囑に困じ。苦案を以て之を斥く。

李相國浚慶、監司と爲る、諸ろ相識の爲め、軍官を求めらるゝ甚だ衆く、頗る之を厭ふ、武士有り、名相の簡を受け來る、相國深室に坐し其戶を閉ぢ、侍者をして武士を引かしむるに直路に由らずして、其室を回轉し、許多の門戶を歷さしめて之を見、問ふて曰く、此の室何れの處か南と爲すと、武士從來する所に迷ひ、錯つて之に應ふ、怒つて之を斥けて曰く某國武士を推薦するも、東西南北を分たず、請囑從ふ能はずと、此れより其の可なる所に任じて之を用ゆと云。

◎奕戰の注物に因て。富翁と爲る。

宗室西川の令、奕を善くし、曠世敵無し、上番の老卒有り、下道より來り駿馬を牽き、謁して曰く、聞く公子奕を善くすと、試に與に戰はん、勝たざれば此の馬を注せんと、三たび戰つて兩たび輸け、竟に其馬を進じて去る、曰く、請ふ公子善く此の馬を喂え、他日上番の期滿たば、當に來つて再たび戰ひ、此馬を歸す可しと、今は笑て曰く諾と、以て駿馬を得てより、喂養他に倍し甚だ肥えたり、他日老卒期滿ちて、果して再び來り奕を請ふ、今三戰して三たび輸く、遂に馬を取つて歸る、曰く小人此の馬を愛す、自ら知る、京師に上番せば客中善く喂ひ難しと、姑く公子の家に托せり、今ま公子の善養を蒙り、玄黃を變じて大に肥え、感激に堪えずと、曾て又た申求止なる者有り、私奴なり、奕に妙にして東方に甲たり、自ら歎ず、絕藝を有しつ、窮居貧に居ることを、時に外戚の李樑權、一代を傾け、自ら稱すらく、奕を善くし天下無双なりと、求止は樑に謁せんと欲するも、之れが先たちを爲す莫し、乃ち四十疋の綿を以て、赤琥珀の纓子を買ひ、密かに樑の家奴と、杯酒交歡し、數ば嘆じて曰く、相公に謁せんと欲するも、賤隷にして一たび拜するに堦無し、願くは爾に因て名を通ぜんことをと、家奴曰く、相公貴客金玉多く、日夜織るが如し、但た某日は忌辰にして、客を却けて閑座す、其日に於て來る可しと、其日に至り果して間に投して一謁す、樑喜ぶこと甚し曰く爾は固と奕の甲手なる申求止か、今日乃ち一戰を交ゆ可しと、求上故らに勝たず、樑大に喜んで曰く、爾の技此に至る乎と、他日又た謁す、求止曰く、小人奕に對し、未だ甞て輸されず、東國之を稱す、今ま相國に於て其局を輸け、心怏々として夜寢る能はず、請ふ重物を用て孤注と爲し、更に一戰せんことを、棎曰く諸、我れ輸せば當に汝が請に任かす可し、汝輸せば當に何物をか注すと、求止曰く、小人に傳來の明の瑠瓔あり、此を以て進せんと、終に復た屈せられて、諸れを懷中より出して進む、棎は毎に其瓔を垂れ、賓客に誇て曰く、孰れか謂ふ、申求止は奕家の甲手と、常隷貨を重んせざるに非ざるも、吾れ能く其瓔を注取せり、常隷の技は論ずるに足る無しと、異日求止復た棎に謁す、乃ち客を屏け門を杜ぢ之に見えて曰く、汝此の瓔を退るに意無き乎と、戰を挑みて雌雄を決す、求止敗るに垂なんとして勝つこと三局を連ぬ、是に於て棎憮然として曰、我れ今ま汝に負けぬ、當に汝が願に從ふ可し汝何物をか欲するや、求止遂に袖中より、一束の空簡四五十紙を出だし、之を進めて曰、賤女有り、將に婚を成さんとす、願くは婚需を平安一道に求めんと、棎曰く、甚だ難からずと吾素より書翰に敏なり　滿紙四五十箇に一揮して、之を與ふ、求止直に僕に騎し、遍く其の簡を列邑に納る、悉く履を倒まにして出で迎へざるは無く、大館を空うして之を舍き之を敬するを使星の如く、賚する所轸を連ね輜を幷せ、稛載して還り、卒に富翁と爲れりと云、

◎南山の岩石を贈られて。辟易す。

尹希宏は儒士也、性最も泉石を愛し、雙里門に居る、岩を斷つて山形と爲し、衣するに苔蘚を以てし、間に奇花芳卉を植ゑ、泉を引て池と爲し、之に芙蓉を植へ、頗る瀟灑、林泉の勝槩を爲す、長安の士大夫多く門を叩き來り賞す、因て壺觴を以て快んで迎ふ、其友の成擇善之に戯れて曰く、吾が家に怪石有り、甚だ巨大なり、峻拔琦瑰、天然にして人工を待たず、豈に子が家の日に斧斤を費し、人力を借つて瑣瓔する者比ならんや、子若し之を望む有らば吾れ以て子に贈らん、幸に車馬を備えて之を送れと、希宏大に喜び、翌日書を京兆に致して車と牛とを假りて、明禮洞成氏の庄に送る、成氏笑つて南山の蠶頭を指して曰、此れ吾が家の怪石なり、爾ぢ其れ力任ゆる有らば、載せ去れと、僕帳然之を望めて空しく歸る、

◎太僕寺の藁を贈て。三人諧謔す。

李好閔、韓浚謙、李恒福の三人、少年の時中學に學び、嘗て太僕寺の藁草萬餘束を瞻望し、浚謙曰く、吾れ此を取て一馬を喂ひ、其の盡るを待たんと欲す、其の壽幾何ぞと、好閔曰く、吾は此藁を細莝して、吾が枕中に納れ、以て其の盡るを待たんと欲す、如何と、恒福曰く、吾は吾が足麻《しび》る時を待て、爪を以て寸斷し、唾に和し鼻端に付し、以て其の盡るを待

たんと欲す、如何と、衆大に笑て曰く、吾輩の壽は、數百年に過ぎざるも、子帝の壽は、浩刧を歷るも終る無き也と、蓋し俗に言ふ、足痲すれば則ち、鬚を折り唾に和して、鼻端に付けば則ち癒ゆが故に云ふ也。

◎妓生。仵作人に翻弄さる。

京城に第一の名妓有り、名は加地字を可拾と云ふ、琴歌に妙に、善く調謔す、但だ色貌凡を出づる而已に非ざる也、縉紳名宦花柳の筵に、此妓無ければ殊に索然たり、一日の夕べ、路にして許作人(屍体取方付けの奴)を見る、破衣垢面、屍を負ふて去る、加地は面を掩ふて視ずして曰、長安の女子肯て這の奴の妻と作る有らんやと、仵作人之を聞て大に怒を含み、異日人の衣冠を假り、人の重貨を假り、以て妓を呼ぶ、加地は之を覺らざる也、同枕を許すと四五夕、遂に壽襚裹を以て、一物を封じ、之を納れて去る、加地甚だ喜び、後ち開て之を視れば、即ち死兒の屍也、加地大に愕き、地に倒れ絕ゆるに垂んとす、其の口に出して之を言はんとを恐れ、盡く受くる所の貨を歸して、之を絕てりと云ふ、又た曾て中朝人に仍て聞く南京に一花子有り、繿縷蓬頭、銀五兩を巾の後に挿みて、名妓の家に入り宿を求む、妓大に怒り杖を捧げて之を敺つ、花子門を出で顧みずして去る。妓其の巾の後ろに挿める銀を見るや忽ち手を擧げ之を招て曰く、來れ、吾が前面に看る的は好からざるも、後面に看る的は、大に好し、與に共に宿せよと、銀の盡るや又た忽ち逐り出せりと云、妓女の輕薄、天下同然と謂ふ可し。

◎科擧に僞着多し

我か東の中古、科擧の規を嚴にせんと欲し、士子の擧に應ずる者は、知と不知とに論無く、六品以上は、官皆な押署して之を與ふ、士子も亦た多くは壁に向て僞り着け、名を錄し擧案に赴く。四館も壁に向ふ者を究問せず、鄭林塘相國、新たに六品に出で、其の押は最も僞摸し易し四館會議して、眞僞を辯せんと欲し、其の擧を停め、弊習を懲らさんと、其の案を聚めて、林塘の所に送り。眞僞を辯せしむ、林塘書を以て、之に報じて曰く、皆な吾が着する所也、或は坐して之を着、或は臥して之を着。或は睡に和して之を着る。着ると同じからずと雖、皆な吾が着る所也と、四館閧堂大に笑ひ。復た眞僞を辯せず。聞く者皆な其の眞宰相たるを知ると云ふ。

◎麗李二朝に於ける詩文の大家。

大観齋沈義、夢書を記して、吾が東方文人才士を歴擧す、崔孤雲を以て天子と爲し、乙支公(文德)李益齋齊賢、李白雲奎報(共に麗朝の文臣)を相と爲し、李牧隱を文衡と爲し、自家を奎壁府大學士、北壁の主坐と爲し、陳澕、鄭知常を東西壁と爲し、崔猊山瀣、李稼亭穀、李樵隱仁復、李霽亭達衷、鄭雪谷補林、西河春、鄭三峯道傳、崔櫟翁滋、金濯纓馬孫、南秋江孝溫、は之を掌文書の任に置き、卞春亭季良を以て知印と爲し、俞斯文好仁を胥吏と爲す、又た金時習を以て賊將と爲して、自家單騎壘に詣り、降を受けて凱旋すとし、夢に託して說を爲し以て藝苑の月朝に揭ぐ。沈義の文章たる、放逸不羈、前輩を壓倒し、視ると衙官輿儓の若し乙支公を吾か東詩學の祖宗と爲すか若きは、則ち固り敢て抗衡せず、鄭司諫の淸新俊逸に至ても、亦た豈に肯て沈に讓て、北壁に坐せん耶、其の權衡する所、未だ如何を知らずと雖、而かも西京文章の見、古人を推す者、亦た見る可き也。

◎箕都練光亭碧の楹聯。

箕都の練光亭、浮碧樓、皆な金學士黃元の詩

長城一面溶々水。　大野東頭點々山

の句を以て、刻して兩楹に揭ぐ、即ち戊辰年の監司徐營輔の筆にして、近ごろ又た節使李尙晩秀の詩有り

萬戶樓臺天半起。　四時歌吹月中還。

副使洪尙書義浩の詩に

風烟不盡江湖上、　詔句長留宇宙間。

書狀洪相國奭周の詩に

黃鶴千年人已遠、夕陽回棹白雲灣。

冬の一聯を以て合成して書揭す。

◎箕都の詩話

柳西坰、儐使を以て、天使熊を迎え、箕城の南湖に遊ぶ、熊使先づ製して一律を示す、甚だ自ら多とするもの色有り、詩に曰

來往成二塵跡一、江山自勝遊、
盛衰多二感慨一、今古一沈浮、
積水通二鰲極一、晴雲結二蜃樓一、
趁茲風日好、但醉莫二深愁一。

西坰即席和進して曰、

古國千年地、淸樽半日遊、
雨晴雲業散、風急浪花浮、
赤壁蘇仙月、靑山謝眺樓、
江南宛相似、莫レ作二異鄕愁一、

天使擊節して嘆じし曰、赤壁靑山の句、語意天然に渾成して、一字勉強の處無し、盛唐に置くと雖、多く讓るを須ゐず、今日以て吾が膝を屈す可しと、自後益々重んず。

崔東皐岦、箕城に寓し草堂を搆え、扁するに簡易を以てす、時に李月沙儐使と爲り、李芝峯延慰

と爲り、朴南郭東說、李東岳、洪鶴谷、從事官と爲り、金南窓玄成、車五山、柳石洲、製述官と爲り、來て箕城に會す、皆な一時文章の巨公也、簡易堂酬唱詩有り、月沙東皐に和するの詩に曰、

季世寥々大雅亡、　詞源宗派孰能長、
千秋筆下傳二秦漢一、　百鳥喧中見二鳳凰一、
休レ恨他鄕負二桂玉一、　天敎二此老富二篇章一、
論文倘許レ傾二家釀一、　乘レ興還須レ過二草堂一、

芝峯和して曰

休レ道騷壇李杜亡、　知公文焰與レ爭レ長、
高名今古瞻山斗、　美瑞賢愚識鳳凰、
開レ逕蓬蒿追二蔣詡一、　滿船書畫比二元章一、
詩中物色分留少、　更把二何詞一揭二此堂一

諸公の推許此の如し、東皐、一代文章の盟主たる見る可き也。

壬辰の亂後、樓觀多くは燼毀し、戊申の年練光亭を初て葺す、翌年春、詔使出で來る、一行

を儐接し、玆の亭に登り遊ぶ。儐使柳西坰、適ま疾有り之に與からず、詩を作て之に寄せて曰

西來强厭道路脩、　眼豁浿江々上頭、
危亭縹緲可レ騁レ望、　遠客登臨聊寫レ憂、
鳳鳥猕馬不二復見一、　石窟荒坮今尙留、
靑山隱々月未レ吐、　萬古滄波空自流、

從事官希逸、之に和して曰、

亂後樓臺略己脩、　舊亭新闢古城頭、
春江縱對渾無レ興、　練日繞經尙抱レ憂、
老病政須二長寂寞一、　驅馳何暇少遲留、
西巡昔歲叨隨レ勒、　今夜懸レ灯涕泗流、

製述官軍天輅、之に和して曰

七寶精怪玉斧脩、　淸輝無二復碧雲頭一
霧垂壓レ地還迷レ望、　江動掀レ天未レ散レ憂、

不レ見風光共流轉、　休レ言物色少分留、
憑レ欄幸得賓朋會、　敢惜更深燈涙流、

西堈の吟咏三作有り、未だ優劣を定めず、時に崔東皐、箕都に寓居し、亦た其の會に參ず、崔の詩最も後に至る、詩に曰

文學同盟豈待レ修、　閑忙此遇白交頭、
一年春動消二江雪一、　千里恩來慰二國憂一、
故遣二老成一頻出逆、　非レ關物色有二分留一、
行塵唐突惟酬塞、　却畏新地第一流、

西堈拳を拍て曰、此の老倔強猶は昔の如し、謂つ可し、末に至るの相如、客の右に居ると。

◎平壤の佳妓

韓斯文、使を奉じて平壤に到る、妓に勝小蠻なる者有り、色藝倶に絕す、韓頗る意を屬す、官令して、蠻をして枕を薦めしむ、蠻は他に狎客有り、韓の醜老なるを怒り、燈を背にして座し俄にして遁れ去る、韓詩を作て曰

平壤佳兒勝小蠻、　年纔二八玉容顏、
縱然未レ遂二元央夢一、　却勝高唐夢裡看、

◎箕子廟の詩

詔使張瑾、箕子廟の詩に曰、

當時忠義忤二商王一　隱忍爲レ奴社稷亡、
白首有レ封逢二聖武一　黃泉無三面見二成湯一

南秋江之れを非として詩を作て曰

武王不レ惜レ受、　成湯豈恕周、
二家革命間、　聖人無二怒尤一
狡童逞二驕淫一　不三我聽二嘉猷一
家亡道不レ亡、　爲レ周陳二九疇一
洛書道有レ傳、　彜倫明二九州一
乃知道公器、　傳受無二親讎一

小人張瑾者　平生生二疑謀一

以下師二武王三事上　指爲二黄泉差一、

蚍蜉撼二大樹、　螻蛄昧二春秋一、

故都麥漸々、　浿江流悠々、

田間遺井劃、　大野桑麻稠、

人庇物情孚、　至今禮樂區、

西遊謁二詩宇一　神靈儼若レ留、

人の見る所、相ひ遠き此の如き有り。南の詩の如きは、箕子の心事を説破して、餘蘊無しと謂ふ可しと。時人評せりと云ふ。

◎金富軾。大に鄭常知に叱らる。

金富軾、雷川と號し、高麗の肅宗及び仁宗の朝に仕へ、寶文閣待制たり。妙淸の西京に叛旗を翻すや、富軾元帥と爲り、之を平らぐ、後ち命を帶びて、三國史記を編纂す、蓋し朝鮮古書中最古のものと稱せらる。富軾七十の老翁を以てして、五十卷の大著を爲す、其の後世に名

有る宜べなりと謂ふ可し、諺に傳ふ、富軾、西賊を平げるの後、樓船に宴飮し、酒酣にして詩を吟じて曰く、

楊柳千絲綠、　桃花萬點紅、

と忽ち空中に聞く、鄭知常怒聲して罵つて曰、汝能く柳絲桃蘂を數え得て、的に其の箇を知る乎、何ぞ

揚柳絲々綠、　桃花點々紅、

と言はざる乎と。

◎浮碧に非ず。埋沒也。

岑南に一好古の人有り、浮碧樓の勝景を聞き、必ず之を見んと欲し、一敎日然として興を發し、芒鞋竹杖、中和に入る、行資已に竭き、朝より食を得ず、匍匐して來り、大同を渡つて浮碧に上り、欄に倚て觀んと欲すれば、則ち目眩し頭垂れ、心腸雷吼、幾んど死に垂なんとして、永明寺に下り、徐に居僧に謂つて曰く、吾れ南方に生長して、飽くまで此の境、風景の好きを聞く、今乃ち知る、浮碧の此の如く埋沒するをと。

◎麗末の義臣。趙狷。

趙狷、初め名は胤、浚の弟、鄭圃隱(夢周)と道義の交を爲し、共に王室を翊輔し、官知申事に至る、麗末に兄浚の、撥亂反正の志有るを知り、泣て謂て曰、成が家は喬木に非ずや、當に國と與に存亡す可しと、浚は其志の奪ふ可らざるを知り、故らに胤をして岑南に逃接せしむ、詩有り曰く。

三年再過驛南樓。 細々梅香勸少留、
擧レ酒消レ憂堪レ送レ老、 平生此外不レ須レ求、

未だ還るに及ばずして、麗亡ぶ、胤痛哭して、流頭山に入る、我が太祖擢んでゝ戶曹典書を拜せしむ、書して以て之を招く、胤曰く、願くは松山の薇を採らん、聖人の氓たるを願はずと仍て名を改めて狷と曰ふ、狷の字たる犬に從ふ、蓋し國亡びて死せず、犬に類する有り、且つ犬の主を戀ふの義有るに取る也、流頭より轉じて淸溪山に入る、高峯に涉り松京を望み毎に痛哭す、後人其の峰を指して、望京峯と曰ふ、太祖嘗て淸溪に幸す、狷面を韜んで出でず、太祖其の節を嘉みし、賓主の禮を以て見わんと、狷始めて出で見ゆ、揖して拜せず、

語多く諱まず、而かも太祖皆な之を容れ、還るに臨んで、命じて、封ずるに淸溪の一曲を以てし、居住に任便せしめ、又た石室を築く、而も猶終に居らず、楊州の松山に移住し、因て以て自ら號とす。

◎五禮儀註の著者。李承召の逸事。

李承召、字は胤保、三灘と號す、官禮曹判書に至る、人と爲り器局凝定、博覽强記、禮樂兵刑通曉せざる所無し、世祖の朝、淸儉を以て稱せらる、上宦者に命じ、其居を覘はしむるに草屋三間に居る、上召し問ふて曰、卿官は六卿に居り、居風雨を蔽はず、又た祠堂無きは何ぞやと、對て曰く、臣が家は平壤に在り、長兄祀を主どる、臣は旅宦に在り、數間にして足れりと、時に兵判某入り侍す、上承召に問ふて曰、卿兵判と相ひ熟知するや否、對て曰く、知らずと、兵判頓首して曰く、臣は子女多し、故に家室を營建せるのみと、承召心に之を非とす、故に自家と門を對すと雖、一たびも相ひ見ず、今ま上の問を承け、知らざるを以て之に答ふるは此を以て也、成宗の朝命を承けて、五禮儀註を纂し、世に行はる。

◎我は是れ天上の盲。

昔し一盲者有り、開城に居る、性癡顛なり、好んで奇怪を信ず、年少に逢ふ毎に、輙ち何ぞ異事有りやと問ふ、年少言ふ、近ごろ大珍事有り、東街地折けると千仭、地底往來の人、歴々と見る可し、雞鳴き砧響き、歷々と聽く可し、余は其處より來れりと、盲曰く、果して其言の如くんば、大に是れ奇事なり、我れ兩目朦瞽して、縱ひ物を見る能はざるも、庶くは其旁より一たび其聲を聞かば、死する亦た憾み無しと、年少に隨て行く、終日遍く步み、迤邐として往き、旋つて其家の後岡に至る、年少曰く、此れ其の處也と、盲其家の雞鳴き坫響くを聞き、手を拍て笑て曰く、樂ひ哉々々と、年少盲を推す、盲地に墜つ、章僕故を問ふ、盲稽首して掌を撫て曰、我は是れ天上の盲なりと、又た其妻の笑聲を聞て曰、汝も亦た何時此に到れるやと。

◎妾を得んとして、吾妻を抱く。

又た一盲有り、嘗て隣人に賴り、美女を娶らんことを求む、隣人盲に謂て曰く、吾が隣に一女有り、禮織體に適ひ、眞に絕代の色也、君の言を以て之に入らば、欣然として應ずるに似たり、但だ財物を索むる太だ多きのみと、盲曰く、若し然らば則ち、財を傾け產を破ると雖、豈に吝む有らんやと。其妻の家に在らざる時を窺ひ、竊に篋囊を探て、財を盡くして以て之を與へ、遂に會せんとを約す、期に至り盲盛服して往く、妻も亦た粧を改めて隨ひ去り、先だつて室に入る、盲再拜して禮を成す、是の夜妻と同寢す、綢繆の態異常なり、妻の脊を撫して曰く、今夕は何の夕べぞ、此の良女を見る、若し飲食に比せば、汝は是れ熊膰豹胎なり、吾が家妻の如きは、藜羹糲飯のみと、厚く財物を給す、曉に至り妻先づ其家に還り、衾を擁して坐睡す、盲の門に至るを見て問て曰く、昨夜何れの處に宿せる、盲曰く、經を某相家に讀み、夜冷に因て腹病を得たり、酒を得たり酒を調し救藥す可しと、妻大に之を叱して曰、熊膰豹胎、藜羹糲飯を多食し、胸腑を擾亂す、病無からんと欲するも、得んやと、盲以て應ふる無く、始て妻の賣る所と爲るを知る。

◎東隣の我友を訪ふ耳。

京中に又た一盲有り、一年少と友とし善し、年少一日來つて云ふ、路にして小年と逢ひ、叙話せんと欲す、主人幸に別室を借せと、盲之れを許す、年少は盲の妻と別房に入り、繾綣の歡を爲す、盲來て窓外を巡つて曰、何ぞ久しきや々々。速に去れ々々、家婦若し來て之を見ば大に是れ異事譴を受るや必せりと、少焉くして妻は外より至て曰、此の間何爲れぞ客蹤有るやと、憤怒の狀の如し。盲曰く、卿よ我が言を聽け。日午東隣の辛生、來て我を訪ふのみ

◎刑罰無かる可らず。

宗室豐山守、愚騃にして菽麥を辨せず、家に鵝鴨を養ふ、而かも算計を知らず、惟だ雙々を以て之を數ふ、一日家僮、其の一鴨を烹て食ふ、宗室敎へて雙々に至り、一隻を餘す、乃ち大に怒り僕を杖つて曰く、汝ぢ我が鴨を偸めり、必ず他の鴨を以て償へと。翌日又た一鴨を烹食す、宗室數へて雙々に至り。餘隻無し、乃ち大に喜んで曰、刑罰無かる可らざる也、昨夕僕を杖つ。僕竟に之を償ひ納めりと。

◎家庭の敎訓。

尹宰臣に女數人有り、甞て百僚儀衛を備へて奉禡を迎ふる有り、士女奔波してて觀光す、尹の

の女も亦た、靚粉して往かんと欲す、公前に呼んで之に諭して曰、汝の觀光せんとする甚だ善し、然れども一言有り、汝試に之を聽け、昔し國王有り、八尺の木を庭に樹て、能く之を拔く者を慕り、千金を與へんと、凡そ朝中の士人、勇力の者有るも、咸な拔く能はず、術士云ふ、貞女ならば則ち能く之を拔かんと、是に於て、城中の婦女を庭に聚む、或は望み見て走り、或は捫撫して退く、一女有り自ら言ふ、貞節有りと、其の木を捫撫し、能く動かせども仆す能はず、女天を仰で誓て曰く、平生の節操は天の知る所也、今旣に此の如くんば死するに如かずと、咽泣自ら勝えず、術士曰く、惡行無しと雖、必ず人の外貌を慕ふて、忘れざる者有らんと、女忽ち悟つて曰、信なる哉、嘗て門に倚て立つや、一士有り、弓箭を腰にし馬を馳せて過ぐ、細眼長眉、丰姿俊逸なり、因て念ふて曰く、彼士の配と爲らは、眞に福履有らんと、此の外一毫の私無しと、術士曰く、此れ以て之に當るに足ると、女更に心に虔み誓を發し、進んで遂に之を拔けりと言ふ、今ま汝若し俊逸の士を見ば、寢席の念有る無きを得る乎と、女竟に出で行かず。

◎小僧の惡刺

上座の師僧を欺瞞ける。其談古より頗る多し、昔し上座有り、僧に謂て曰く、鵲有り、銀筋を含み、門前の刺楡に上れりと、僧之れを信じ、攀緣して樹に上る、上座大に呼んで曰く、吾が師は鵲の兒を探り、炙て之を食せんと欲すと、僧狼狽して下る、芒刺盡く其身を傷つぐ僧怒て之を撻つ、上座夜に乘じて大鼎を僧出入する所の門戸に懸け、大に呼んで曰く、火起れり々々と、僧驚き遽にして起つ、鼎の爲めに頭を打たれ、眩迷して地に仆る、良や久くして出で之を見れば、則ち火無し、僧怒つて之を責む、上座曰く、遠山に火有り、故に之を告ぐるのみと、僧曰く、自今只だ近火を告げよ、必ずしも遠火を告ぐるに及ばずと。

◎大事去れり

又た上座有り、師僧を欺て曰く、吾が隣家に寡婦有り、年少にして姿色有り、常に余に謂て曰く、寺園の裏の柹子は、汝の師獨り之を食するやと、余答て曰く、師豈に獨り之を食せんや、每に分て人に與ふなりと、婦曰く、汝ち吾が言を以て之を乞へ、吾れ之を食せんと欲すと、僧曰く、若し然らば則ち、汝宜く之を摘み、往て之を遺る可しと、上座盡く摘み、往て其父母に遺る、來て僧に謂て曰く、婦悅んで之を甘食せり、且つ曰く、玉堂設くる所の白餠は、汝の師獨り之を食するかと、余曰く、師豈に獨り之を食せんや、每に分て人に與ふと、婦曰く、汝ち吾が言を以て之を乞へ、吾れ之を食せんと欲すと、僧曰く、若し然らば、則ち汝之を撤して、往て之に遺る可しと、上座盡く撤して、往て父母に遺る、來て僧に謂て曰く悅んで之を甘食し、乃ち曰く、何を以て汝が師の恩に報せんと、余答て曰く、師之れと相會せんと欲すと、婦欣然として之を許して曰く、吾か家は則ち、親戚僕隷多し、師は來る可らす、吾れ當に身を挺して出で、寺に詣て相ひ見えんと、余乃ち某日を以て期と爲せりと、僧雀躍に勝えず、期に至り上座を遣し、往て之を迎えしむ、上座寡婦に謂て曰く、吾が師に傷肺の疾有り、醫言ふ、婦人の粉鞋を煖め、腹に熨せば則ち愈ゆ可しさ、願くは一隻を得て歸らんと、婦遂に之を與ふ、來て門屛より之を伺へば、則ち僧は禪室を掃ひ、褥席を設け、獨語して笑て曰く、余は此に居り婦は此に居らん、余は飯を勸め婦は之を食ふ、余は婦の手を携え、房に入り與に歡む可しと、上座遂に入り、鞋を以て僧の前に擲て曰く、大事去れり、余は婦に請ふて來り、婦は門に到て師の爲す所を見、大に怒て曰　、汝は我を誑せり、汝の師は狂疾の人也と、蒼皇として走り還れり、余之を追へども及ばず、只だ遺す所の鞋一隻を得て來れりと、僧は首を垂れ悔恨して曰く、汝予が口に棒せよと、上座即ち木枕を以て、力を盡くして之に棒す。牙齒盡く碎く。

◎未亡人の內行。

將軍に姓李なる者有り、年少俊邁、風標玉の如し、一日轡を縱まにし大街を過ぐ、街頭に女有り、年二十二三可り、美艶異常、婢僮數人を率ゐ、盲に卜占を問ふ、將軍目送して止ます女も亦た將軍の儀を慕ふに似たり、相ひ與に注視す。將軍は卒をして、往て女の往く所を尋ねしむれば、則ち卜し畢つて馬に騎り、婢僮を率て、南門に入り、沙堤洞に向ふ、家は洞中最高の處に在り、亦た巨室也、翌日將軍は沙堤洞に入り、閭閻を出入す、適ま弓商の洞裏に有る在り、將軍は武人なり、仍て與に交を結び、日々談話して、洞裏の諸家を問ふ、弓商一々之を語る、將軍又た問ふ、彼の山麓の大宅は誰氏の家ぞと、弓商曰く、宰相某公の女、新に寡せるなりと、將軍往來出入の人を見れば、必ず其の所を問ふ、一日年少の女來て火を乞ふ、弓商云ふ、此れ寡婦の宅人也と、將軍之を知り、翌日弓商に到て情を以て之に告げて曰く、予彼の女を愛し、之を念ふて忘れず、爾ち主人に因て之を成せば、則ち死生は惟れ命のみさ、弓商邀えて其女に請ひ、報ずるに將軍の言を以てす、仍て貨布を納る、女遂に諾す、将軍曰く、汝を愛する太だ淺からず、然かも一段の情懷有り、汝能く之を聽かば、則ち徒に厚く賂ひ汝か產に當るのみに非ずと、女曰く、第だ之を言へ、將軍曰く、近ごろ汝か主を大街に見、此れより以後、神心恍惚、餐食甘からずと、女曰く此れ甚だ易きのみ、將軍曰く之を爲すこ奈何、女云ふ、明日黃昏に吾か門外に到れ、則ち我れ出でゝ之を待たんと、將軍期の如くして往く、女欣然として出て迎へ、其の房に入る、之を戒めて曰く、急速する勿れ、忍んで之を待てと、遂に戶を閉ぢ之を鎖す、將軍惶懼し、其女の賣る所と爲るを疑ふ、俄にして內間に、燈燭喧鬧の聲有るを聽く、則ち主婦厠に往く也、其女來て遂に將軍を挾んで入り、諸れを內閨に置く、復た戒めて云ふ、之を忍べ々々、忍ばずんは謀敗れんと、將軍遂に暗房に投ず、俄にして又た燈燭喧鬧の聲有り。則ち主婦室に入るなり、羣婢皆な退く、婦は衫を脫し、盥面塗粉す、玉分皎潔なり、將軍意に謂へらく、我を迎ふならんと、梳盥畢り遂に銅爐に就き、炭を熾んにし肉を炙り、又た酒を銀盂に煖む、將軍意に謂へらく、我に饋る也と、將に出でんと欲す、忽に彼女之を忍での言を念ひ、姑く坐して又た之を待つ、俄にして沙を亂だし窓を撲つの聲有り、主婦起て窓を開て入らしむ、則ち乃ち一の偃蹇たる丈夫也、遂に主婦を抱て之を挑む、將軍膽落つ、出でんと欲して得ず、少焉くして丈夫と主婦と並び坐し、肉を食ひ酒を飲む、丈夫帽を脱すれば、則ち凛々然たる一髠首なり、將軍思ふて之を制する有り、房中を捜り長繩一把を得たり、僧主婦と同じく臥す、將軍突出して、繩を以て僧を柱に縛し、棒を以て之を亂打す、僧哀呼して已まず、將軍主婦と一たび歡を叙し、將軍云く、軍中に新禮を行はんと欲す、汝能く之を辨する乎と、僧曰く惟れ命のみ、遂に新禮の宴具を給す、將軍婦の家に來往し、婦も亦た將軍を愛し、歲を經て替らずと云ふ。

◎文廟の制度。

文廟の制たる、中國は則ち塑像、本國は則ち位版を用ゆ、唯だ開城、平壤二府の學、塑像を安んず、亦た元の時、中國より來る者、嘉靖丙戌年間、皇帝天下に令して、孔子及び配享諸賢の像を毀たしめ、栗木を用て版を作らしむ、又以爲らく、孔子は大聖也、其位無くして尊んで王の號を以てするは僭也、必ず享けずと、遂に大成文宣王の號を去り、位版に題して至聖先師孔子之位と曰ふ、是より先き、皇帝學に幸し將に祭らんとし、擅上に立ち、將に拜せんとする者の若し、鴻臚官唱て曰く、孔子は魯の國の陪臣なりと、遂に止めて拜せず、是に至て以爲らく、既に尊ぶに先師を以てす、天子と雖亦た當に師を拜す可しと、遂に拜するの禮を行ふ、但た像を毀つの詔は、本國に到らず、故に開城平壤の學は、舊像尙ほ存せり、今上の朝萬曆の間、毀て位版を用ゆ、蓋し漢より以來、天子孔子に謁して再拜を行ひ、明の永樂中に、始て天子四拜の禮を行ふ。

◎其名支那に傳る者有り。

新羅聖德女主の詩、唐詩品彙に載す、高麗人參の贊は、本草に載す、三椏五葉、陽に背き陰に向ふの語、唐より以來、詩人多く之を使ふ、李奎報、金克己、金坵、李齊賢、朴仁範、李穀父子、申叔舟、成三問、徐居正の詩、皆な中國に流布す、近代又た傳ふ、本國の京に朝する者、東坡詩を買ひ求む、中國人曰く、何ぞ貴邦の李相國集を讀まざるやと、又た傳ふ、中朝鄕試錄に、金馹孫の中興對策全篇を載す、此を以て之を觀れば、本國の人才、中國未だ必すしも輕少せず。

◎頓才を以て二句を足す。

成謹甫、嘗て燕京に赴く、人有り、白鷺の圖に題せんとを望む、而して其の本を示さず、公

筆を走らし、先づ上二句を成して曰く

雪作二衣裳一玉作レ趾、窮レ魚蘆幾渚多時、

是に於て書を出だし之を示すを見れば、乃ち水墨の圖也、遂に之れに足して曰く

偶然飛過山陰縣、　誤落二羲之洗硯池一

◎名人の筆跡。

近世申判書公濟、東國の名人筆跡を聚めて刋行す、崔致遠より以下凡そ若干人、名けて海東名跡と曰ふ、嘉靖丁亥、余愼公自健に謁す、公曰く、海東名跡中の、朴耕書一幅は、余の寫す所也、申老は朴の子弟に得たるも、其の眞に非ざるを悟らずと、噫朴の死せるは、名跡聚を距る纔に十許年、申老も亦た具眼と號さるも、而かも猶ほ此の失有り、其の遠く百年の外に在る者、安んぞ能く其の眞贋を保せんや、愼公自ら楷法の傳ふ可き有り、而も誤り認めて朴の筆と爲す、其の謬り甚し。

◎通譯の力。二百人の性命を活かす。

金同知世淬、嘗て軍官を以て燕に赴き、漢語を傚ふ、聲音似ずと雖、而も常用の言は、尙ほ十に一二に通ず、人に逢ふ毎に輙ち漢語を説く、人頗る之を笑ふ、嘉靖乙巳、福建の漂流人民、湖南興陽に泊す、縣官蘇逮、鹿島の僉使張明過等、以て和賊と爲し、前後三百餘人を斬る、又た一船海島に泊す、時に金は水軍節度使領軍と爲り、馳せ往て其の衣服を見れは、唐制に似たり、漢語を以て之を問ふに、乃ち福建の民也、遂に京に押送す、總じて二百人、皆な轉じて遼東に解く、而して蘇逮及び張明過、將に極罪に抵らんとし、適ま赦免に遇ふ、金の漢語、竟に二百人の性命を活かし了す、豈に笑ふ可きに非ずや。

◎將に臀を燒かれんとす。

朴上舍敦復なる者有り、常に其妻の熟寢せるを伺ひ、出でゝ群婢と狎ること屢ば々也、一夜朴また耳を妻の鼻に付け、以て其の睡りを候ふ、其妻之を覺り、佯り息む、朴乃ち脫して婢の所に走る、妻乃ち内より窓戶を瑣し、急に呼で曰く、這の間に盜賊來るありと、悉く諸僕を起こし、炬を擁して窮尋すれども迹無し、一廳の板下を見るに、男子の赤臀露出する有り其の首は凹處に入り、誰たるを知らず、必ずや是れ賊也と、將に炬を以て之を燒かんとす、一婢手を揮り遮に止めて曰く、厥の臀は朴生員主の臀也と、奴輩其の脚を曳て之を出だせば果して朴也、翌朝將に食せんとす、朴の妻、上飯の添羹を除き、其の婢を招き之を賞して曰昨夜郎君誠に誤てり、余の戯れも亦た過ぎたり、倘し汝の之を止むるに非ざれば、亦た其の臀を燒かざらんやと、婢は飯を受て其の體逡巡す、朴の妻悟つて曰く、生員主の臀、汝何ぞ能く之を知るやと、婢飯を擲て走り去る。

◎尼僧は却て望む所也。

金判院孝誠なる者、頗る嬖妾多し、夫人も亦た嫉妬甚しきに過ぐ、一日孝誠外より還る、忽ち見る夫人の坐隅に、緇染の苧布一匹有り、公問ふて曰く、此の緇布は何の處に用ゐて、夫人の坐側に在るやと、夫人色を正だして曰く、公衆妾に惑ひ、伉儷を見ると仇敵の如し、故を以て妾決然として出家と爲らんと欲し、乃ち此を染る耳と、公笑つて曰く、僕本と好色、女妓女醫より良人賤人、紲首針線の婢に至るまで、苟も姿色有れば、必ず皆な之を私す、而かも尼僧に至ては、獨り未だ一たびも近つけず、卿能く尼僧と爲らば、是れ僕の志也と、夫人竟に一言無く、手に緇衣を取て地に投す。

◎書冊を以て婚夕の禮物と爲す。

兪先生孝通、子有り皇甫政丞仁に娶す、世俗其の富豪に娶る者、必ず珍寶を以て之を函に盛り、擔ふて以て先導して禮物と爲す、多き者は三四函に至る、兪子も亦た二函を以て禮物と爲す、皇甫氏函を促しして入り、客に對して之を開く、皆な書冊也、滿坐愕然たり、後に皇甫氏兪に謂て曰く、婚夕の函に、何ぞ書冊を用るやと、兪曰く、黄金贏に滿たんよりは、子に敎るの一經に如かず、婚夕の函、何を以て書冊を用ゐざらん乎と。

◎國中第一の壯觀。

朴淵瀑布は天下の壯觀也、天磨聖居兩山の間に在り、石中に淵有り、周り五六十尺許、深くして底無し、中に石島有り、十餘人を坐す可し、世に傳ふ、高麗王此の地に遊ぶ、龍有り石島を慽かす、王怒て龍を笞つ、故に水今に至るも血を帶る色有り、淵下に復た老嫗潭有り、亦た深さ測る可らず、老嫗潭より瀑布を仰ぎ覿れば、則ち匹練の天穴より躍出するが如し、石屛に從て直下し、飛雨晴淡たり、一洞の高さ百餘尺、大雨地に澣ぎ、落葉山を卷くと雖、一點の塵滓無く、澄瑩觀る可し、亦た靈異の大なる者也。

◎古代の畫軸。

吾か東方の作者、古へ多く聞くを得ず、高麗の李寧が天壽院圖、中國に稱せらる、破閑集に詳に其の事を言ふも、而も其蹟の傳る罕れなるは何ぞや、匪懈堂は古書を雅愛し、且つ其法に通ず、人の藏する有るを聞けば、價を兼ねて之を取り、窮搜積歲、多きは數百軸に至り唐宋の古物、敗絹殘牋と雖、收玩せざる靡し、李寧若し果して世の珍賞する所たらば、何ぞ匪懈堂書記中に取られざる耶、人亡びて未だ久しからず、泯沒傳る無きは、此れ疑ふ可き也恭愍王は大字を善くし、且つ丹青に工みなり、阿房宮の人物を畫き、小は蠅頭の如きも、冠衫帶寫、纖悉備さに具り、精細與に儔ひし難し、所謂獨り治國の一事に於て、能はざる者歟李朝の安堅、字は可度、小字は得守、池谷の人也、博く古書を閱し、皆な其の用意深處を得たり、郭熙を式とすれば、則ち郭熙たり、李弼を式とすれば、則ち李弼たり、刹融たり馬遠たる、應向せざる無し、而も山水は最も其長なり、姜仁齊希顏、書畫詩を善くす、時に三絕と稱せらる、墨戲小景を喜び、虫鳥草木人物を爲すは、筆を施す頗る草疎、而かも自ら生氣有り、其の調䛆濃郁の態、本家の色相に及ばず、而かも詩は翁の餘韻、固り當に書史の格外に在り、今の好事者貯る所は、率ね多くは元人の蹟、郭熙、李伯時、蘇子瞻の眞筆も亦た多く傳はる、其の間眞贋模本、混雜辨する莫き者多し、當に具眼者と與に道ふ可き也、高麗の忠宣王燕邸に在り、萬卷堂を搆え、李齊賢を召き府中に置き、元の學士、姚遂閻、復元明、趙孟頫と遊ぶ、圖籍の傳、閫秘する所多し、其の後魯國天長公主の來るや、凡そ什物、器用、箇冊、書畵等の物、舡に載海に浮び、今時傳はる所の、妙繪寶軸、多くは其時に出で來ると云

◎元旦の行事。

元朝に屠蘇酒を酒むは、古俗也、少者先づ飲み、老者後に飲む、今の俗又た元朝に於て、晨に起き、人に逢ひて其名を呼び、人之に應ずれば則ち曰く、我が虛疎を買へりと、是れ乃ち癡を賣り、皆な災厄を免る所以也、余嘗て東人元朝絶句を愛す曰く

人多先レ我飲二屠蘇一。　已覺衰遲負二壯圖一。
事々賣レ癡癡不レ盡。　猶將二古我一到二今吾一。

余（沈守慶）八十の元朝に於て、戯に其韻に次して曰、

微軀多病少ニ醒蘇。　八十康寧是不レ圖。
何用ニ賣癡一先飲酒。　詩場强敵可ニ支吾一。

◎婦人の能文者。

婦人の文を能くする者、古に曹大家、班姬、薛濤の輩有り、殫く記す可らず、中朝に在ては奇異の事に非ざるも、我國に在ては罕に見る所、奇異と謂ふ可し、文士金誠立の妻許氏有り即ち宰相許曄の女、許筠の妹也、筠は詩を能くするを以て名有り、而も妹頗る勝ると云ふ、景樊堂と號し、文集有り、白玉樓上樑文の如き、人多く傳誦す、詩も亦た絶妙なり、早死惜む可し、文士趙瑗の妾李氏、宰相鄭澈の妾柳氏、亦た名有り、識者以爲らく、婦人は當に酒食是れ議す可し、而かも其の蠶織を休め、唯だ吟哦を事とするは、美行に非ざる也、吾が意は則ち、其の奇異に服す。

◎科擧の制。壬辰後に紊る。

科擧法典の內、只だ式年有り、別試は則ち近代に出づ、或は四書三經を、抽柱して講じ、或は全く之を講せず、聖庭に謁して之を試るか如きは、人尤も句節を爲す、儒生の講書を勉めざるは、實に別試の頻數なるに由る也、壬辰亂後、式年を擧げず、別試尤も頻にして、全く講經を廢し、科擧の模樣を成さず、嘆ず可き也。

文科式年の初試、成均館は生員進士の丹点、滿三百の者を以て、五十人を取る、蓋し進士の館に居るを勸むる也、養賢館を館の傍に設け、別に米豆を儲え、毎日二百人の供に給す、而も生員等は館に居るを樂まず、故に又た丹点赴試の法を立て、丹点三百の者は、館試に赴くを許し、一百五十の者は、漢城試及び鄕試に赴くを許す、其の培養勸勵の意至れり、然も所謂館に居るは、乃ち其の晝夜之に居り、先聖に侍衞し、讀書に勤勉するを欲す也、而るに今の館に居るもの、名有つて實無く、徒らに試に赴くの圖を爲す、豈に寒心せざらんや、朝夕食堂に坐し、食し訖るや名を冊子に署し、其の名を薄に置くを計り、之を丹点と謂ふ、或は一も館に居宿せざる有り、其家より朝夕往て食堂に參じ、名を冊子の後に署し、即ち家に還り、以て三百點と爲す、此れを館に居ると謂ふ可けんや、壬辰亂後、式年擧らず、丹點も亦た廢す、尤も慨す可き也。

◎使命の風紀壞敗。

使命の外に出づるや妓有り、各官例して枕を薦むるの妓を定む、而も監司は則ち風憲の官たり、本邑に薦枕すと雖、駄載して行くを得ず、亦た舊例也、姜晋川渾の嶺南を按する時、星州の妓銀臺仙に鍾情す、一日星より列邑に巡向し、扶桑驛に午憩す、驛は乃ち州の半程なり故に妓も亦た隨て徃く、暮に至て別れ去るに忍びす、仍て驛に宿す、翌朝詩を題し之に贈つて曰く、

扶桑館裡一場歡。　宿客無レ衾燭燼殘。
十二巫山迷二曉夢一。　驛樓春夜不レ知レ寒。

と盖し寢具は己に開寧に送り、未だ取り還るに及ばず、故に衾無くして宿する也　又た一監司有り、妓と上房に宿す、曉起厠に行く、從者密告して曰く、公起ち出づるの後、年少人有り、猝に房內に入り、妓を犯して出づ、駭く可し々々と、監司笑て曰く、爾ぢ復た言ふ勿れ渠れの物を吾れ借つて奸すなり、本夫の事何ぞ怪むに足らんやと、晋川の法を守る、監司の洪量、難しと謂つ可し。

◎麗朝の書家。

高麗の李奎報、陳澕、共に文章一時を動かし、翰林の別曲たり、所謂李正言、陳翰林の雙韻走筆は、即ち奎報と澕と也、兩人走筆を以て名を齊うす、李は官太保平章事に至り、陳は官右司諫に至る、其の年短未だ知る能はざる也、徐居正撰む所の筆苑雜記に曰く、東國の筆法は、金生を第一と爲し、姚學士克一、僧坦然、靈業之れに次ぐと、李奎報の評論、崔忠献を以て第一と爲し、坦然を第二と爲し、柳紳を第三と爲す、權貴に阿附するは公論に非ざる也若し權貴に阿附するを以て名を得ば、則ち文章何ぞ觀るに足らんや、其の杜門の詩に曰く

爲レ避ニ人間ー謗議騰。　杜レ門高臥髮鬅鬙。
初如ニ蕩蕩懷春女ー。　漸作ニ寥々結夏僧ー。
兒戲牽レ衣聊足レ樂。　客來敲レ戶不レ須レ譍。
窮通榮辱皆天賦。　斥鷃何曾羨ニ大鵬ー。

當時も亦た必ず重謗有らん。

◎滑稽

金公亮、一目眇にし性躁急なり、人の其眇を言ふ者有れば、輙ち大に怒る、一時同遊の者、窃に戯謔銷笑す、而も半隻盲瞞等の語に至ては、皆な相戒めて敢て輕しく發せず、鄭弘文なる者、金に謂て曰く、人須く度量有る可し、公何ぞ人の謔浪の言を聽て輙ち怒るや、人公の貴たるを恐れ、度量を欠くとせん、金曰く、嗚呼是れ何の言ぞや、吾れ何ぞ怒て是の若くせんやと、鄭曰く、吾れ今ま公を罵るも、公能く怒らざる乎、曰く何の怒ることか之れ有らん、曰く眞に能く怒らざる乎、曰く天日の如き有らん、然る後鄭大聲に訴罵して曰、此の盲漢、汝は是れ半體なり、一人を成さず、汝も亦た人乎、死せずして何をか爲すと、金慚憤に勝えず、怒色勃然たり、然かも業に怒らざるを以て相ひ許す、敢て一聲も枝梧せず、又た他日談話の間、蔡著之なる者徐に金に謂て曰く、公の目は藥の治す可き有り、第だ公知らざるのみと、金之を厭惡すと雖、亦た治す可きの言を以て、自ら萬一を倖せんと冀ひ、遽に曰く第だ之を言へ、蔡曰く甚だ善し々々、金又た曰く、第だ之を言へ、金曰く、方に酒を飲み大醉し、利刀を用て眇目中の病眸子を割取し、一歳兒狗の眼睛を以て、急に之に投せば、血未だ冷えずして肉合して、能く視るを得んと、金頗る之を然りとし、首肯する者再三、蔡乃ち大言して曰、然せば則ち甚た善し、但だ人の遺失を見れば、則ち膏粱盛饌と爲す、是れ知らざる可らざる也と、滿座絶倒す。

◎壬辰の亂に於ける。城中の擾亂。

萬曆壬辰夏、和賊海を渡て境に入り、連に邊城を陷れ、復た枝梧する無く、長驅して至る、李鎰の兵は尙州に敗れ、申砬の軍は忠州に沒す、廿九日の夕、羽書忽ち至る、翌曉大駕廟社の主を奉じ、東宮及び中殿の諸嬪と與に、雨を冒し蒼黃として、行て臨津を渡り、東波驛に宿し開城に至り、轉じて關西に向ふ、宗室及び文武百官、中途にして逃げ散じ、多くは扈從せず、僉知成世寧、前直長成世康の如きに至ては、士大夫と七品食祿の臣を以てして、城中に安居し、和に臣服す、世寧は孫女を以て、和將に妻はして寵を得、一洞賴て以て安んず、宗親及び士族等、初め皆な出で畿邑に避く、世寧兄弟の安便無事なるを觀、還て城中に入る者亦た多し、三醫司より各司書吏典僕、及び雜色の類、皆な賊に服事し、市に出で交易し、平日に異なる無く、日に賊徒と杯酒相邀え、賭博戲れを爲す、尤も痛憤す可し、大駕纔に國門を出で、兇賊未だ入らざるの前、都中の人爭て大帑に入り、府庫の物互に相ひ奪ひ取る、三闕及び六部大小の公廨、一時に火を銜き、烟焰天に漲る、月を彌て絶えず、其の設心を原ぬるに、啻に兇賊の利刀より慘なるのみならず、眞に畏る可き也、天兵江を渡り、平壤の賊を掃殲するや、賊徒自ら勢ひ窮するを知り、將に退去せんと欲し、盡く四門を閉ぢ、獨り崇禮の一門を開き、夜に乘じて焚蕩し、其の都人の老少を驅て盡く之を殺す、都人の免るを得る者幾何も無し、其の中僥倖身を脱する者は、反て其の邪說を變ずるを爲し、以爲らく都に留て去らざる者は、姑く我兵の來るを待ち、內應を爲さんと欲して然る也と、民情の反覆測り難き、其の畏る可き又た此の如き也。

◎朝廷は畫賊の聚會所。

咸鏡の一道は、野人に緣り且つ藩胡有り、朝廷古へより防戍を以て重しと爲す、南北兵使と北道大小の守令と、皆な例して武夫を以て差遣す、加ふるに朝廷と絶遠なるを以て、畏忌する所無し、守令たる者も、專ら箕斂酷刑を以て事を爲し、民を視るを土芥の如くし、民も亦た書賊を以て、其の守令を目し、之を視ると仇讐の如し、間ま或は文官を擇び遣すも、望みに稱ふ者絕て少し、一北道の村氓有り、初め京城に赴く者、東小門より成均館の前路に至り其の伴友に謂て曰く、此れ何の郡邑の邑居ぞ、官舍の高爽是の如き乎と、其の伴曰く、汝知らずや、此れ邑居に非ず、乃ち朝廷書賊を聚會して、秧を長ずるの處、此の言憤激に過ぐと雖其の情矜む可く、之を聞くも亦た怪む可し。

◎蠅牧使。

武官梁某、公州の牧使と爲る、暑月に蠅多し、梁大に之を厭ひ、州中の吏胥に令し、下は伶妓僕隷に至るまで、毎朝捕へて蠅一升を呈せしめ、嚴しく法を設けて之を督す、上下爭ひ務めて捕捉し、皇々として少しも休まず、布を抱て蠅を買ふ者有るに至れり、時人之を蠅牧使と謂へり、邑を治めて蠅を捕るか如きは、則ち令して豈に行はれざる者有らん乎。

◎菜菓は土宜に隨ふ。

凡そ菜菓は、皆な土宜に隨て之を種え、以て其の利を收む、今ま東大門外の審坪は、菲菁、蘿蔔、白菜の類を種え、青坡、蘆原の兩驛は、好んで蹲鴟を種え、南山の南、李泰院の村人は好んで茶蔘を種え、紅芽を作る、京畿朔寧の人は、好んで葱菜を種え、忠淸右道の人は、好んで蒜を種え、全羅の人は、好んで薑を種ゆ、旌善の梨、永春の棗、密陽の栗、順興の海松子、咸陽晋陽の柿の如きは、他處に有りと雖、此の邑の多く且つ美なるに如かざる也。

◎雉の美なる地。

雉の美なる者は、北方を最と爲す、今ま平安道江邊の雉は、其の大なる鷲の如く、凝膏して琥珀の如く、冬に當て捕へて供進せしむ、之を膏雉と謂ふ、其の味甚だ美なり、北よりして南するに從て、雉漸く瘠せ、湖嶺の南陲に至れば、則ち肉臊せて食ふ可らず、人言ふ北方は草樹多く、飲啄に所を得、故に肥る也と。

◎潮水の來往。

潮水の往來常有り、朝なるを潮と曰ひ、夕なるを汐と曰ふ、所謂信なる者は其の期を失はざる也、越閩齊東遼瀋の境より、我が西南海に及ぶ、潮は皆な一樣なり、惟だ東海に潮無し、中朝知らず、故に先儒之を議する者無し、或は云ふ、南方は體柔かにして强を用ゆ、故に潮有り。北方は体強くしてを柔用ゆ、故に潮無しと、或は云ふ、潮の源は中國より出づ、我の西海近し、故に潮の及ぶ所なり、東海は遠し、故に潮及ばずと、或は云ふ、東女眞の域より沮洳陸に連り、東和に達す、潮源は扶桑より出で、和國を過ぎて西し、潮は連陸の地に至り迤回して南す、我の東海は其の内に在り、故に潮及はずと、此の三説未だ孰れか是を知らず。

◎誤られて新婿と爲る。

曾て一吏の姓周なる者有り、容貌極めて美也、嘗て旅して一村舍に投宿す、適ま其の主家、臭女に醮宴す、周も亦た其の餘瀝に霑はんとを冀ひ、雜て席末に坐す、夜既に深きに及んで衆客皆な散じ、新婿は酒を被り、周のみ獨り賓席に在り、主家誤り認めて新婿と爲し、揖して房に入らしむ、曉の比に主翁之を悟り、之を逐ひ出さんとす、周は女を從へ出で拜して曰く、女子の道は一たび之と相ひ契れは、終身改めず、一たび其の行を失へば、士も其の夫たるを耻づ、我をして節を失ふの人たらしめ、渠をして行を虧くの婦たらしむるは、亦た誤らずやと、主翁は舌を嘖み良や久くして曰く、奈何ともする無しと、遂に定めて婿と爲す。

◎娼に翻弄さる。

雞林に一美娼有り、長安の一少年頗る情好と爲て珍重す、別れに臨んで互に哭す、年少は行橐を以て之に贈る、娼謝して曰く、願くは君の身に切なる物を得んことをと、年少乃ち板齒を折て之に與ふ、京に還るに及んで、探聞すれば、唱は纔に別るゝや他人に適けりと。即ち人を遣して板齒を還せと令せしむ、娼掌を撫して大に笑て曰く、屠門に殺すことを戒め、娼家に契りを責むるか如きは、愚に非ずんば則ち妄也と、人有り詩を作つて之を譏て曰く

莫レ言還物恩情薄。　齒豁頭童得二壽徵一。

◎瞽能く瓦數を知る。

一の瞽者有り、數十人と與に金剛山に往て還る、道にして棟宇の制を問ふ者有り、能く對る者無し、瞽者輙ち對て曰く、佛殿の瓦溝は百二十也と、人其の故を問ふ、瞽曰く、初め到るの時、忽ち驟雨有り、瓦溜滴つて簷臼を成す、我れ其の數を捫して之を知れりと、衆歎服す。

◎無形の年齒は隱す能はず。

二人の老官有り、其の家相ひ隣す、一人は白鬚を鑷して黑きこと漆の如く、一人は白を鑷せずして、白きこと雪の如し、墨者曰く、鑷に五つの利有り、曰く醜老を掩ふ、曰く容顏を美にす曰く少年と隨ふ、曰く妻妾を悅ばす、曰く致仕せずと、白者曰く、有形の鬢髯は或は隱す可し、無形の年齒は、終に能く隱さんやと。

◎詐て却て役せらる。

嘗て一官有り、命を承けて軍額を刷定し、苛察して少しも貸さず、一人有り、杖に扶けられ膝行して入て曰く、右足蹩にして步む能はずと、官乃ち之を免し出す、其の人忘れて左足を蹩にして出づ、官輒ち拿し還して問て曰く、入る時は右蹩にして、出づる時何ぞ左蹩なると其の人猝に應じて曰く、忽ち右忘れて左せりと、官曰く、今ま汝の役を定めたり、蹩の左右は汝の之を爲すに任かすと。

◎瀑布。猪に喫し去らる。

曾て宰相有り、晋陽に出て宰す、徴歛して限り無し、山林蔬果と雖、利少しも遺す無し、寺社髡緇も亦た其の苦を受く、一日雲門寺の僧來り謁す、宰曰く、汝が寺の瀑布は、今年想ふに佳なる可しと、僧は瀑布の何物たる意義を知らず、亦た徴歛されんことを恐れ、聲に應じて曰く、瀑布は今年猪の爲めに喫し盡さると、人有り詩を作て嘲つて曰く

寒松何日虎將去。瀑布當年猪盡喫。

◎髯を黒くして少壯を粧はんとす。

一官人有り、年頗る老ひ、髯鬚半は白し、嘗て一妓を見、悦んで挑めども未た従はず、妓曰く、嗚呼何ぞ老なるやと、官人家に還り、妻君を倩ふて白髯を鑷かしむ、妻君盡く其の黒髯を去り、只だ其の白を存し、歎て曰く、寔に善く修飾せり、復た前日の髯に非ずと、官人大に喜び、妓の家に到り、宣托して謂へらく、我か面は丹の如く、我か髯漆の如しと、妓微笑して、故らに鏡を取り、屏障の間に置く、官人身を引て自ら照らせば、皤々然たる一老人な

り、大に慚て家に還る。

◎妻を畏る獨り吾のみならず。

一大將有り、酷だ妻君を畏る、一日紅青の旗を郊に竪て、令して曰く、妻を畏る者は紅、妻を畏れざる者は青と、衆皆な紅に行く、一人獨り青に行く有り、大將之を壯として曰く、我れ百萬の衆を領し、敵に臨んで鏖戰し、矢石雨の如きも、曾て少しも拙ならず、閨門の内に至ては、恩は常に勇を掩ふ、子何を修養して此に至るかと、其の人曰く、吾が妻常に戒めて曰く、三人聚會すれば、必ず女色を談ず、郎君愼んで往く勿れと、今ま紅旗の下、人の聚る甚だ衆きを見る、是を以て往かずと、大將喜んで曰く、妻君を畏るゝ獨り老物のみならずと

◎三人其の嗜を鬪はす。

三儒生有り、相ひ會して書を讀む、一人は酒を嗜み、一人は飯を嗜み、一人は餅を嗜む、三人曰く當に文義を以て勝敗と爲さんと、餅生曰く、酒を沽て食はず、時ならざれば食せず、飯生曰く、酒は厥の儀を喪ひ、餅は飲を救はず、酒生曰く、小兒は餅に啼き、餓者は飯を食

ふ、昔し堯は千鐘を飲み、舜は百榼を飲み、禹は飲んで甘しとし、高宗は命じて醴を作らしめ、康叔德は將に醉ふ無らんとし、孔子は酒有り量無し、晉平は觶を揚げ、魏文は白を浮べ伯倫は其の德を頌し、樂天は其の功を讃し、焦華は其の譜を著し、徐邈は其の聖を稱す、況んや天に酒星有り地に酒泉有り、鄕に酒鄕有り、仙に酒仙有り、古より今に至る、皆な酒を稱す、一語の餠と飯とに及ぶ無しと、是に於て大に酒を沽ひ、餠生は氣を嗅で醉ひ、飯生は盞を執て倒れ、酒生は滿を引て健飮陶々たりる而己。

◎此の風景を殺すは。是れ何人ぞ。

錦江の下流に一亭有り、昔し一按廉有り、亭上に登眺し、酒酣にして覺へず醉て舞ふ、仍て其の亭を號して按舞と曰ふ、後に一州の倅有り、重ねて修せんと欲す、監司の譴する所と爲り、未だ果さず、詩人笑て曰く

昔有二醉舞按廉一。　今有二醒吟監司一。

徐達城詩有り曰く

殺二此風景一是何人。　白頭監司眞惡客。

◎人の娼を奪ふ。

嘗て二人有り、共に民舍に同寓す、甲は嬖する所の娼を帶び、乙は呼んで嫂と爲すも心に之を欲す、一夜酒席を備へ、三人共に飲み、酒酣にして甲に謂て曰く、長夜の飲を爲さん、戯謔に非ずんば堪へ難し、吾れ先づ一戯を作さんと、乃ち衾囊に入り甲をして紐を以て封せしめ、牽攪して房中を周匝せしむ、良や久うして乃ち紐を解かんと請ひ、出で甲に語て曰く、囊中に在り甚た悶す、君も亦た能く此に堪ゆる歟と、甲又た囊中に入る、便ち甲を僻處に挽き置きて、然る後に娼と與に燭影の間に相ひ合す、主媼戸隱より偵ひ知り、翌日乙に語て曰く、昨夜の戯れは甚だ非常なり、愼んで復た爲す勿れ。

◎夢何ぞ信ず可けん。

沈斯文なる者は、貞の弟なり、學文淺からざるも、而も性、事を曉らず、癡を以て自ら處り沈晦以て禍を免る、嘗て學官考課の任を受けて、泮宮に試を驗す、賦するに畫二牛を以て題と爲す、儒生の製する所、皆な工みならず、斯文暫く席を出で、一揮して就す、文に點を加へず、書吏に付して曰く、汝に相知の儒生有らば、此を以て之に與へよと、儒生書して之を呈す、諸考官擊節歎美して曰く、此の塲屋の中、安んぞ此の作の如き有るを得んやと、斯文欣然として曰く、先生等の言是なり、此れ乃ち吾が作也と、老官皆な絶倒す、一日斯文晨に起きて泣く、兄の貞曰く、弟何爲れぞ泣くや、斯文曰く、夢に父母を見る、父母言ふ、汝は是れ小子、吾れ甚だ之を念ふ、某田某奴は吾れ汝に與へんと欲せしも、未だ及ばずして死せり、意に竟に妄る能はざる也と、吾れ是を以て悲む、貞之を聞て大に感じ、父母の汝を念ふ至れりと謂ふ可し、吾れ何ぞ是の物を愛して、地下の靈を慰めざらんやと、即ち坐上に於て劵を作て之に與ふ、貞後にして其の佯なるを知り、斯文の意を誠みんと欲し、亦た晨に起き佯て悲む、斯文曰く、兄何を悲むや、貞曰く、夢に父母を見る、父母言ふ、某田某奴は以て汝に付せんと欲し、未だ及ばすして終れりと、吾れ是か爲めに悲むと、斯文曰く、春夢何ぞ盡く信ず可けんやと、貞大に笑て已む。

◎女を以て平秀家に嫁す。

壬辰の亂に、成判書泳なる者、前承旨の寢を以て喪を守て畿甸に在り、時に呂州牧使を闕けり、其時監司は成を以て權りに呂州に牧たらしむ、朝の命に非ざる也、亂極まるを以て敢て辭せずして任に居る、朝廷之を聞き、江原の巡察を兼ねしむ、蓋し賊の江原に住するを以てなり、監司は兵を領東に避く、嶺の以西は賊兵無きが故也、時に洪牧使敎思なる者、亦た母の喪に居り、兵を避けて境に近づく、路にして過ま成泳に逢ふ、浩の其の馬より下らざるを怒り、卒をして之を拿せしめ以て之を責問す、其の浩たるを知り、責めて曰く、汝は是れ朝官なり、此の國家の大亂に當て、何ぞ敢て其の憂に預からずして、私に自ら兵を避くるやと洪曰く、父母の喪重し、何ぞ敢て忌服せん、和に降り以て身を安んせんと欲すれば、則ち人理の忍びざる所也、故に是の如く兵を避けて行く耳と、成泳面に慚色あり、俄に馬を撥して去る、蓋し成泳の叔父世寧は、和に降り、女を以て和將平の秀家に嫁せしむ、且の成泳の忌服も亦た朝命無し、故に洪は此を以て之を辱めたり、時人聞て之を快とす。

◎美人に恍惚して水を灑がる。

李分司、嘗て京に赴き、適ま街市に遊び、美人を見る、紗窓の裡に在て刺繡す、李は目注で轉せず、美人窓を開き、水を以て之に揮ふ、衣盡く濕ふ、人有り詩を作て曰く河水橋頭柳絮飛。酷探二春色一却忘レ歸。
多情忽有二窓間雨一。飛洒二分司御史衣一。

◎古より女醫有り。

朝廷、各司各官より年少の婢子を撰び、惠民署に屬せしめ、醫書を敎え、名けて女醫と曰ふ以て婦人の疾を治す。一女有り、濟州より來る、醫術を知らず、惟だ齒虫を去るのみ、士大夫の家爭て相ひ邀ふ、其の女死す、又た一女有り、其の業を傳ふ、人をして面を仰がしめ口を開き、銀の匕を以て小白虫を出す、匕は齒に入らず、齒は血を出さず、其の容易なること此の如し、又た其の術を他人に傳へず、朝廷其の罪を治すと雖、而も猶ほ告げす、此れ必ず幻術にして正業に非ざる也と。

◎温泉なきに非ず。

朝鮮の六道、皆な温井有り、惟だ京畿、全羅道は之れ無し、古書に云ふ、樹州に溫泉有りと樹州は即ち今の京畿富平府なり、朝廷曾て人を遣して尋蹈せしも、其の源を得ず、古書誤て載す歟、抑も人また之を惡で、其の源を塞げる歟。慶尙道靈山縣に溫泉有り、泉は他に比して稍や冷かなり、浴する者或は石を燬め泉に投じて熱を助く、且つ和人の浴を求る者、絡繹として絕えず、縣之を惡んで啓聞して、其の泉源を塞ぐ、東萊溫泉最も好し、泉有り匹練の如く、地より湧出す、水を引き斛を作るに、其の暖なる湯の如くにして、飮む可し、亦た酒を燬む可し、和人來朝する者必ず浴を求む、州縣其の苦に勝えず、忠淸道忠州、安富驛大道の傍に溫泉有り、泉は微溫にして甚た暖ならず、溫陽溫井は、溫暖中に適す、世宗、世祖屢ば親しく臨幸す、其の後、貞嘉王后も亦た幸し、行宮に薨ず、淸州に椒水有り、水暖かならず其の臭き椒の如し、人言ふ能く眼疾を治すと、世宗嘗て親しく臨幸す、其の後世祖、福泉寺に幸し、此に過ぎり駐蹕す、江原道に三泉有り、其の一は伊川縣の北、深山の裡に在り、世宗武を古東州の野に講じ、因て溫泉に幸す、其の一は高城縣の屬邑、古の豢猳の地に在り、即ち金剛山の東麓なり、泉は大川の傍に在り、世祖親しく臨幸す、今に至るも御室佛堂有り其の一は平海郡の西、白岩山下に在り、泉は山脊の高丘に湧き、溫暖宜きに適し、泉甚だ澄潔なり、僧信眉、大に室宇を搆え、米穀を糴し、往來沐浴の人に施與す、黃海道は溫泉最も多し、白川に大橋溫井有り、延安に甎城溫井有り、平山溫井有り、文化溫井有り、安岳溫井有り、其の中、海州の馬山温井最も奇なり、或は微温の者有り、或は大熱の者有り、泉は海に傍ふ、故に其の臭惡にして其の味鹹し、野中に三十餘處有り、或は貯て池と爲し、或は小なるを泓と爲し、或は川底に水熱くして踊み難き有り、或は濫泉濆出する有り、熱泡し湯沸き、四面泥土、暖に因て凝り、堅きこと石の如し、試に菜莖を投ずれば、須臾にして爛熟す晨昏に水氣蒸潤し、滿野烟の如く、平地は卑暖にして、土床に臥するか如し、平安道に朔州温井有り、成川温井有り、又た陽德縣に温井有り、其の水沸湯の如く、禽毛を燖く可し、龍岡縣の温井最も奇なり、水熱くして、剛忍者に非ざれば、久しく入る能はず、水を引き斛を貯へ乃ち浴するを得、泉井中に小穴有り、深沉にして底無し、疑らくは滄海と相通ず、永安道も亦た温井有り、全羅道は只だ茂長の鹽井有り。而して温泉無し、今を以て之を觀るに、温泉は多く、北方の寒涼、深山窮谷の間に在り、炎氣に因て成るに非ずして、水性も亦た歟有り、其の理未だ料る可らざる也。

◎古來の歲時記。

歲時及び名日に擧ぐる所の事一に非ず、除夜の前日、小童數十名を聚め、名けて侲子と爲す紅衣紅巾を被り、宮中に納る、觀象監は鼓笛を備え、方相氏は曉に臨んで之を驅り出す、民間も亦た此の事に倣ふ、侲子無しと雖、綠竹の葉、紫荊の枝、益母の莖、桃の東枝を以て、合して帚を作り、欞戸を亂擊し、鼓鈸を鳴らして、門外に驅り出づ、之を放枚鬼と曰ふ、清晨に畫物を戶窓の扉に附く、處容（歌謠の名）の角鬼、鍾馗の如く、幞頭の官人、介冑の將軍珍寶を擎ぐ、婦人の雞を畵き虎を畵くの類也、除日に相ひ謁するを過歲と曰ひ、元日相ひ謁するを歲拜と曰ふ、元日は人皆な事を爲ず、爭ひ聚て梟盧の戲れを爲し、酒を飮み游樂す、新歲の子午辰亥も之の如し、且つ兒輩は蒿草を聚め、園苑に燒く、亥の日を薰猳啄と曰ひ、子の日を薰鼠と曰ひ、諸司は三日を限り仕へず、爭て親戚朋僚に往き名刺を投ず、大家は則ち函を設けて之を受く、近年以來此の風頓に革る、亦た世變を觀る可き也 是の月十五日を元夕と爲す、藥飯を設く、二月初一日花朝、曉に乘じ松葉を門庭に散ず、俗言ふ、其の臭虫を惡みて針辟を作すと、三月三日を上巳と曰ひ、俗に蹈青の節と言ふ、人皆な郊野に出で遊ぶ、花有れば則ち蕊を煎じ酌を設け、又た新艾の葉を採り、雪糕を作つて食ふ、四月八日は燃燈、俗に釋迦如來誕生辰と言ふ、春時は兒童、紙を剪て旗と爲し、魚皮を剝き鼓と爲し、爭ひ聚て群を爲し、閭巷を巡り燃燈の具を乞ふ、名けて呼旗と曰ふ、是の日に至り家々に竿を樹て燈を懸く。豪富者は大に彩棚を張り。層々萬盞して、星の碧落に排するが如し、都人終夜遊觀し、無頼の少年は、或は仰で之を彈き以て樂を爲す、今は佛教を崇ばず、或は之を設くと雖、昔の如く盛ならず、五月五日を端午と曰ひ、艾虎を門に懸け、菖蒲を酒に泛べ兒童は艾を編み、菖蒲を帶と作し、又た蒲の根を採り以て鬢と爲す、都人は棚を衢市に樹て鞦韆の戯を設く、女兒は皆な靚粧袨服し、坊曲に鬧し、爭て彩索を扶け、少年群り來て之を推挽す、淫謔至らざる所無し、朝廷禁じて之を戢む、今ま盛に行はれざる也、六月十五日を流頭と曰ふ、昔し高麗の宦官輩熱を東川に避け、水に散髮し、浮沉して飲酒す、之を流頭と曰ふ、世俗因て是の日を以て名辰と爲す、水團餅を作つて之を食ふ。蓋し槐葉冷淘の遺意なりと、七月十五日、俗に呼んで百種と爲す、僧家は百種の花果を聚め、盂蘭盆を設く、京中の尼社最も甚し、婦女分集し、米穀を納め、亡親の靈を唱へて之を祭る、往々僧人は卓を街路に設けて之を爲す、今は則ち痛く禁じて戢む。中秋は翫月、九月は登高、冬至は豆粥、庚申は眠らず、亦た皆な古の遺意也。

◎一儒生の惡戯。

京に明通寺有り、盲人の會する所也、朔望の日は皆な集り、經を讀み壽を祝するを以て事と爲す、貴き者は堂に入り、卑き者は門を守り、堅く鎖して他人を入れず、一儒生有り、身を聳して窃に入り、樑棟の間に這ひ登て窺ふ、盲人有り、小鐘を擊ち將に式を始めんとす、儒生樑上より鐘の紐を引き之を高きに擧ぐ、盲更に知らず、枹を揮つて空を打つ、然る後復た鐘を下す、盲は手を以て之を捫するに、則ち鐘は舊の如し、乃ち復た之を打てば、復た空を打つ、是の如きもの數四、盲の曰く、堂中の小鐘、何物の爲めにか擧けらると、衆盲環坐して推考す、一盲言ふ、此の物當に蝙蝠の壁間に附くか爲めなる可しと、是に於て皆な起て壁を捫す、竟に獲る所無し、又た一盲言ふ、此の物當に夕鷄の樑上に坐するか爲めなる可しと是に於て爭て長竿を以て樑上に薄り、妄りに諸方を衝く、儒生竟に苦みに堪えずして地に墜つ、詳盲大に怒り、儒生を縛し爭て棰打を加ふ、儒生大失敗匍匐して還る、翌日又た麻繩數引を得て、寺の厠間に隱れて待つ、盲有り、方に來て厠に踞す、生遽に繩を以て、陽根を結び之を鉤す、盲大に叫んで救を求む、群盲爭ひ來て嘔祝して曰く、主師は厠鬼の祟る所と爲れるなりと、或は鼓を呼び藥を求むる者有り、或は鼓を鳴らして命を祈る者有り。

◎良家女の淫蕩。

於宇同なる者は、知承文朴先生の女也、其の家殷富にして、女は婉孌姿色有り、然れども性淫蕩にして檢せず、宗室泰江守の妻と爲る、泰江制す能はず、嘗て工を傭ひ銀器を造らしむ工は年少俊丰なり、女之を悦び、毎に夫の出づるを待ち、婢の服を衣て工の側に寄り、造器の精を贊美し、遂に私するを得、引て內房に入り、日に淫穢を縱まにす、其の還るを伺ひ、則ち潛に遯る、其の夫審に事情を知り、遂に之を棄つ、女は是に由て反て行を恣にし忌む所無し、其の女僕も亦た姿有り、毎に昏に乘じて靚服し、出でゝ美少年を引き、女主房に納れ又た他少年を引き之と宿を偕にし、日に以て常と爲す、或は花朝月夕情慾に勝えず、二人遍く都市に行き、故らに人の爲めに樓せらるも、其の家人は之く所を知らず、曉に到て乃ち還る、嘗て路傍の家を借り、往來の人を指点し、女僕は曰く、某人は年少、某人は鼻大なり女主に供せん、女も亦た曰く、某人は吾れ之を取らん、某人は汝に給す可しと、是の如く戯謔日無し、女又た宗室方山守と私通す、守も亦た年少放蕩、女之を愛し邀て其家に至り、夫婦の如し、其の他朝官儒生年少の無賴、邀えて淫せざるは無し、朝廷知て之を鞫し、或は拷し、或は貶し、遠方に流す者數十人、其の竄れずして免る者亦た夥し、禁府其の罪を啓し命じて宰樞に議せしむ、皆な言ふ、法に於て、死に應せず、合せて遠方に竄せんと、上風俗を整へんと欲し、竟に刑に置く、獄より出づるや、女僕は車に登り女主の腰を抱て曰く、女主魂を失する勿れ、若し此の所の事無くんば、安んぞ復た此の事より大なる者有るを知らんやと、聞く者之を笑ふ、女穢行汚俗、而も良家の女を以て極刑を被り、道路頗る話譏喧傳すと云。

◎客を拒むを以て箠たる。

水原の妓、客を拒むを以て箠たる、諸蜑に謂て曰く、於宇同は淫を喜ぶを以て罪を獲、我は則ち淫せざるを以て罪を獲たり、朝廷の法、何ぞ斯の如く不同なるやと、聞く者絶倒す。

◎人を誣すを以て事と爲す。

尹斯文統なる者、最も詼諧を喜び、常に人を誣すを以て事と爲す、家は嶺南に在り、毎に州郡を巡る、嘗て一邑に至り、妓と與に房に在り。一吏有り、往來屢ば妓に目して止まず、先先生其の異志有るを知り、夜半假寐して鼾す、妓以て熟睡せりと爲し、身を挺して出づ、先生も亦た潜に之に隨ふ、吏適ま窓外に到り、妓の手を携へて行く、妓曰く、月色水の如く、房に一人無し、宜く舞ふ可き也と、對立して婆娑す、先生又た一吏の簷下に臥睡せるを看、遂に遺す所の麥笠を取り、頭に穿て往き、其の傍に舞ふ、吏曰く、兩人歡を爲す、汝は是れ何人ぞ、先生曰く我は是れ東上房の賓也、兩君の舞袖を見、健羨に堪えず、來て歡を助くるのみと、吏惶恐罪を謝す、先生曰く、汝は官中の何物を管するや、吏曰く、工房主の皮物を管するのみ、先生曰く、皮幾張有る、吏曰く、鹿皮七張、狐狸皮數十張と、先生曰く、我れ官司に見え皮を求めん、汝其の數を隱さずして盡く之を出せ、然らすれば則ち悉く此事を陳べんと、吏唯々として退く、明日主官と廳に坐して曰く、靴を造らんと欲すれども鹿皮無し、裘を造らんと欲せれども、狐狸の皮無し、願くは之を索めんと、主官曰く、君何れより之を聞けるや、之れ有りと雖其數少なりと、吏に命じ之を出さしむ、吏盡く之を出す、先生盡く取て還る、嘗て一州に到り客館に在り、妓の白衣にして徘徊往來する者を見る、頗る姿色有り、之を問へば、則ち厥の母を喪ふ也と、先生乃ち紙一巻を覔め、斜に衣籠に挾み、之を窓外に置き、窓を閉ちて坐し、妓の到るを伺ふ、乃ち曰く、州郡を巡歷して、未だ佳物を得ず惟だ紙一籠を得たり、馬困み擔重し、何を以て持ち歸らんやと、奴其の志を知り、潛に人に謂て曰く、吾か君は妓を愛し、物を得れば必ず之を遺る、又た此の紙を何人にか遺らんと欲するなりと、妓方に喪を治め、其の言を聞て甚だ之を欲し、夜に乘じて先生の房に投入し、留つて去らず、先生誑言を以て之を誘ひ從はしめたるも、實は與ふる所の物無し、乃ち大に叫んで曰く、喪婦我が房に入れりと、妓慙ぢて早々に遁げ去る。

◎虛勢家。

朝士に辛姓なる者有り、性浮誕、常に虛勢を張り其の富を誇らんと欲す、嘗て米一掬を取り門外に散らし、客を邀て入り、地に俯して之を視る僕を叱して曰く、何ぞ天物を暴殄するや再昨日は忠清の人、米二百斛を輸し、昨日は全羅の人、米三百斛を輸せり、故に此の如く狼泿する耳と、又た姬妾の艶福を誇らんと欲し、常に脂粉を以て房の壁に塗り、客を邀て、入り僕を叱して曰く、何ぞ窓壁を汚せるや、昨夜某妓來て此の房に宿し、今曉粧ふ時爲す所也と、又た片縠を以て奴に付し、客に値ひ堂に坐し、奴は庭下に跪て曰く、某姬の段鞋繡文は花兒を用るんか、雲兒を用ゐんかと、士曰く、大雲兒を用ゆ可しと、此れ皆な一時の名妓也又た交友の尊貴を誇らんと欲し、豫め權勢宰相の名を書し、緘して奴に付し、客に値ひ來り坐し、奴は緘を持して呈上す、士は之を側に置き、故らに久しく視ず、客就て之を視れば乃ち宰相の名なり、客驚て去らんと欲す、士之を止めて曰く、此れ吾が交友也、動き去るを要せずと、俄にして奴言ふ、過ぎ去り給へりと、士笑て曰く、吾れ久しく此漢を見ず、今ま之を見んと欲せるに、何ぞ匆遽にして去れるやと、人々遂に此の虚勢を知り、皆な其の嗤鄙を笑ふ。

◎古代の貨弊。

我か國に舊と木綿無し、只だ麻苧繭絲を以て布と爲す、高麗の末、晉州の人、文益漸背て支那に入り、木綿の種を取り、潜に嚢中に貯え、並に子車繅絲車を製取して來り、國人競て其法を傳ふ、未だ百年ならずして中外に流布す、國人上下服する所、大抵皆な是れ也、貨に轉じて居積し、盛に世に行はる、麻布に比し倍蓰す、初め閩粤極南の地に生じ、遍く天下に滿ち、人を利益する、未た此の如き物は有らず、今に及んで東方に盛なり、文益漸の功最も大なり、國家嘗て其の子孫を錄用すと云ふ、古に云ふ、國の富を問へば、馬を數へ以て對ふと中國は例して金銀の多少を以て、貧富を較す、吾が東方は金銀を產せず、本朝は錢法を行はず、只だ綿布を以て貨と爲す、綿布三十五尺を一疋と爲し、五十疋を一同と爲し、居積する者、多きも千同に過ぎず、近代の宰相甲坡平、商賈の沈金孫は、綿布を積むも無慮千餘同、甲子丙寅年間、並に奇禍に罹れり、其の後は常綿布一疋を四十尺と爲し、錢二両に代ゆるを式とせり、或は云ふ、高麗の時、銀瓶を用て貨と爲し、濶口と名づく、我が國の地勢に象り楕形と爲せりと云ふ、今ま未だ濶口の制を見ずと。

◎二儀人。

舍方知なる者有り、私賤也、幼より其の母女兒の服を爲さしめ、脂粉を傅け、裁縫を學ばしむ、長ずるに及んで、頗る朝士の家に出入し、多く女と侍り同寢す、進士八金九石の妻李氏は、判院事純之の女也、寡居して舍方知を引き、衣を縫はしむるに托し、晝夜與に處ること幾んど十餘年、天順七年春、司憲府聞て之を鞫す、其の素と通ずる所の一尼を訊問するに逮んで、尼曰く、陽道甚だ壯なりと、女醫斑總をして們模せしむ、果して然り、上、承政院及び永順君、河陽尉鄭顯祖等に令して、之を雜驗せしむ、河城の妹は李氏の媳婦と爲る、河城も亦た舌を吐て曰く、何ぞ其れ壯なるやと、上之を笑ふ、特に命して椎する勿らしめ、且つ曰く、恐らくは純之の家門を汚穢せんと、舍方知を純之に與へて處置せしめ、純之は只だ杖すること十餘、舍を畿内の奴子の家に送る、旣にして李氏また偕に舍方知を召し還し、純之卒するの後、又た縱恣已まず、宰樞因燕語、其の由を上に白し、舍方知を杖して新昌縣に配す人有り詩を作て曰、

縫羅深處幾潜レ身。　脫二却裙釵一便露レ眞。
進物從來容二變幻一。　世間還有二二儀人一。

蓋し舍方知は、其の外腎常に藏して、肉裏に在り、故に二儀人の語有りと云。

◎渡水僧。

僧有り、寡婦某と慇懃を通じ、將に往て之を娶らんとするの夕べ、上坐僧之を誑して曰く、生豆を碎粉し水に和じ之を飲まば、則ち陽道に利有り、愈々壯んなる可しと、僧信じて之を飲み、婦の家に至る、腹脹滿し、下痢すること頻りなり、艱關匍匐して辛しして婦の家に入り帳を垂れて坐し、足を以て肛門を撑へ、俯仰するを得ず、俄にして婦入り來る、僧は危坐し

て更に動かす、婦曰く、何ぞ是の如く木偶の狀を作すやと、手を以て之を推す、僧横に仆るに夜半、獨行して路に迷ふ、白氣の道に横る有り、僧の意以て川水と爲し、裳を褰げて中に入れば、乃ち秋麥花なり、僧憤怒悶々として行く、又た白氣の道に横るを見る、獨り曰く、麥田既に我を誤れり、復た麥田有るか、何ぞ再び誤れんやと、衣裳を褰げずして横ぎり入る乃ち川に落つ、衣服盡く濕ふ、愈よ〳〵苦悶憤々たり、往き行きて一橋を過ぐ、婦數人有り米を溪畔に淘ぐ、僧曰く、酸い哉酸び哉と、蓋し狼狽苦を受るの形を言ふ也、婦人其の由を知らず、群り來て之を遮て曰く、酒米を淘ぐの時、何ぞ酸ひ哉の語を發するや、不吉の至り[illegible]なりと、盡く衣服を裂き之を敺て衝き出す、日既に高くして未だ食を得ず、枵腹苦みに耐へず、薯蕷を堀て之を喫ふ、俄にして呵唱の聲有り、乃ち守令の通行せる也、僧橋下に伏して之を避け、乃ち默計して曰く、薯蕷甚だ美なり、若し此を以て配下に進呈せば、則ち飯を得るの道有らんと、守令の橋に至るや、僧翻然として突出す、守令の馬驚て地に墜つ、大に怒て之を棒打して去る、僧は橋傍に困臥す、巡官數人有り、橋を過ぎんとし之を視て曰く、死僧有り、宜く之を以て棒を習ふ可しと、爭て杖を以て相繼で之を棒打す、僧倍す々恐怖し嘆息するを得ず、苦悶呻吟す。俄にして又た一人有り、刀を抽き進んで曰く、死僧の陽根は宜く藥に入る可し、割て之を用ゐんと、僧大に叫んで懸命に遁げ走り。黄昏にして我が寺門に到る。門閉ぢ入るを得ず、高聲に上座を呼び、出でゝ門を開けと、上座曰く、吾か師は往て婦の家に在り。汝は是れ何人が夜に乘して來るも、門を開く可らずと。出でゝ之を覗ず、僧苦悶に堪えず、止むを得ずして狗竇より入らんとするや。上座曰く、何處の家の狗が、前夜も盡く佛油を舐め去れり、今ま又た來れるかと、直に杖を以て之を棒つ、今に至るも、猥狽辛苦に遭ふの狀を言ふ者、必ず之を渡水僧と言ふ。

◎盡く卜者の言に從て作る。

昔し人有り。都に登り家鳩の別種なる啣鴿を買ひ、將に鄉里に還らんとし、路にして一家に宿し、翌曉又た出發す、其の家は亦た客人の携ふ所を知らざる也。鄉に到るや鴿飛んで京師に還る、必ず宿する所の家に入り、回翔して後ち出づ、其の家は鴿來て高く家を回るを見、皆な駭惶し、卜者に行き問て曰く、物有り、鳩に非ず雀に非ず、鳴て鈴聲の如く、家に向て三匝して去れり、是れ何の祥ぞやと、卜者曰く、必ず大なる禍有らん、我れ將に往て之を祈禱す可しと、明日卜者を邀へ家に至る、卜者曰く、必ず我が爲す所に從ふ可し、若し我が爲す所に從はざれば、則ち其の禍反て重し、我に從ふや如何と、衆皆な曰く惟れ命是れ從はんと、卜者曰く、我れ試に之を言はん、爾ぢ能く之を聽け、先づ命米を出せと、衆皆な曰く、命米を出せ、卜者曰く、命布を出せ、衆皆な曰く、命布を出せ、卜者曰く、是れ何ぞ此の如きや、衆皆な曰く、是れ何ぞ此の如きや、卜者憤怒して出で、頭を戸棖に觸る、衆皆な驅逐し、爭て頭を以て棖に觸れ、兒童或は梯子に依て頭を觸る、卜者門外に至る、適ま牛糞の泥滑する有り、足を側て仆る、衆皆な足を側て仆る、牛糞既に盡く、或は之に加へて仆る者有り、卜者狼狽して冬瓜の蔓の下に竄入す、衆皆な隨て入る、倚り疊て山の如し、兒童未だ入るに及ばず、泣き呼んで曰く、爺や娘や、我は何處に入らん、爺娘答て曰く、瓜の蔓に已に入るを得じ、則ち往て南籬の葛の葉の下に入らば可ならんと。

◎慈悲僧。

忠淸の地方に一空刹有り、頽廢して久しく葺せず、一老僧有り、之に修葺せんと欲し、往て之を計企せんとす、山深くして日昏れ、空寮に假寐す、夜沉み山靜に、星月微に光る、厖然たる物有り一物を挾み、瞥然として垣を踰えて入り、其の挾を釋て中庭に置く、或は却歩して蹲踞し遠く之を睨み、或は尾を垂れ前行して近て之を臭ぎ。乍ち騰り乍ち躍り。倐ち進み忽ち退き。回環跳越し。戯るか若く玩ぶか如く、猫の鼠を弄する狀の如し。窓櫳より之を覗れば、乃ち於菟《とら》の人を攬る也、僧急に破窓を以て之に投擲す。雷撃ち雷砕け、山岩震響し、於菟《とら》駭き走り、杳として音影無し、老僧庭に下り撫視すれば、則ち年二八許りの女兒、氣息已に絶つ、而も身に傷痕無し、疑らくは復た蘇す可し、負ふて房内に入り、誠に襟を披き胸を合し、以て溫氣を送り。曉より日中に至る、蘇生の徵候稍や屬し、晩に至りて嘆息漸く通ず、乃ち糜飲を作り以て之に飲ましむ、看護數日。然る後。女始めて魂定まり人事を省す。徐ろに居住姓系を問ふ、歷々として具さに言ふ、曰く、家は全羅の境に在り、相ひ距ると數十里を踰ゆ、其の攬らるゝや初昏に在り、而して寺に到る僅に半夜、乃ち知る於菟走て遠に致す此の如きを知ると。僧乃ち其の女を率ゐ、尋ねて邑里に至り、女の邑口に止り、陽に貧僧の行乞を爲し、先づ其の門を叩く、則ち女の家は巫を延き魂を招く、巫は亡靈の虎口に葬られる愴楚の語を作し、爺孃親屬頓足して號泣す、女は徐々に門に入る、爺孃之を見始め相ひ知らず、良や久くて乃ち覺め、相ひ抱持して一慟し、厚く其の僧に謝して之を遺る、女は邑中良家の族也、井臼に任へず、人娟秀を以て稱す、然も僧能く看護して懈らず、胸を合せて亂れず、之を是れ慈悲を念じ、色慾を脫すと謂つ可く、眞に戒行有る者と謂つ可しと。

◎曉訓導は見るを喜ばず。

宋盛司欽、湖南の方伯と爲り、其の尤物に於けるや、情を忘る能はず、妓無き處に到る每に夕に臨めば必す訓導の官を房中に招き、語必ず客枕無聊の意に及ぶ、訓導出で主倅と相議し官娼の稍や可なる者を擇んで之を薦む、公一日僻郡を巡到し、亦た訓導を招く、訓導時に痂症重發し、屈伸する能はず、曉に及んで扶け曳て進み、窓外に伏し、小吏をして告げしめて曰く、昨夕召命を承け、適ま賤疾を患ひ、直に參ずるを得ず、今ま始て伺候すと、公曰く、欲導は其れ我の病を知らざる乎、夕訓導は則ち與ふ相ひ接せり、曉訓導は則ち本と見るを喜ばず、退去して可也と。

◎自稱の情夫。

星州の妓某、嘗て其の意とす可き者を許し、惟だ李秀才を首と爲す、厥の後一朝士有り、亦た之の妓を鐘情す、戯に妓をして其の甲乙を第せしむ、士自ら筆を執て待つ、妓曰く、李某を首書せよ、其の次は某、又た某の次は某也と、士曰く、我は此列に歯せざるか、妓曰く、郎の肩と項は李某に彷彿す、尾に參す可しと朝士筆を擲て掌を撫す。

◎虎も亦た恩を知るか。

嘗て松都に友成なる者有り、少なる時群少と與に聖居山に遊ぶ、大虎有り林莽の中に死す。傍に二雛有り、飢え惱んで死に垂んとす、群少皆な皮を剝き骨を取り、併せて二雛を殺さんと欲す、有成曰く、死物は穢惡なり手を下す可らず、二雛母を失ふ、何ぞ撲殺に忍びんやと力めて之を止め乃ち已む、有成飯を以て二雛を飼ひ、因て抱き來て家に置て飼養す四五朔を過ぎ漸く長成するに至り、行走の際颯々として風氣有り、人を見て咆哮し、之を噬まんと訓するの狀有り、家人始て大に恐れ、有成も亦た後患有るを慮り、家後の山谷間に移し置き、日に米食を以て往き遣る、又た一月を過ぎ、二虎去て之く所を知らず、有成山に登り遍く視れば、二虎は一小兒を山下に食す、有成驚駭して走り、此より遂に絶つ、翌年冬夜半に、虎有り來て家に吼ゆ、明朝之を視れば、一大鹿を門外に置く、有成驚異し、遂に隣族等と共に分つ、後數月又た大鹿を置く、隣里聚り觀て異事を感嘆す、有成乃ち官家に納むと云。

◎老翁の答に感ず。

黄翼成公、麗末に在て積城の訓導と爲り、曾て積城より松京に向はんとし、路にして一老翁に遇ふ、兩牛を牽き耕す、一は黄一は黑、方に耒耟を脫して林楚の下に息ふ、公も亦た其の側に馬を休め、翁と相ひ語て曰く、問ふ、翁の兩牛皆な肥大にして壯實なり、其の畊治の力亦た優劣無きか、翁趨り進んで公の耳に附き、低聲に答て曰く、某色の者は優にして某は劣ると、公曰く、翁何ぞ牛を畏懼し是の如く隱語するやと、翁曰く、甚しひ哉、汝の年少にして未だ事を聞く有らざるや、畜物は人言に通せずと雖、人言の善惡は則ち皆な之を知る、若し己を以て劣れりと爲さば、則ち中心の不平は、豈に人に異ならんや、汝年少未た事を聞く有らざる也と、公之を聞て覺えず瞿然たり、其の平生謹厚の量は、此翁の一語より成れりと云ふ麗朝の將さに亡びんとするや、君子の耕稼に隱る者往々に有り、翁恐らくは其の一ならんと云。

◎汝が言是也。

黄翼成、英廟爲す有らんとするの時に當り、禮を制し樂を作り、大事を論し大議を決し、日に贊襄を思ふ、而も其の家事の大小に於ては、皆な關念せず、一日家婢相ひ鬪て喧鬨時を移す、一婢公の前に至り、榻を叩て訴て曰く、某女人我と相抗し、犯す所是の如し、極めて奸惡と爲すと、公曰く、汝か言是なり、俄にして一婢又た來り、榻を叩て訴ふ、亦た此の如し公曰く、汝か言是也と、公の侄某、公の傍に在り、色を溫らし進んで曰く、甚しひ哉叔氏の朦朧せるや、某は此の如く某は彼の如し、此は乃ち是にして彼は乃ち非也、甚しひ哉叔氏の朦朧せるやと、公曰く、汝の言是なりと、書を讀んで輟まず。

◎義狗塚。

嶺南河東の地に、一の寡婦有り、能く節を守る、只だ一幼女と一童婢有り同居す、一夜隣家の某、墻を踰て寢内に入り、之を强劫せんと欲す、寡婦死に抵るも牢く拒む、某乃ち一釼を以て之を刺し殺し、併せて其の女と婢とを殺して去る。他人知る者無く、三屍房に在り、官門外に忽ち一狗有り、來往躑躅す、閽者之を逐えば、乍ち去り旋り來り終に避走せず、是の如き者屢ば也、官家其の狀を怪み、之をして其の之く所に任せしむ、狗直ちに官庭に入り、東軒に至り仰首して叫嗥し、訴る所有るが如し、官家乃ち一吏に命じ、狗に隨て往て之を見せしむ、狗即ち官門を出で、行て一小屋に至る、房內深く閉ぢ寂として聲無し、狗忽ち吏の衣を牽き房門に向て去る、吏之を疑ひ、戶を開て之を見れば、則ち房中に三介の屍有り、流血席に滿つ、吏大に驚き歸て其の由を告ぐ、官檢屍を爲さんと欲す、狗速に馳驅して又た隣家の邸に往く、官家其の家に臨めば、某蒼黃として趍り避けんとす、狗直ちに某の前に走り某を咬嚙す、官之を怪み狗に問て曰く、此は此れ汝の讐人かと、狗點頭す、官家遂に某を捉へ、嚴く訊問す、一杖を下さずして其の實を吐く、即ち營に報じて之を杖殺し、厚く其の屍を埋む、狗走て墓の傍に至り、一聲悲叫して斃る、村人其の狗を廣前に埋め、其の碑を立て題して義狗塚と曰ふ、

◎汝に出づる者は。汝に反る。

金姓の人有り永平に居り、山蔘を採るを以て業と爲す、一日其の徒二人と與に、白雲山最も

深き處に入り、高に登て俯し臨めば、則ち下に巖壁有り、削立して斗の如く、其の內に人蔘叢聚して甚だ美也、三人驚喜に堪へず、而かも徑路の緣る可き無し、遂に草を結んで揆と作し、繫ぐに葛の索を以てし、墜下し、金姓は其の揆中に坐して巖底に下る、金は意を恣にして採取し、十餘束を作り、揆中に入る、兩人は上より汲引して之を採る、將に盡るに垂んとするや、兩人は蔘を將ち揆を棄て遁げ去る、金復た出つる能はず、四顧絕壁、削立百丈餘、羽を挿むに非ざるよりは、以て出づ可き無し、又た食す可き無く、只だ採し殘れる餘蔘を食す、火食せざること五六日、氣甚だ充實す、夜は則ち岩底に宿し、百計考量すれども、超出する策無し、一日岩上を望み見れば、林下に披靡として聲有り、風雨の如し、俄にして一大蟒を見る、頭は缸巨の如く、兩目炬の如し、蜿蟺として下り來り、直ちに金姓の臥する處に赴く、金自ら必ず死す可きを謂ふ、大蟒は橫に其の前を過ぎ、直ちに前きの揆索を下せる壁に向ふ、尾を金の前に置き、之を掉ふて已まず、金自ら思ふに、此の蟒人を見て噬まずして尾を掉ふ此の如し、豈に我を救ふに意有るかと、遂に其の腰帶を解き、其の尾に緊縛し、跨り伏して堅く其の端を持つ、一揮して其の身の己に壁上に在るを覺えず、而して蟒は則ち林中に入て去る處を知らず、金は實に其の神物たるを知る、遂に舊路を尋ねて山を下れば、則ち兩人は大樹の下に蹲坐す、金遙に謂て曰く、爾か輩倘ほ留り在るかと、皆な答へず、前に至て之を視れば、死して已に久しく、蔘は則ち一も遺失する無し、金は其の故を知る莫し、急々に山を下て兩家に告げて曰く、吾れ初め兩人と蔘を採り、與に歸らんとして道に嘔泄して皆な死せり、豈に誤て毒物を食して然るかと、採る所の蔘は均しく分つ可し、吾れ何ぞ盡く取るに忍びんやと、兩家に分ち給して、以て葬需に充て、亦た口を杜ぢて此の事を言はず、兩家素と此の人を信じ、皆な疑はず、屍を迎え喜く葬る、其の後金姓は年九十を過ぎて、强壯少年の如く、子を生む五人、皆な積粟富厚、子孫繁衍、閭里に雄たり、金は百に近づひて將に死せんとし、始めて其の事を諸子に語つて曰く、人の死生富貴は、天神鑑臨せざる無し汝が輩切に惡念を生じ、以て神怒に觸れ、兩人の如く爲る勿れと。

◎楓岳に高僧に逢ふ。

廉時道なる者は、吏胥なり、居は漢城壽進坊に在り、性素と信實廉介、許相君の從者と爲り甚だ寵信せらる、一日許君は時道に謂て曰く、明曉使す可き處有り必ず早く來れと、其の夜時道は、其の徒と會飮して睡に就き、日旣に明るを覺えず、急に起き奔走して、路に濟用監の邸邊を過ぐ、路傍の丘上に一古木立ち、樹下茂草の間に青袱の露れ出づるを見て、就て之を覗れば、則ち封裹する甚だ密に、之を擧ぐれば甚だ重し、其の何物たるを究めず、之を腰間に佩び、走て社洞の許君の家に到り、遲參の罪を謝す、許君曰く、已に他の吏先づ到る者を用ゐたり、復た汝を何か罪せんと、時道は廳を退て、封裹を開き覗れば、則ち銀二百十三兩有り、時道大に驚て曰く、此れ重寶也、其の之を失へる主は、憂遑如何ぞや、我れ何ぞ掩ふて之を有す可けんや、且つ端無く財を有するは、小民に在ては却て吉祥に非ざる也、携て家に歸る可らず、若かず之を相公に納めんにはと、將に銀を以て許君に之を告ぐ、許曰く、汝の得る所何ぞ我れ有す可けんや、且つ爾の取らざるに、我れ何ぞ之を取らんやと、時道止むを得ずして退く、俄にして許君召して謂て曰く、數日前吾れ聞く、兵判の家の馬、其の價二百銀、而して光城府院君將に之を買はんとすと云ふ、豈に此の銀に非ざるか、汝誠に往て之を問へと、兵判は即ち淸城金公なり、時道は其の言に依り、翌日往き謁し、仍て曰く、貴宅或は失ふ所の物無きかと、金公曰く、有る無き也と、遂に執事を呼んで曰く、某奴は馬を持し去て已に兩日、而も尙ほ回報無きは何ぞやと、執事曰く、某奴は自ら罪有りと稱し、敢て進現せずと、金公嗔つて曰、此れ何の言ぞや、速に捉れ入れよと、執事は一奴を押へて庭前に跪かしむ、奴且つ拜し且つ言て曰く、小人罪有り、萬死赦され難しと、金公其の故を問ふ、奴曰く、小人先きに齊洞の光城君宅に往き、馬の價を受く、而も忽ち路に之を失ふと、金公大に怒て曰く、奴の詐り此に至る、汝乃ち奸を弄し、隱蔽し來て我を誑す也と、直ちに大杖を呼んで將に之を撲殺せんとす、時道仍て暫く刑を停め、銀を失ふ由を陳せしめんことを請ふ、金公悟て更に奴に訊問す、奴曰く、始め馬を持して光城の宅に到るや、相公は奴に命じて、馬を馳驟せしめて曰く、果して奇駿也と、其の肥澤を喜みして曰く、此の馬は爾の喂ふ所かと、對て曰く然り、相公歎じて曰く、他家の奴僕此の如き有り、此の忠篤の者誠に嘉す可き也と、仍て之を前に呼んで曰、汝能く飲むか、曰く能くす、相公大椀を命じ、紅露旨烈の者を酌み、連賜する者數次、即ち計して銀二百兩を給し、且つ十三兩を加へ下し、此れ汝の善く馬を喂るを賞する也と、小人辭し出づれば、日巳に暮る、醉甚しく歩を成す能はず幾何ならずして路傍に倒れ臥す、何處なるを知らず、夜に至て微く醒め、忽ち鐘聲を聞く、遂に強め起きて歸る、銀封の落る所を知らず、罪を犯す此の如し、自ら死に當するを知る、咨咀して敢て現せざる所以なりと、時道始て銀を拾ひ來り謁せるの由を陳べ、即ち以て歸し進む、封誌及び銀數果して失ふ所の者の如し、金公大に之を歎異して曰く、汝は今世の人に非ず、然れども此れ本と已に失へるの物也、今ま其の半を以て汝に賞せん、汝其れ辭する勿れと、時道笑て曰く、小人をして財を貪るの心有らしめば、當に自ら取て言はざる可し、其れ誰か之を知らん、既に其の有に非ず、惟だ或は嗤るを恐る、何ぞ賞に有らんやと、金公悚然として容を改め、復た賞銀の事を言はず、咨嗟重複し、酒を呼んで之を勞し、奴の罪以て快釋するを得たり、時道辭して出づ、一少女有り、後に從て疾く呼んで曰く、願くば亟少しく留まれと、時道顧みて其の由を問ふ、女曰く、前きの金を失ふ者は吾が兄也、吾れ倚て以て生を爲す、今ま亟に賴で生を得たり、此の恩何を以て報ぜん、吾れ入て內夫人に告ぐ、夫人極めて之を歎じ、命じて酒饌を賜ふ、留るを請ふ所以也と、即ち席を廊下に設け、旋り入て大盤を擎げ出で、羅ぬるに珍羞美醞を以てす、時道飽て以て歸る、

庚申の歲に及んで、許公は罪を以て死を賜ふ、時道藥器を以て突入し、之を分ち飲まんと欲す、都事の官曳き出して之を逐ふ、許公既に死す、時道狂奔號慟して、復た世念無し、仍て家を棄てゝ山水に放浪遨遊す、族兄有り、江陵の地に在り、往て之を訪へば、則ち已に僧と爲り、去る處を知らず、仍て楓岳に遊び、表訓寺に至る、居僧に問て曰、吾れ佛道に歸依せんと欲す、必ず高僧を得て師と爲す、誰れか可なる者ぞ、咸な曰く、妙吉祥後の孤菴の守座

は、即ち生佛也と、時道往て見る、果して一僧有り、趺坐入定す。時道前に伏し、誠心服事の意を俱陳し、且つ剃髪を請ふ、辭旨懇切なり。僧は聞き覩る無し、時道伏して起たず、日已に暮る、僧忽ち曰く、架上に米有り、何ぞ炊ぎ食せざると、命の如くす、夜中又た前に伏し請ふて朝に至る、僧又た之に食を命ず、是の如き者五六日、僧終に言はず、而して時道は意稍や弛み、菴を出で逍遙す、菴後に茅屋數間有るを見、其の中に入れば、只だ見る一幼女年二八許り、甚だ姿色有り、時道忽ち婉戀の情、禁ずる能はず、遽に前んで抱持して之を犯さんと欲す、女懷袵の間より小刀を拔き出し、自裁せんと欲す、時道驚愕して遂に止め、其の從來する所を問ふ、女曰く、吾は本と洞口外の村女也、男兄は此の山に出家し、此の菴僧を師とす、母は菴僧を以て神人と爲し、女の命運を問ふ、曰く、女に四五年の中に大厄有り若し人間の事を絕て棄て、來て此の菴の房に寓せば、則ち厄を免れ度る可し、且つ其間に佳緣有りと、母は其の言を信じ、茅を此に造り、獨り吾と與に住み數年を度るの計を爲せり、母は今ま暫く洞居に還れりのみ、然るに今ま遽に人に迫まられて、此の死境に至る、是れ豈に所謂る大厄なるか、父母の命無し、死すと雖何ぞ汚れを受く可けん、然りと雖、此の事偶ま神僧の所謂佳緣の言に非ざらんや、必ず此の男女旣に一たび相ひ接するを爲す、何ぞ更に他に適皈せんや、心に誓て相ひ従はん、但だ母の皈るを俟ち、明白に親みを為さん、亦た善からずやと、時道其の言を異として之に従ひ、辞して菴中に皈る、僧又た言ふ所無し、是の夜時道は、一心憧々として只だ此の女に在り、復た聞道修養の意無し、専ら翌朝に母の之を許すを俟つのみ、朝に及んで睡り起きるや、僧忽ち起き立て大に詬て曰、何物の怪漢ぞ、我を撓して此に至る、吾れ汝を打殺せんと、乃ち已に六環杖を取り、之を奮撃せんとす、時道大に狼狽して走り、菴の外に佇立之を失うす、僧又た招て前に至らしめ、温言之に諭して曰く、汝か状貌を観るに、出家の人に非ず、後菴の女は、必ず汝に帰せん、但だ此より直に去れ、踟躕する勿れ、小驚有りと雖、福祿は此より始まらんと、以姓得全、鵲橋佳縁の八字を書き給す、時道涕泣して辞し出で、表訓寺に至る、座席未た暖かならざるに、忽ち捕軍有り突入して手足を緊縛し、駄載して疾く馳す、數日ならずして京に到り獄に投ず、蓋し是の時許公の事件に株連して、親近僕従を追捕す、時道も亦た之に繋累せるが故也、鞫問に及ぶや清城君も與に獄を按じ、諸宰列坐す、邏卒は時道を捉て入る、時に訊に就く者多く、清城君は其の時道たるを知らす、一次訊問の後に獄に下す、適ま清城に餐を傳ふる婢は、即ち前きの金奴の妹也、時道の枷を着けらるゝを見、大に驚き歸つて夫人に告ぐ、夫人大に憫惻し、書を清城に致し以て警告す。清城始めて覺り。即ち命じて時道を押し入れ、略ほ尋ぬれど徵驗無し、乃ち曰く、此れ本と義士、其の心事は吾れ深く知悉する所なり、豈に逆謀に與づからんやと、即ち命じて放釋す。時道纔に門を出づるや、金奴は新鮮の衣服を將て己に俟てり遂に與に其家に歸る。接待其の誠を極め、行資及び馬匹を給し旅裝を整ふ。時に聞く、許公の姪申厚載、尙州の牧使たりと、乃ち往て謁す、時適ま七月七日。所謂牽牛織女相ひ逢ひ、烏鵲成橋の日 、既に州境に入るや、適ま日暮馬疾く馳せて去り。僻路より一村家に入る、時道は落後して隨ひ入れば、則ち馬既に繫がれて厩中に在り、一女の糸を中庭に織るを見る避けて屋中に入り、時道馬を解かんと欲すれば、則ち老嫗有り内より出で、曰く、何ぞ必ず馬を解かんや、今ま則ち歸する所を知ると。時道茫然として其の意を曉る莫し、禮し且つ請ふ曰く、未だ嘗て拜眉せず、主母の諭す所を曉る莫し、馬を以て歸する所を知るとは、何の謂ひぞやと、嫗は之を坐に邀て曰く、吾れ將に之を言はんとす。忽ち聞く、窓裡に哽咽の聲有り、嫗曰く何を泣くや、豈に喜び極つて然るかと。時道益々之を疑ひ、亟に其の由を聞かんことを請ふ。嫗曰く、君某年に於て此女と金剛山小菴の後ろに遇へる耶。曰く然り、嫗曰く此れ吾が女也、今ま泣く者是れ也。亦た菴僧の從來する所を知れりや。此れ則ち君の江陵族兄素と神僧を以て萬事を鑑徹し、人の將來を知て毫釐も差ふ無し、嘗て吾女を指し謂て曰く、此女は吾が族弟廉某と因緣有り。第だ今より以後、數年にして大厄有り。若し來て吾に依らば、以て厄を免る可く自ら致して姻を成さん、然も亦た未だ某と室を同うせず。室を同うするは嶺南尙州の地に在り、某年某日也と。吾れ故に女を將て僧菴に就き、厄を免れ度らんとせり、而して君果し來り過ぎる、吾れ適ま出で未た見るに及はざりき、其の後僧は菴を棄て移り去り、向ふ所を知らず。吾か女も亦た來て此地の寺宇に寓す、吾れ故に隨ひ來て此に在り、此日に至り固り君の必ず來るを知る也と、因て女を呼び出で來らしむ、果して是れ楓岳に覩る所の者也、顏狀豐美。時道覺えず感激す、女は悲喜交も至て涕を揮ふ、已にして夕飯を勸進す、珍饌盛列、皆な豫め備ふる者也。是の夕べ遂に親みを成す、僧曾て言ふ所の符皆な驗有り。時道留ること數日、往て尙牧使に謁し、其の顚末を言ふ、尙牧使大に之を異とし、厚く之に贈遺す、時道遂に其女及び母と與に、京に歸り復た舊宅に居る、時道の名縉紳に播がる、而も滑城の顏譏する所の者甚だ至れり、家頗る富饒。皆な稱するに廉の義士を以す、其の妻と與に倶に福壽を享け。時道年八十餘にして死す、今ま其の裔孫尙は安國坊に在りと云。

◎翻雲覆雨。

靈城君朴文秀、少時其の舅に隨て晉州の任所に往て、一妓を眄して大に惑ふ、妓は死生を與に倶にせんと誓ひ、互に同穴の契を結ぶ、文秀又た一日書室に在り、一麁惡の婢子有り水を汲んで過ぐ、諸人指笑して言て曰く、彼女年三十に近くして、容貌美ならざるが爲めに未だ嫁する能はず、之を憫近する者無きは憐む可しと、文秀其の言を聞き心に矜む、晩に至て厥の婢又た過ぐ、仍て呼び入れて相ひ語り、遂に枕を薦む、厥の女深く心に慕ひ、忍んで去る其の後文秀京に歸て登科するに及んで、十年の後に暗行使の命を承け、再び晉州に到り、微服して前きに嬖する所の妓の家を訪ひ、試に門外に立て餠を乞ふ。則ち内より一老嫗出で來り、熟視して曰く、奇なる哉々々と、文秀曰く、老嫗何爲れぞ是の如きや、老嫗曰く、君の容貌は恰も往年朴書房主の樣に似たり、故に之を怪むなりと、文秀曰く吾は果して然りと、老嫗驚て曰く、此れ何事ぞや、意はざりき書房主此の乞丐と作て來らんとは、第だ暫し房に入て飯を喫して去れと、文秀房に入り坐定つて、君の女安くに在ると問ふ、答て曰く、方に本府片の妓と爲り、長番して出で來るを得ずと、方に火を爇き飯を炊ぐ、忽に履を曳く聲有り。其の女來て廚下に來る、其母曰く、某處の朴書房來れど、其の女曰く、何時此に來り何に緣り來れるや、其の母曰く、其の狀矜む可く、破笠獘衣即ち一乞丐兒なり、其の委曲を問へば則ち、其の前使道の家を逐はれ、今ま方に轉々乞食して來り。此處曾て久しく留る處、吏隸の輩面熟の故に、錢を乞はんと欲して旋り來れりと、其の女忽ち色を變じて曰く、此等の說何爲れぞ我に對して言ふや、其の母曰く、汝を見んと欲して來ると云ふ、旣に來るからは一次入り見るも可なりと、其の女曰く、之を見るも何ぞ益せん、此等の人は見るを願はず明日は兵使道の生誕日にして、諸大官多く會し、將に樂を營本府眞石樓に設けんとし、妓輩を以て侍せしむ、衣服の事申飭至て嚴なり、吾の衣箱の中に新製の衣有り、母氏出し來れと其の母曰く、吾れ之を知らず汝入て持し來て可也と、其の女已むを得ず戶を開て入る、面に怒色を帶び、眸を轉せずして房壁に循て來り、箱を開て衣服を出し、顧ずして出づ、文秀乃ち其の母を呼び之に言て曰く、吾れ旣に是の如く冷落す、吾れ久しく留る可らず、乞ふ此より去らんと、其の母挽き止めて曰く、年少事を解せさるの妓、何ぞ責むるに足らんや、飯幾んぞ熟せり、少く坐し飯を喫して去るを可也と、文秀曰く、飯を喫するを願はずと、仍て門を出で、又た其の婢子の家を尋ねんとす、則ち其の婢子は尙ほ水を汲めり、汲み來て其の狀貌を見、良や久しく熟視して曰く、怪む可し々々と、文秀問て曰、何爲れぞ人を見て怪と稱するや、其の婢子曰く、客の貌は恰も向きに來れる朴書房主に似たり、故に心竊に之を怪むと、仍て答て曰、吾は乃ち然りと、其の婢子水盆を地に棄て、手を把て大に哭して曰 、此れ何事ぞ、此れ何に樣ぞ、吾が家は遠からず偕に往く可しと、文秀隨て往けば、則ち數間の斗屋有り、其の房に入り坐定まるや、泣て其の乞丐の由を問ふ、文秀對ふ所前きに妓母に對せる言の如し、其の女驚て曰く、日寒き此の如きかな、吾は心竊に以爲らく、書房主は大に榮達す可しと、豈に料らん此に到らんとは、今日より願くは吾か家に留れと、一簏箱を出せば、即ち袖衣一襲在り、勸めて服を改めしむ、文秀曰く、此の衣何に從て出づるや、對て曰く、此は是れ吾か積年水を汲み雇と爲り、錢を得て此を買ひて衣を縫ひ以て置き、此の生若し書房主に逢はゝ、則ち以て情を表せんと欲せし也と、文秀辭して曰く、吾れ今日に於て弊衣を以て此に來り、今ま忽に此を着せば、則ち人豈に怪訝せざらん、後日當に之を着す可し姑く之を置けと、其の女乃ち厨に入て夕飯を備へんとし、後房に入り、口吶々として詬罵する者の如く、然も又た器皿を毀破する聲有り、文秀怪んで之を問へば、則ち答て曰く、吾れ書房主に別れてより、神位を設けて朝夕に祈禱し、只だ書房主の身を立て名を揚げんことを願へり、神若し靈有らば則ち、書房主豈に此の境に至らんや。是を以て之を裂破して火に燒ける也と、文秀笑を忍んで其の意に感歎す、已にして夕飯を具え以て進む、文秀食し訖て留り宿し、天明を俟て飯を催して曰く、吾れ今日往く處有りと、仍て門を出で先づ矗石樓に往き、潜に樓下に伏す、日出づるの後。官吏續々として集り、筵席を設く、少焉くして兵使及び本官出で來り、隣邑の守令十餘人皆な來り會す、文秀上座に突出し、兵使に向て言て曰く、往年の客子、此の盛宴に參せんと欲して來れり。兵使曰く、第だ一隅に坐し觀光するは妨げ無し〳〵、已にして杯盤浪藉、笙歌嘈囋たり、其の妓は本官の背後に立つ、服飾鮮麗、嬌を含み媚を含む、兵使顧みて笑て曰く、本官近日大に渠の物に惑へるか。擧作泊の如からずと、本官笑て答て曰、寧んぞ是の理有らんや、只だ名色有つて實事無し、兵使笑て曰く必ず是の理無しと、仍て妓を呼んで行杯せしむ、其の妓盃を行て次々に前に進む、文秀請ふて曰く、此の客も亦た飲を善くす。願くは一盃を請ふと。兵使曰く酒を進む可し、妓乃ち酒を酌み給す知印官の曰く、彼の客に給す可し、文秀笑て曰く、此の客も亦た男子也、願くは妓手の盃酒を飲まんと、兵使と本官は色を作して曰く、飲むは則ち好し。何ぞ妓手を願ふや、文秀仍て受けて之を飲む、膳を進むるや、各人の前は俱に是れ大卓にして。自家の前は數器に過ぎず文秀又た問て曰く、倶に是れ席に班す也、而るに飲食何ぞ層下するやと、本官怒て曰く、長者の會に何ぞ此の如く支煩するを得可けん、飲食を喫せば斯に速に去る可し、何爲れぞ多言するやと、文秀亦た笑て曰く、吾れも亦た長者に非ずや、吾れ已に妻有り子有り、鬚髮蒼黃せば、則ち吾れ豈に孩少ならんやと、本官愈よ怒て曰く、此の乞客妄悖なり、以て逐ひ出す可しと、仍て官隷に分付して之を逐ひ送らしむ、官隷樓下に立て呵叱して曰、斯に速に下り來れ、文秀曰く、吾れ何を以て下り去らんや、本官以て下り去る可しと、本官益々怒曰、是れ狂客なり、下隷の輩何ぞ敢て曳ひ下ざるやと、號令霜の如し、知印の輩袖を擧げ背を推す、文秀高聲に曰く、汝が輩出で去る可しと、言未だ己まざるに、門外の驛卒大に呼んで曰く、暗行御史の出道なりと、兵使以下面に人色無く、蒼黃として迸り出づ、文秀高坐して笑て曰固に當に是の如く出で去る可しと、仍て兵使の座に坐し、兵使より以下、各邑の守令皆な、帽帶を具し詰謁し、一々入り現す、禮罷んで後、文秀命じて其の妓を捉へ入れ、又た妓の母を呼ばしめ、妓に分付して曰、往年吾れ汝と情愛如何、約するに山崩れ海竭るも情好變せざるを以てせり、今ま吾れ此の樣を作り來れば、汝舊日の情を念ふて慰問を言て可也、何爲れぶ怒を發するや、俗に所謂る粮を給せずして瓢を破る者とは、正に汝を謂ふ也、事當さに即地に打殺す可きも、汝か如き何ぞ誅するを須ゐん、略して笞罰を施さんと、彼の母に謂て曰汝は則ち稍や人事を解す、汝の故を以て姑く之を殺さずと、命じて米肉を給す、又た曰く、吾れ眄する所の女有り。斯に速に呼び來れと、仍て汲水の婢をして、軒を巻て傍に坐せしめ之を撫して曰く、此れ眞に有情の女子也、此の女は陞して妓案に付し首事たらしめん、而して妓は降し定めて汲水婢に付せんと、仍て本府の吏房に招き入れ、錢二百金斯に速に持ち來らしめ、以て其の婢子に給して去ると云。

◎湖南の地は。東北と物色悉く異る。

我が國人心風俗の巧黠にして化し難き、必ず湖南を以て首と爲す、此れ有德の言に非ず、若し之を濟ふに德を以てせば、安んぞ化せざるの人有らんや、但だ南方尋常の物を以て之を觀るも、山蔬野蔌の味ひ、溪漁園果の形に至る迄、皆な東北と同じからず、鳥鵲の鳴き、雞狗の聲も、皆な促高にして且つ急、家畜の猪は赤色の者多く、猫も皆な陰班靑灰にして、白黒金斑の者は絕て無し、道內皆な然り、物色の他方に異る此の如し、甚た怪む可き也。

◎風俗上の弊害。

帝王の法は、必ず人情に原づき、天理に順ひ、然る後、行ひに悖らず後世に譏り無し、我國の法、其の曉る可らざる者二有り。女の貞潔は、極めて奬す可しと雖、而かも年少の寡女を一切禁錮し、家を改むるの子は、論ずるに淫産を以てするは、是れ果して人情に近き乎、宦者の物たる、男に非ず女に非ず、朽腐凶穢、實に人類に非ず。而も妻を娶り室に居り、平人に同じ、妻或は謹まざれば、罪するに失行を以てす、是れ天理に合する乎。情に違ひ理に悖る、此に過ぐるは莫し、聖人の法に非ざる也、我か國淫風大に熾にして、路傍の官娼の如き言ふに足らざる也、各家の私婢閭巷の賤女に至る迄、苟も淫褻を以て爲す者は、則ち價の有無、人の貴賤を問はず、晝夜奔忙し。醉へるが如く狂するが如く、其の河間の婦たらざる者幾んど希れ也、此れ我が國の淫風、中國より甚しきもの有れば也。人の上と爲り、教化の權を執る者、其れ防禦の策を緩うす可けんや。

◎大小便の異名の謂れ。

三也、實に黄色に染るは四也、梔子の花の性は、大に燥暖を惡む、大暖に收藏すれば、則ち枝葉萎黄し、花を發く能はず、凍傷も亦た不可也、衆花の中收藏する最も難し、水を澆ぎ燥すヿ勿れ、又た長日に曝す勿れ、若し善く培養せば、則ち能く實を結ぶ○凡そ菊を養ふは、舊制に作る勿れ、、一玖毎に一條を分種す、條弱き者は、葦條を用て之を扶く○石菖蒲は、初春に盤根細葉の者を採り、其の鬚根を剪り、怪石の下に列置す、又た碎石を用て之を鎭め、石泉を以て浸灌せば、自然に根を生ず、近世一相有り、使を日本に奉じ、西方寺に到る、一老宿有り、沙彌をして、一海螺を捧げ來らしめ、之を示す、螺背に物有り、龍蛇蟠蜒の狀の如く、纏結するヿ數重、鬖髿有り、細きヿ針の如し、之を熟視すれば、乃ち菖蒲也、相は甚だ之を異とし、戯れて曰く、願くは奇寶を賜ひ、以て吾が行を侈れと、老宿曰く、積んで數百年に至て乃ち成る、倘し塵世に出さば、必ず枯槁す、此れ神物也と、舊處に還置せしむ○今の養花家に、多く盤榴有り、枝葉をして蟠屈せしめ、數三層を作す、秋來れば實を結ぶ、甚だ愛玩す可し、直幹上竦して、張蓋の如き者、之を柱石榴と謂ひ、數株叢生し、枝柯錯亂する者、之を藪石榴と謂ふ○凡そ蓮を種るは、紅白は宜く一池の内に並せ種ゆ可らず、須く隔て分種と作す可し、然らざれば則ち、白盛んに紅は必ず衰ふ、大瓮中に紅白蓮を種ゑ、菰蒲、沙を揚げ杪を攫み、聲岩谷に振ひ、嶺を踰えて去る、上舍惶惑して魂を喪ひ、岩下に墜落し面目四體倶に傷づく、馬に乘る能はず、乃ち之を機の上に臥せしめ、擔ふて家に還る、時仲春に當り、上舍は黃色の新單衣を着す、家に在るの子弟、門に出で之を望み、相ひ顧みて之を指して曰く、今ま此の虎は班文の虎に非ざる也、黃色の虎也と、至るに及んで之を見れば上舍呻吟して機上に臥す、家を擧げて舌を吐く、上舍戸を閉ち藥を服し、數月の後僅に瘉ゆと云ふ、亦た貪得者の戒と謂ふ可し。

◎國忌板。

列邑例して國忌板有り、首めに聖節千秋の文字を錄す、高斯文なる者、陝川郡に守たり、一日客に對して肉を食はず、客其の故を請ふ、曰く今日は國忌也と、客曰く非也、高斯文は國忌板を指して曰く、今日は乃ち千秋の國忌也と、聞者絕倒す。

◎妄に碑を立て德を紀す。

凡そ邑宰の政績有る者は、民石を立て德を紀し、以て去る後の思を著す、近來列邑碑の無き者鮮し、或は一邑に四五有るに至る、駱村相公、遠接使の時、道に周ねく石を立るを見、坡より義に至るまで、相ひ望んで絶たず、命じて地に仆さしめて曰く、天使若し厥の由を問はば、將た何の辭を以て之に答へんと、一郵卒有り、馬を控て行く、小石に躓て曰く、汝獨り不幸にして碑と作らず、路中に踐まるゝ耶と其の嘲弄此の如し

吳宰相謙甫、出でゝ南原を宰す、閭境恩を啣み、木を伐り碑を作り、去るの日を俟て之に書せんとす、公之を聞き父老を絡て曰く、吾が政何ぞ能く碑を立つるに當らんや、凡そ碑の詞は、事蹟と相符す、然る後以て信を人に取る可し、我が未だ去らざるに及んで之を寫すが如き最も不可也、汝等碑を輿して來れ親く臨んで之を觀んと、父老之を信じ其の言の如くす、公父老を屛け石工に命じ、下馬等の字を刻し、鄉校の前に竪つ、時人以て體を得たりと爲す

◎舟覆らんごし。各々其祈を言ふ。

碧瀾渡に船を行る、波濤の徼する所と爲り、勢ひ將に傾覆せんとす、舟中に僧有り、祈て曰く南無阿彌陀佛々々と、瞽者曰く、角亢氐房々々と、巫曰く我王萬壽々々と、醫曰く、理中湯々々と、舟適ま敗れず對岸に泊る、一儒生有り、岸上に立て曰く、僧瞽巫の祈詞、各の其

の祈禱の說を誦す、醫の理中湯と云ふは何の謂ひぞと、醫答へて曰く、腹病の藥は理中湯最も妙なり、俗に腹を稱して舟と爲す、故に其の言ふ此の如しと、聽く者捧腹せざるは無し。

◎妓の言を信じて。翻弄さる。

宗室の坡城令、南原の妓を昵愛す、別れに臨んで妓紿て曰、一別の後何ぞ生を偸むに忍びんや、寧ろ蛇と爲て郎君を尋ね至らんと、坡城一に妓の言を信ず、時に鄭斯文、公州に牧たり窃に先づ其の語を聞き、坡城の州に來るの日、預め大蛇を繫ぎ坐席の下に置き、酒半ばにして膝を促し坐を移す、蛇の尾微しく露る、牧使佯り驚て曰く、怪ひ哉な何物ぞや、坡城獨り歎息して曰く、死せるか々々、眞に情深き女ぞや、泣下り衿を沾はす、短襖を脫して之を裹み、客舘の近地に瘞る、篤く之を祭つて去る、聞く者齒を啓く。

◎古來書道に意を致す者多し。

崔致遠の雙溪寺碑、及び海東名迹、秋風唯苦吟の如き、字體横竪の畫は、痩勁にして算字と相ひ似て、直致にして姿態少し、成石璘の演福寺碑、及び都評議使の司廳記の如きは、字體は成の字等の才晝、中の字等の直下の晝、甚だ長く、絕て他人の字樣と相ひ類せず、毎に窃に之を怪む、甲午の年京に赴き、諸法帖を購ひ得、其の中歐陽詢書する所の醴泉觀銘、皇甫府君碑を觀るに、字畫疲勁にして算字の如し、褚遂良の聖敎序を觀るに、才の晝、中の字等の晝甚た長し、始めて知る、崔は歐陽の體を學び、成は褚遂良の體を學べるを、我が東に在りと雖、名筆に至ては、則ち敢て自ら體を作さず、動て古人に倣ふと、此に於て亦た見る可し、李朝に至て以來、趙松雪子昂の體に倣ふ者甚だ多く、二王を學ぶ者は、絕て無くして僅に有り、虞褚顏柳蘇黃の體は、則ち更に傳る者無く、一樣に手に信せて胡寫し、復た古法無し、慨す可き也、中朝正德年間、吳人祝允明、臨池の名を擅にし、推して皇明法書の第一と爲す、國朝名臣法帖の中、祝允明書一卷有り、而して我か國鄭湖陰士龍、字體頗る祝の書する所の四愁詩に類す、未だ知らず、鄭の曾て祝の體を見て之に効へるか、抑も偶然に暗合せる耶。

◎東國の音律。

歌詩を絃管に被らすと、神妙の手に非ざれば能はざる也、本國の音は中國と殊に異なり傳ふる所の俗樂は未た必ずしも皆な節奏に合せず、正德年間、樂工に善長孫なる者有り、琴を善くするを以て一時に名有り、創めて歸去來の辭を奏す、閭閻の樂を學ぶ者、頗る其の譜を傳ふ、李贊成長坤、音律を曉り、掌樂院提調と爲る、一日院に坐し長孫として、歸去來の辭を鼓せしむ、纔に弄すると一再行にして、捽下して八十棍を杖たしめ、曰く、汝何ぞ敢て檀に僞樂を作り、以て衆人を惑はしむるやと、因て身死せしめ、歸去來の辭遂に絕つと云。

蓋し音樂は諸技中に於て、最も學び難し、天資有る者に非ざれば、其の眞趣を得る能はず、三國各の音律樂有り、然れども世代綿邈として詳にす可らず、惟だ今の玄琴は新羅に出で、伽耶琴は金官に出で、大琴は唐笛に倣ふて之を爲す、其の聲最も壯、樂を爲すの根本なり、鄕琵琶も亦唐琵琶に倣ふ、其の掛を設くるは、則ち玄琴と同じ、其の調絃撥々、學ぶ者之を難ず、善く鼓せざれば則ち堪えざる也、典樂大平なる者有り善く彈ず、其の子田守、傳て其法を得最も妙絕なり、玄琴は樂に於て最も善し、盲李班なる者有り、過ま世宗に知られ、禁中に出入す、金自麗なる者有り、亦た鼓琴を善くす、世宗の朝に許吾繼有り、李勝連、徐益成有り、勝連は世祖に遇知せられ、軍職に拜し、益成は日本に往て死す、又た金都致有り、年八十を過ぎて聲猶ほ衰へず、當時推して牙箏の巨擘と爲す、金小材なる者有り、又た之を能くし、亦た日本に死す、其の後廢絶する已に久し。

◎歌舞に就て。

處容の戯は、新羅の憲康王の時より肇る、神人有り海中より出で、始め開雲浦に現れ、來て王都に入る、其の人と爲り奇偉倜儻、歌舞を好む、益齊の詩に所謂る、貝齒顏歌夜月、鳶肩紫袖舞二春風一もの也、初め一人をして、黑布紗帽にして舞はしめ、其の後、五方處容有り世宗其の曲折を以て、改めて歌詞を撰び、名け鳳凰吟と曰ひ、遂に廟廷の正樂と爲す、世祖遂に其の制を增し、大に樂を合して之を奏す、初め僧徒の供佛に倣ひ、群妓齊く靈山會を唱ふ、相佛菩薩は、外廷より回匝して入る、伶人各の樂器を執り、雙鶴人、五處容、假面十八皆な隨行して縵唱すること三回、入つて位に就き聲漸く促る、大鼓を撞ち、伶妓身を搖かし足を動かし良や久うして乃ち罷む、是に於て蓮花臺の戯を爲す、是より先き、香山池塘を設け周く彩花を挿み、高さ丈餘、左右に亦た畫燈籠有り、流蘇其の間に掩映す、池前の東西に大蓮蕚を置き、小妓有り其の中に入る、樂は步虛子を奏し、雙高は、曲節に隨ひ翺翔して舞ひ蓮蕚に就き啄む、雙小妓は妓を排して出で、或は相ひ向ひ、或は相ひ背き、跳躍して舞ふ、是を動々と謂ふ也、是に於て雙鶴退き、處容入る、初め縵機を奏し、處容は列を爲して立ち時有つて袖を彎て舞ふ、次ぎに中機を奏す、處容は五人、各の五方に分れて立ち、袖を拂つて舞ふ、次に促機を奏し、繼で神房の曲を爲す、婆娑として亂舞す、終に北殿を奏し、處容に退て位に列す、是に於て妓一人有り、南無阿彌陀佛を唱ふ、群從て之に和す、又た觀音贊を唱ふると三周、回匝して出づ、毎に除夜に於ては一日夜、分れて昌慶昌德の兩宮殿庭に入る、昌慶は妓樂を用ゐ、昌德は歌童を用ゐ、曙に達して奏樂し、伶妓に各の布物を賜ふ、邪を闢くが爲め也。

◎佛　事。

新羅高麗は釋教を崇尚し、送終の事、專ら佛に供し僧に歸するを以て常と爲す、我李鮮に逮んで、太宗、寺社奴婢を革むと雖、而も其の風猶ほ存し、公卿儒士の家、例して殯堂に於て僧を聚め經を說き、名けて法席と曰ふ、又た山寺に於て、七日齊を設け、富家爭つて豪侈を務め、貧者も亦た例に因て措辦し、財穀を耗費すると甚だ鉅し、親戚朋僚、皆な布物を持し往て施す、名けて食齋と曰ふ、又た忌日に於て、僧を邀え先つ饋り、然る後に魂を引き祭を設く、名けて僧齋と曰ふ、成廟正學を崇び異端を闢け、凡て佛事を予し、臺諫極めて其の獘を言ふ、是に於て士大夫の家、憲章物議を畏れ、喪忌に遭ふと雖、倶に法に依り祭を行ひ、僧佛に供せず、其の因習廢せざる者は、惟だ下民なるも、然かも意を恣まにして之を爲すを得ず、又た度僧の禁を嚴にし、州郡推刷して牒する者無く、髮を長くし還俗し、中外の寺刹皆な空し。

◎宴　遊。

風俗の古に如かざる者多し、古は華筵を設け然る後に樂を用ゐ、先づ纏頭を備へ然る後に妓を請ず、饌品に制有り、樂を眞勺、慢機、紫霞洞、横殺門等の曲を奏す、小杯を傳へ酬酢し淺酌低唱す、呶を叫び德を伐るに及ばず、今や宴品は皆な豪侈、蜜果は皆な鳥獸の形を用ゐ旣に饌案を用ゐ、又た饌盤を設け、佳肴珍味、陳べせざる所無し、湯炙皆な疊で單ならず、酒未だ畢らずして、絃を繁くし管を促して雜用し、皷を貪ち屢ば舞ひて休せず、或は射帿に憑り、或は迎送に憑り、帳幕は都門の外に連り、終日遨遊して、職事を廢棄す、又た邸舍に聚り、三人相ひ遇へば、必ず妓樂を用ゐ、各の僮僕を司ひ、以て酒食を備へしめ、稍や協はざる有れば、必ず鞭笞を加へ、日に貧困に就く、娼妓も亦た宴幣無く、晨夕奔走し、衣服彫弊す、書を馳せ之を請ずる者坌集し、伶官をして樂を調ぶを得ざらしむるに至れり。

◎古都景勝の地。

朝鮮の都邑一に非ざる也、金海を金官國と爲し、尙州を沙代國と爲し、南原を帶方國と爲し江陵を臨瀛國と爲し、春川を穢貊國と爲す、皆な彈丸の地にして、各の其の境に據る、今の小邑なる者數るに勝ゆ可らず、慶州を東京と爲し、新羅一千年都する所也、山川回互、土壤膏沃、惟だ蚊川の一曲、遊ぶ可し、餘は奇勝の處無し、平壤は箕子の都する所、八條治を爲し、井田の制歴々猶ほ存す、今の外城是れ也、其の後燕人衛滿の據る所、又た高勾麗の都する所と爲す、其の國境たる、南は漢江に至り、北は遼河に至り、兵數十萬を擁し、最も強盛と爲す、高麗は置て西京と爲し、春秋往來し、以て巡遊の地と爲す、今に至り人物の富庶なるは、皆な其の餘風也、永明寺は即ち東明王の九梯宮、麒麟窟、朝天石在り、永崇殿は即ち、高麗の長樂官の基なり、都の鎭山を錦繡山と曰ひ、最上峯を牡丹峯と曰ふ、皆な培塿にして、松漢都の主嶽壯峻の如きに非ず、北面水無く、兵を豪り以て長驅するを得、南面は江を帶び、妙淸は城に據て叛す。其の恨む所也。城門大を究め、樓閣高亢なり、東に大同長慶の兩門有り、南に含毬正陽の兩門有り。西に普通門有り、北に七星門有り、八都の中惟た此の都と大都と、相ひ甲乙す。東十里にて九龍山下に、安下宮の基有り、何れの代の造る所たるを知らず、疑ふらくは是れ別宮也、成川を松壤國と爲す、古は江東を壤國と爲す、地勢狹隘と雖、而も山水の勝有り、龍岡山城最も壯なり、今に至るも屹然として頽れず、龍宮國と該稱す、據る所を知らざる也、扶餘は百濟の都する所と爲す、炭峴の內、半月城基猶ほ宛然たり、白馬を以て塹と爲すと雖。狹窄淺露にして、王者の居に非ず、蘇定方以て之を滅すを得たり、全州を甄萱の據る所と爲す、久しく高麗に降らず、今に至るも古都の遺風有り、鐵原は弓裔の據る所と爲す、泰封國と稱す、今に至るも重城の古基、宮闕の階級有り、春は則ち花卉亂發し、地危く勢阻り、江河の漕轉難しと爲す也、惟だ松都は、王氏興王の地と爲し、五百年基業の固る所也、鵠峯を主嶽と爲し、支分股散し、山勢周遭し、培塿の微と雖、皆な區城を爲す、水泉淸潔、坊々曲々、皆な遊ぶ可きの處也。高宗以後、移て江華に入るも、此は是れ海中の小島にして、稱し都邑と爲す可らざる也、我が太祖國を開き、都を移すの志有り先づ地を雞龍山の南に相し、己に京邑の規模を審にす、未だ幾ならずして止む、更に鼎を漢陽に定む、術者云ふ、古に孔岩在前の語有り、三角山の西に曙驛坪を迎え、直に美壤を爲すと、後ち更に之を相するに、皆な山外背走の勢あり、白岳の南、木覔山の北に如かず、帝王萬乘の地と爲せり、諺に傳ふ、松京は山谷環抱し、抱藏の勢有り、故に權臣跋扈する者有り漢陽は、西北高くして東南下る、故に長子を輕しと爲し、支子を重しと爲す、今に至るも大賓の相承、名公距鄕、率ね支子多し。

◎漢城附近の古佳境。

漢城都の中、佳境少しと雖、而も其の中遊ぶ可きの處、三淸洞を最と爲し、仁王洞之に次ぎ雙溪洞、白雲洞、靑鶴洞は又た其の次也、三淸洞は、昭格署の東に在り、雞林第よりして北に淸泉は亂松の間に瀉ぎ出で、流に緣て上れば、山高く樹密に、岩壑深邃、行くと未だ數里ならずして、岩有り、斷絶して崖を成し、水は崖巓より洒で白虹を垂れ、散沫は玉を跳らす如く、其の下水を貯て泓を爲し、其の傍、平衍にして數十人を坐す可し、長松蔭を交え、其の上は岩を挾み、皆な是れ杜鵑楓葉、春秋に紅影照曜し、縉紳の士、多く來り遊ぶ、其の上數步すれば、則ち演竄也、仁王洞は則ち仁王山下、深谷逶迤たり、福世菴は、谷水合流して溪を成し、都人爭ひ來て帿を射る、雙溪洞は泮宮の上谷に在り、雙泉有り澗を成す、金子固澗を挾み堂を搆へ、桃を種え武陵に倣ふ、姜晋山賦を作り、子固文雅一世を擅にす、故に豪俊多く之に從て遊ぶ、白雲洞は藏義門內に在り、中樞李念義、之に居り、待人題咏有り、然れども李は目書を知らず、名流に非ざる也、靑鶴洞は、南學の南洞に在り、洞深に淸川有り侯に可なり、然れども山童にして樹本無し、是れ恨む可き也、城外遊ぶ可き處は、即ち藏義寺の前溪最も佳なり、溪水は三角山の諸谷より出で、谷裡に厲祭壇有り、其の南に武夷精舍の古基有り、寺前に石を累ぬる數十丈、水閣と爲す、寺下數十步に遮日岩有り、岩斗絕して溪に臨み、岩上に張幕窠臼有り、且つ岩石層疊して階級の如く、奔流亂射して、晴雷耳を聒す、水淸く石白し、宛として塵外の勝致たり、衣冠の來り遊ぶ者絕たず、流に循て下ること數里にして、佛岩有り、岩に刻し像を留む、溪水折れ旋て北し、又た直に西に流る、其の間に古へ水碓を置けるも、今や亡し、其の下數里に洪濟院有り、院の南に小郞有り、長松郞に滿つ、其の古ひ亭有り、皇華服を易るの處と爲す、亭の廢せる己に久し、沙峴以南、慕華館の間、左右は長松栗林、重々として蔭を交ゆ、都人帿を射、迎送する者多く此に聚る、然ども瀉溪淸流無し、木覓山の南、李泰院の坪に、泉有り高山に瀉出す、寺の東、長松洞に滿つ、城中の婦女、衣を湃澼する者多く往く、伯氏の後園高岡を種藥山と曰ふ、北は城都の萬落を望み、西は長江を望み、眼界敞豁なり、然ども澗谷無し、恨む可き也、西に津寛。中興、西山等の洞有り、北は清涼、俗開等の洞有り、東に豊穣有り、南に安養寺等の處有り、皆な崇山鉅溪、遊憩す可き者一に非ず、然ども都を去る遥からず、遊人至る者罕れ也。

◎花卉盆栽。

姜希顔は晋州の人、字は愚愚、仁齊と號す、玩易齊の子なり、詩を善くし、書を善くし、畵を善くし、時に三絶と稱せらる、詩は韋柳に似、畵は剎郭に似、書は王趙を兼ね、英廟の朝に登第し、官は仁順府尹に至る、四十八にして卒す、仁齊少にして才藝有り、凡そ物理の精粗、一見して自ら解す、晩に楊州院樓に登り、詩有り曰く

有レ山何處不レ爲レ廬。坐對二青山一試二一嘘一。
簪笏十年成二老大一。莫レ教二霜鬢賦二歸歟一。

と、氷川君定、見て之を批して曰く、此の詩、徐に非ざれば則ち李なりと、時に徐居正、時承召、詩名を擅にす、定の服する所なり、後に定、樓下を過ぎ、更に前批を讀む、其の下に

書有り、曰く、此の詩、江山の雅趣有り、一点の塵埃無し、世儒結習の者の作る所に非ず、且つ天地の大、江山の奥、豈に人才無からん、而かも必ずしも徐李を推さん耶と、定見て大に悔恨し、其の批を抹して去る、著す所、養花錄有り、世に行はる、

養花錄、一に曰く老松、枝幹屈曲、嶙峋にして枯槎老柳多し、葉針にして細短、子を帶び花を着く、岩石の間に寄生する者を佳と爲す、二に曰く萬年松、層枝翠葉、條絲の如く垂下す身幹回曲し、赤蛇の林に騰るが如し、香の烈なる者は乃ち佳なり、葉白くして刺有る者は、乃ち下品と爲す、好んで金剛、妙香の兩山絕頂に生ず、二三月に枝を折り、別器に揷み、陰處に置き、徐々に水を澆げば則ち活く、更に新葉を敷けば、必ず鬆々として刺有り、年久しければ則ち條絲す、〇都下の栽接する者、皆な千葉紅白梅、實を結び雙多し、即ち譜に所謂る鴛鴦梅なり、先づ桃を將て盆に栽え、梅の枝に懸掛し、桃と梅の兩邊の皮を剝ぎ去り、然る後ち合するに生葛を用て、堅緻纏束し、氣の皮縫に通じて相接するを待て、後に本梅を斷ち去る、之を倚接と謂ふ、頻に水を以て交結せる枝梢に澆ぎ、漸々に橫斜し、老梅の形と作し、接梅を盆に栽ゆ、冬月は暖房中に入れ置き、數ば々溫用を用て、其の枝根に噀ぐ、冷氣に觸る勿れ、冬至前に於て綻び開き、淸香室に滿つ可し〇都下の花を養ふ者、瑞香花譜を知

らず、亦た培養の方を知らず、今ま培養の術を得ば、花葉茂盛す、綠葉紫花の者を最も佳と爲す、一蕚纔に綻び、淸香庭に滿つ、花謝し子結べば、則ち赤きと櫻桃の如く、綠葉の間に爛熟す、眞に閑中の勝友也、瑞香花葉、深綠廣厚の者は、乃ち常の性を失はざる也、陶隱の送詩に云ふ、綠葉紅花香可レ烈。頻レ君擔送伴二幽人一。○緋桃、粉桃は、東方昔し此の種無し、忠肅王、元に入り、尙公主東に還る時、帝の賜賚する所也、○怪石は、松都の南に產出する者、能く水を引き頂に至る、形模は一に水沉香の如し、俗に之を沉香石と謂ふ、眞に天下の絕寶也、世人怪石中に於て、或は岩茶及び雜卉を、凹處に種へ、自ら以て高致と爲すも、皆な俗士の爲す所也、○蘭葉は一年にして盡く抽く能はず、明年の季夏に畢く抽く、湖南沿海の諸山に出づる者、最も佳也○四季花は、獨り四時を占む、五行を以て言へば、猶ほ土の四時に寄旺なるか如き也、養花の方を學び得る者は、必ず先づ此花を養ふ、此れ花の指南也、四季花に三種有り、其中の靑竿は佳ならず○山茶花は東國の種る所にして、四種有り、冬柏春柏と號し、及び都下養ふ所に、千葉冬柏有り、又た千葉山茶有り、東方に本と重葉山茶無し、忠肅王尙公主の東還の時に、帝の賜ふ所なり、好事者愛惜し、今に至るも其種を失はず○梔子に四の美有り、花の色白膩なるは一也、花香の淸潤なるは二也、冬に葉を改めざるは三也、實に黃色に染るは四也、梔子の花の性は、大に燥暖を惡む、大暖に收藏すれば、則ち枝葉萎黃し、花を發く能はず、凍傷も亦た不可也、衆花の中收藏する最も難し、水を澆ぎ燥すこと勿れ、又た畏日に曝す勿れ、若し善く培養せば、則ち能く實を結ぶ○凡そ菊を養ふは、舊制に作る勿れ、一坎每に一條を分種す、條弱き者は、葦條を用て之を扶く○石菖蒲は、初春に盤根細葉の者を採り、其の鬚根を剪り、怪石の下に列置す、又た碎石を用て之を鎮め、石泉を以て浸灌せば、自然に根を生ず、近世一相有り、使を日本に奉じ、西方寺に到る、一老宿有り、沙彌をして、一海螺を捧げ來らしめ、之を示す、螺背に物有り、龍蛇蟠蜒の狀の如く、纏結すること數重、鬐鬣有り、細きこと針の如し、之を熟視すれば、乃ち菖蒲也、相は甚だ之を異とし、戲れて曰く、願くは奇寶を賜ひ、以て吾が行を侈れと、老宿曰く、積んで數百年に至て乃ち成る、倘し塵世に出さば、必ず枯槁す、此れ神物也と、舊處に還置せしむ○今の養花家に、多く盤榴有り、枝葉をして蟠屈せしめ、數三層を作す、秋來れば實を結ぶ、甚だ愛玩す可し、直幹上竦して、張蓋の如き者、之を柱石榴と謂ひ、數株叢生し、枝柯錯亂する者、之を藪石榴と謂ふ○凡そ蓮を種るは、紅白は宜く一池の内に並せ種ゆ可らず、須く隔て分種と作す可し、然らざれば則ち、白盛んに紅は必ず衰ふ、大瓮中に紅白蓮を種る、菰蒲、蘋藻の類を兼ね種ゑ、以て池沼の形と爲すは、最も清絶と爲す〇橘樹は、唯だ霜雪に値ふも葉々蒼翠なるも、微風一たび過れば、香も亦た止まらず〇牡丹に洛紅有り、忠肅王尙公主、東還の時、帝の賜ふ所也〇五六月梅雨の時、新竹の葉短く枝密なる者を擇び、盆に栽ゑ、横根を斷取し、左右各の數節を連ぬ可し、少く搖動せば、則ち葉卷て舒びざる也〇蕉を養ふの法は、大燥なれば則ち焦し、大濕なれば則ち散る、善く養の機は、自得に在り〇烏班竹都下氣寒く、存する所の者は、唯だ烏班竹のみ、班竹は歲を經ば烏に變ず也〇英廟二十三年、日本國より躑躅花數盆を進む、上命じて內庭に植ゑしむ、其花開くに及べば、葉は單にして花瓣班だ大色は石榴に類し、錦蕚を重ね付け、久くして衰へず、上嘉賞し、上下林花に分植せしむ。

◎佛教衰頽し。文武科と共と試法せる。

文科武科の、一時同榜の者、之と同年と謂ひ、雜科及び試禪の者も、亦た文武と謂て、同年と爲す、蓋し授けて之を倫にす也、共に法を試む、禪宗は傳燈拈頌を講じ、敎宗は華嚴經を講ず、各の三十八を取る、前には內侍別監、命を奉じて往き、今は則ち禮曹郎廳往く、宗典判事は、傳法を掌務し、三人證義す。十八同坐して試み取る、賂を判事、證義に納る者は、入格し、否らざれば、則ち名を能くする者有りと雖、入るを得ず、其の私に循ひ欲多き、世人より甚し、入格の者は、之を大禪と謂ひ、禪宗は則ち、大禪より昇て中德と爲り、中德より昇て禪師と爲り、禪師より昇て大禪と爲り、判事を拜する者、之を都大禪師と謂ふ、敎宗は則ち大禪より昇て中德と爲り、中德より大德と爲り、大德より昇て大師と爲り。判事を拜する者は、之を都大師と謂ふ、兩宗の內外諸寺を分掌する、各の十五許、中德に昇る者は、差に注し、持禪に注し、敎宗は三望を備え、禮曹に呈し、禮曹は吏曹に移し、入啓して點を受く。

◎寺院は儒臣の讀書堂と爲る。

世宗、集賢殿の儒臣、申高靈等の數人を集め、暇を賜ひ、津寬寺に讀書す、其の後、洪益城徐達城、李明憲等の數人、藏義寺に讀書す、世祖、集賢殿を革め、儒臣有名の者を擇び、之を兼藝文と謂ひ、其の司無くして只だ闕に詣り、或は治道を論じ、或は政事を議す、是に由て擢拔の者多し、成宗復た弘文館を設け、蔡耆之、許獻之、曹太虛、權叔强、楊斯行、兪克巳等、命を受て藏義寺に讀書す、舊と僧舍有り、南湖歸厚署の後岡に在り、世に稱す、十六羅漢靈驗有りと、香火絶えず、僧に尙雲なる者有り、其の舍に居る、妻を娶り子を生む、憲府之を鞫し、僧を罰し還俗せしめ、佛像を興天に移し、遂に其の舍を以て、弘文館に給し、番を分て讀書せしむ、名けて讀書堂と曰ふ、朝士の遊覽する者、多く酒を持し往て訪ふ、上も亦た屢ば酒食を賜ひ、宴を設けて之を慰む、今に至て替えず。

◎城外遊觀の處。

城外の三面に四大院有り、世祖、僧の才幹有る者に命じし、之を修せしむ、普濟院は東大門外に在り、三月の上己、九月の重陽、耆老宰樞に宴を樓上に賜ふ、洪濟院は沙峴の北郊に在り、郊中に高丘有り、蒼松は其の上に滿つ、上に小亭有り、天使の京に入るの日、留連して服を其亭に改む、其の後ち亭毀つ、今は則ち天使は院に止る、濟川亭は漢江の北岡上に在り風景絶勝、天使の遊觀する者、先づ此の樓に上り、縉紳の客を迎送する者、日々に坌集す、沙平院は漢江の南沙郊に在り、地勢汗下し、惟だ行人の暮に因て江を渡る能はざる者、止宿す、楊花渡の北岸に喜雨亭有り、是れを孝寧大君の第と爲す、其の後ろを月山大君の所有と爲す、成宗毎歳に、稼を觀、及税艦を聚め水戰を習ふの時、親しく臨幸す。名を改めて望遠亭と曰ふ、御製の詩數首、朝臣の文名有る者、皆な之に次す、龍板環つて亭上に掛る、大君卒するの後より、成宗復た亭に幸せず、屢ば濟川亭に幸す、亭の狹隘なるを以て、命じて改め營ましむ、僧有り、嘗て箭串橋が搆え、萬石を伐り大川を越え橋を作る、橋三百餘歩に跨り、安きこと屋宇の如く、行人は平地を履むか如し、成宗以て能と爲し、其の僧に命じて之を搆えしむ、官力を煩さゞらんと欲して、多く米布を給す、僧費用して數歳功無し、纔に棟宇を立つ、成宗竟に未だ登御せず、百寮悲痛す、其の後、天使王献臣來る、朝廷畢く修して丹艧を加ふ、其の後、箭郊に大橋を作り、濟盤橋と名づく、又た東大門外に往て坪を尋ね、大橋を搆え、名けて永渡橋と曰ふ、皆な御筆の定めし所也。

◎卜者の妄言は古今同じ。

經を讀む盲の類は、皆な剃髮す、世人稱して禪師と曰ふ、老盲に金乙富なる者有り、廣通橋畔に居り、卜筮を以て業と爲す、人爭つて之に問ふ、事多くは差違す、婦人の輩皆な曰く、廣通橋禪師、凶と言ては則ち吉なりと、金參判賢甫、其の子試に赴く、賢甫は文章を取て之を觀て曰く、汝の文詞甚だ鄙し、選に當るを得ずと、榜出づるに及べば、則ち其の子高中す、同僚笑つて曰く、廣通橋禪師、凶と言へば則ち吉なりと。

◎強て解する者。皆な此類也。

徐居正、少なる時同學二三人と山寺に遊び、一佛書を見る、其の上に題して曰く、孔子贊、吳道子畵、蘇東坡書す、或は曰く、古書必ず妙、盍んぞ之を袖にして去らざる、或は強て事を料る者有り曰く、孔子は周人也、漢の明帝の時、佛法始めて中國に入る、孔子が佛に贊すと謂ふは、理無し、且つ吳道子は唐人也、安んぞ吳道子の畵にして孔子贊する有らんや、蘇軾は千百載の後に生る、安んぞ孔子と時を同うして、著す所の贊を書するを得んや、必ず後世好事者の爲す所也と、予等皆な年少、事を料らずして之を信せり、後に一貴公子の家に於て、此の書を見る、乃ち古今第一と稱して、書譜の首と爲す、予之を審に視れば、則ち所謂孔子の贊なる者は、乃ち列子の言ふ所にして、孔子曰く、西山に大聖人有り、名けて佛と曰ふ、言はずして信じ、無爲にして之を化すとの說也、蘇軾取て之を書せる也、前日強て事を料る者の言は、之を一笑に付す可き也、後世本末を知らずして、強て事を解する者は、皆な此の類也。

◎箕子を尊信す。

箕子中國より、儒學禮樂、及ひ技藝百工三千餘人を率い、凡そ商家の文物盡く捲て東し、平壤に都す、初め至るや、唯吁被髮し、語音通せず。地を書して字を成し、始めて情を通ず、之に敎ゆるに籩豆を以てし、以て食し、籩豆以て祭り、生者は養有り、死者は葬有り、男婚女嫁、亦た皆な禮あり、八條の敎を設け、仁義の化を興し、盜を化して良と爲し、夷を變じて華と爲し、井田の遺制、宛然として猶は存す、今に至る迄千有餘年、東民の三綱五常の德を知り、君臣父子の道を存して、禽獸を免るを得る者は、皆な箕子の化也と。

◎義奴奇計を以て。其の主を救ひ出す。

世宗の朝に、朝官の性吳なる者有り、贓罪に坐し刑死に當す、明日を以て將に刑せんとす、其の妻許氏秘計を出し、一奴をして婦人の服を服せしめ、帽を以て頭を裹み、獄に到り吏に告げて曰く、罪人吳某の妻なり、聞く良人明日當に戮に就く可しと、願くば一たび相見て永訣せんことをと、獄吏哀れんで之を許す、一隙地に就て哭泣して、夫婦永訣の狀を爲す、其の奴豫め刀鉅を袖にし、鎖杻を截り去り、轉じて自身の上に加へ、尋で婦人服を以て、主人に加へ獄門より擠し出す、曰く、許氏別辭を告げ去ると、別に駿馬を外に置き、旋て即ち騎り走る頃刻して獄吏入り視れば、罪人に非ずして乃ち奴也、追捕すれども及ばず、英廟其の奴を義なりとして之を免す。

◎男女兼性の判。

嘗て一奴有り、容貌酷だ女に類す、少時より常に雌服し、年四十を踰え、士大夫の門に出入す、事頗る露る、臺諫因て法の如く論せんと請ふ、世祖事の曖昧に渉るを以て之を延さんと欲す、顧みて臣徐居正に謂て曰く、卿の意如何と、居正對て曰く、臣少にして江湖記聞を閱みす、江淮の間に一比丘尼有り、針繡を善くす、良家有り、女兒を遣し之に師事せしむ、忽ち娠める有るを覺ゆ、爺孃之を詰責す、女曰く、比丘と日々寢處を同くす、人道の感有るが如く、乃ち斯に至れりと、良家は縣官に訴へ之を覈にせんと請ふ、比丘を審視すれば、則ち陰陽二道倶に闕く、縣官將に之を免さんとす、老媼有り曰く、鹽湯を用て陽根の上に浸し、黄狗を以て之を舐めしめはば、陽道迸出せんと、縣官之を試るに果して然り、縣官判して曰く、天の道に在ては、陰と曰ひ陽と曰ひ、人の道に在ては、男と曰ひ女と曰ふ、今ま此の比丘は、男に非ず女に非ず、人道の正を亂ると、乃ち之を誅す、江淮の人皆な快とせり、盖し天下の事理、窮り無き是の如しと、世祖笑て曰く、卿愼んで強て事を曉る勿れと。

◎妻の睡を覺さんことを恐る。

猶子士衡なる者、性質寛緩なり、嘗て夜る妻と同臥す、適ま士衡睡り覺む、婢有り室に入り嚢を折き米を盗んで去る、翌朝其の妻、嚢を檢して之を知り、婢僕を毆打す、士衡猶ほ臥して起きず、其の事を問ふ莫し、徐々として言つて曰く、我は盗を知るも、亦た言ふこと無からんと、妻曰く、若し知る所有らば、速に之を陳べよと、士衡曰く、米を盗む者は婢某也、幾斗を取れりと、妻大に罵つて曰く、其の時何ぞ之を言はざると、士衡曰く、君の睡りを驚さんことを恐れ、故らに言はざるのみと、人其の言はざるを笑ふと雖、其の妻を愛する亦た勤めたる哉。

◎鐵原は古の好獵地。

鐵原は古の東州の野にして、號して獸藪と稱す、世宗屢ば臨んで獵を講ず、獸を狩る算無し賓庖公需の外、宰樞に賚賜する者も亦た算無し、是に由て文昭殿の朔望の祭胾は、惟た鐵原平康之れを供して餘り有り、今ま東州の野、大半は畊種し、禽獸鮮少也、兩邑も獸を獲るに艱關す、若し獲されば、則ち棲々遑々として、寢食に暇無し、上下の官吏、林藪を搜索して僅に罪罰を免る、然れども今に至るも廢せず、猶ほ他處に勝れり。

◎再嫁を許さゞるの弊。

一宰相の女有り、出で嫁して未だ期月ならずして夫を喪ひ、父母の側に孀居す、一日宰相外より還て內に入れば、其の女は下房に在て、凝粧盛飾、鏡に對して自ら照らし、已にして鏡を擲ち面を掩て大哭す、宰相其の狀を見て心甚だ惻然たり、外に出で坐し默然として語無し適ま親知の武弁、門下に出入する者有り、家無く妻無く、而も年少壯健の者也、來り拜して問候す、宰相遽に人を屛け言て曰く、子の身世是の如く窮困す、君吾れの女婿と爲るや否やと、其の人惶蹙して曰く、是れ何の敎ぞや、小人敎意の如何を知る能はず、而かも敢て命を奉せざらんや、宰相曰く、吾れ戯言するに非ざる也と、仍て櫃中より一封の銀子を出だし、之に給して曰、此を持し往て健馬及び轎子を貰ひ來り、今夜漏深ける後に吾が後門の外に待て、切に期を失す可らずと、其の人半ば信じ半は疑ひ、第だ之を受け、其の言に依て轎馬を備えて後門に待つ、暗中より宰相は一女子を携て出で、轎中に入らしめ之を誡めて曰く、直ちに北關に往て居生し、跡を門下に絕てと、其の人何の委折たるを知らず、轎に隨ひ城を出で去る、宰相は内に入り房を下て哭して曰、吾が女は自栽せりと、家人驚遑して皆な哀を擧ぐ、宰相仍て言て曰、吾が女は平昔人を見るを欲せざりき、吾れ當に襲歛す可し、渠の媤兄と雖必ず入り見せしめずと、仍て獨り自ら衾を歛め、之を裹んで屍體の樣と作し、覆ふに衾を以てして、始めて其の舅家に通じ、入棺の後之を舅家先山の下に送葬す、過ぐると幾年後某宰相の子某、繡衣の官を以て北關を按廉し、行て一處に到り、一人の家に入れば、則ち主人起て迎ふ、兩兒有り傍に在て讀書す、狀貌淸秀、頗る自家の顏面に類す、心竊に之を怪む、日勢已に晩く又た困憊す、仍て留り宿す、夜に至り内よりして忽ち一女子有り、出で來て手を把て泣く、驚て熟視すれば、則ち卽ち其の己に死せるの妹なり、驚訝に勝えずして之を問へば、則ち言ふ、親の教に因り此に居り、已に二子を生めり、此れ是の兒なりと、繡衣の官は口噤して語無き良や久し、久懐を畧叙し曉を待て辭し去り、復命して後ち家に還り、其の大人の歸るを待つ、宰相歸り來て坐し、從容として聲を低めて言て曰く、今度の行に於て怪訝の事有る可しと、宰相目を張て熟視して言はず、其の子敢て說を發せずして退くと云ふ、此の宰相の姓名は記せずと。

◎官より督促して婚を成さしむ。

在昔一の暗行御史有り、諸邑を檢察し、往て某村を暗行す、時當さに八月望日、天霽れ氣清く、寒ならず熱ならず、一村家に宿す、月を観んとし出で遊び、與に乘じて閭里の間に散歩し、一家の籬外に至て少憩す、忽ち聞く籬内に人跡の聲有り、笑語甚だ諠し竊に之を窺へば乃ち年若き女子四五人、相ひ携えて游嬉す、其の中の一女子乃ち曰く、今や夜靜に月明か也吾が翟盍んぞ大守の戯を作さゞるや、衆女皆な應じて曰く諾、其の中の女子自ら相ひ排定し一は即ち太守の官と爲り、一は則ち刑房の官、一は則ち吸唱の官、一は則ち使令の官、一は則ち朴座首と爲る、少焉らくして其の太守は刑房に分付して曰く、某村の朴座首を斯に速に拿し入れよと、刑房は吸唱に傳へ吸唱は使令に傳ふ、使令は長聲高答して、朴座首を捽へ曳て其の下に跪かしめて曰く、拿し來れりと、其の太守なる者分付して曰く、女子生れて夫を持ち家有らんことを願ふ、人の大倫之を廢す可らず、父母の心人皆な之れ有り、汝即ち女五人有り、幷に皆な年過ぎて尙ほ婚を議するの事無し、其れ將に倫を廢せんとするか、汝家法を以て此を慮るを知らず、婚を求むるに意無し、安んぞ人の父たる道有らんやと、刑房は其の語を吸唱に傳て曰く、分付を聽け、其の座首なる者跪て對て曰く、民も亦た人也、豈に之を慮るを知らざらんや、心常に憂悶す、而も民の家貧寒なり、誰か肯て貧家の女を娶らんや、且つ合す可き郎材無し、爲めに尙ほ未だ定むる有らず、知罪々々云々と、其の太守曰く、其村の李座首の家に二十歲の秀才有り、某村の金座首の家に十九歲の秀才有り、某村の徐別監の家、某村の崔都監の家、某村の姜別監の家に、各の某歲某歲の秀才有り、何ぞ合す可きの處無からんや、都て是れ汝が推托の辭のみ、更に多言する勿れ、速に婚を通し以て日を擇び禮を成すこと至て可なり、座首對て曰く、分付誠に至當なり謹んで當に速に圖る可しと、太守曰く之を曳き出せ、使令は高聲に奏して曰く、出し送れりと、仍て相ひ與に掌を拍て大笑し一齊に散じ走る、御史は詳に首尾を察して駭笑に勝えず、其の情事を念ふて切に哀矜を催し其の翌に於て洞内を探廉すれば、則ち其の家は果して是れ朴座首の家にして、女五人有り。長は二十三歲にして最少は十七歲と爲す、所謂朴なる者は、但に貧寒のみならず、痴にして事を解せず、五女は皆な年を過ぐと雖、視て尋常の如く悶を爲すを知らず、素と敎訓無く、針線杵臼の事皆な曉る無く、唯だ游戲日に度る、故に人之を願ふ者無しと云ふ、又た其の秀才有る處を探るに、果して昨夜聞く所と差ふ無し、乃ち其の邑內より出道の後、朴座首を捉へ來て庭に拿入し、其の罪を數ふる前夜處子の爲すか如し。朴座首果して合ふ可き郞材無きを以て辭と爲す、御史遂に處子言ふ所の郞材に依て之を歷數して曰く、吾が知る所を以てするも、許の如く合す可き處有り、何ぞ婚を議せずして一向に合ふ可き處なきを以て推托するやと、朴座首曰く、此れ亦た知らざるに非ざるも、貧家の女子素と敎訓無し、誰か肯て婦を娶らんや、是を以て敢て人に向て口を開かずと。御史曰く、然らば則ち汝は、幼にして敎えず長じて倫を廢す、安んぞ其の人の父たる道在らんや、吾れ當に今日內に於て定め給す可しと、遂に各面の所謂李座首、徐別監、崔都監、金座首、姜別監等の五人に傳令す。五人皆な即刻に捉へ致し、之をして當面に婚を定めしめ、又た之をして斯に速に婚禮を行はしめ、又た本官に囑して、其の婚を爲す需量は助け給せしめ、官より督促して婚を過さしめ、婚過ぎ形止れば、即ち牒報を爲せと分付す、御史の分付誰か敢て違拒せん。遂に敢て一聲を出さず同日に吉を涓み、五女一時に區處せりと云。

◎大守夫人の勇氣。

昔は密陽の倅有り、中年にして耦を喪ふ、妾と一女有り、女子生れて纔に數月にして母を失ひ、乳母に鞠せられ之を待つこと母の如く、乳母と與に別堂に處れり、其の倅之の女を鍾愛することと深甚なり、一日突爾として其の女乳母と共に去て往く處を知らず、邑內村里を遍く探せども、影響遂に絕つ、密陽の倅は心驚き魂喪ひ、狂疾俄に發し、亂叫亂鳴、號慟狂奔す、已むを得ずして職を罷められて京に還り、仍て以て死を致す、此れより後密陽の太守に新に除せらるる者、輒ち任に赴くの日に於て頓に死すること三四を歷、每々是の如し、人皆な視て以て凶家と爲し、其の地に定配せらるゝ人、多般に忌避して願ふ者無し、朝家大に之を憂ひ、是に於て朝參の令を出し文武百官を闕內に參集せしめて、自ら願ふ人を募らんとす、時に一武辨有り、禁軍に久しく勤むと雖、僅に陞て後落職すること二十餘年、年六十に近くして飢寒骨に到り、十年一衣三旬九食、艱辛是れ極まり門を出づるを得ざる己に久し、所謂名士宰相に一の知面の者無し、便ち密陽倅を慕るの事を聞き、其の妻に語る、其妻乃ち曰く、死は等しき耳、何の畏れか之れ有らん、即日に身死すと雖猶ほ太守の名を得、僥倖死せずんば則ち豈に萬幸に非ずや、須く趦趄する勿れ、必ず自ら願て赴く可しと、武辨乃ち其の言を然りとし、直に闕に赴き挺身して班を出で、奏して曰く、小臣不才と雖願くは自ら往かんと、上大に之を嘉みし政單を開て之に付す、當日に朝を辭し、家に皈て憂歎して曰く、卿の言に依て自ら願て赴かんと雖、然かも當に必ず死す可し、吾は則ち猶ほ太守の名を得、死するも固り恨み無し、而かも卿が家眷に至ては何の意味有らんや、今より永訣する豈に痛傷にあらずやと其の妻曰く、前官の死せるは皆其人の命のみ、鬼怪豈に能く人を死せしめんや、我れ女子と雖以て赴任の路を擔當す可し、我と同行すると如何と、遂に其妻を率ゐて治發す、其の邑界に到るや、所謂官屬は次々に現身するも、而も其の氣色を觀れば、則ち短日の太守を以て視全く敬謹の意無し、顯に慼額の色有り、夫人の同行を視て最も頭痛を以てして衙中に入る、内外の衙舍全く修理せず、破壁壞堗、滿目愁亂たり、黃昏に至るの時、通引及び吸唱の吏輩は皆な告げずして退き、衙中遂に空く一人無し、今夜正に是れ畏る可し、夫人曰く、夫子は須く内舍に入處す可し、吾は當に男子の服を換着して、衙舍に坐し以て動靜を觀る可き也と遂に燭を明かして獨り坐す、夜深く三更に至るや、忽ち一陣の陰風吹き來り、燭火明滅、冷氣骨に逼る、少焉くして房門自ら開く、一處女有り、滿身血流れ髮を被むり、手に朱旗を持て房中に入る、夫人は毫も惶せず驚かず、之に語て曰く、汝必ず冤有り伸ぶる無く、呼び訴へんと欲して來る也、吾れ當に汝の爲めに讐を報す可し、須く靜に以て之を待つ可し、更に來り現ずる勿れと、其の處女拜辭して去る、夫人乃ち衙舍に入り夫に謂て曰く、鬼怪は已に旣に經過せり、今ま畏る可き無し、須く寢を出ず可しと、其夫は尙ほ畏怖すと雖、夫人の擧動を見て已むを得す臥を出で、衙軒に輾轉して寐らず、天將に明けんとするに迨んで、門外に人跡颯蹈し、語聲洶々たり、穴窓より窺ひ視れば、則ち乃ち校吏奴令通引房子の吏輩也或は草席を持ち或は空石を持ち、相ひ率て偶語し庭に入る、互に相ひ推諉して曰く、汝先づ廳に上て門を開けと、面々相ひ退き肯て先づ登る者無し、太守乃ち衣冠を正だし窓を開て坐して曰く、何の事故有て是の如く洶々するものぞ、抱持する所の者は何物ぞやと、吏輩大に驚ぎ以て神人と爲し、蒼黃として趨り避け、恭しく雁鶩の拜を爲す、守令遂に昨日禮を闕く諸漢の罪を治し、首鄕首吏皆な淘汰し、號令嚴明、治法井々たり、是に於て官屬惴々として敢て聲を出さず、其の夜入て夫人に問ふに昨夜經る所の事を以てす、夫人は其事を將て歷々と之に語り、且つ曰く、此れ必ず前官某等の處女、凶漢の手に寃死して、世皆な之を知らず認むるに他に去るを以てせる者也、須く暗地に探廉し、姓名朱旗なる者有るか如きは、多言を須ゐず嚴鞫す可き也と、太守點頭す、其の翌、朝仕の後、偶ま將校の案を閲みするに、則ち本廳の執事に周箕の姓名有り、乃ち衙に坐して大に威儀を張り、多く刑杖を見し、即ち令して周旗を拿し入れ鎖を以て結縛し、大枷を以て之を刑機の上に加ふ、一邑上下驚き怪まざるは莫く、其の故を知る無し、太守乃ち問て曰く、前某官の處女去る處汝必ず之を知らん、須く加刑を待たずして、直に一々罪を白せと、太守到任法令嚴明の故を以て之を畏る神の如く、況んや厥の身重犯有り、心常に憧々す、是に至て心魂恐喪して面色土の如く、欺蔽の計を生ずるを得ず、乃ち前後の委折を以て一々に白状す、蓋し前倅の嶺南樓を觀るが爲め出で來る時、厥の漢は戸隙より窺ひ見て悪意を生じ、又た其の處女乳母と一室に別處し、乳母を恃む親母の如く、言有れば必ず従ふを聞き、乃ち厥の漢多き財物を用て厚く其の乳母と結び約するに其の女を誘て其處に至らば、當に千金を以て厚く報す可きを以てす、蓋し其の處は即ち内衙の後園竹樓にして、地甚だ深僻にして内衙と絶遠す、下に竹林十數頃有り、時々逍遙暢樂の所也、厥の乳母は財に利せられて、遂に處女を携え竹樓の上に觀月す、厥の漢は身を樓下に隱くし、不意に跳り出て直に其の腰を抱き、竹林深處に擔入し、强て其處女を汚さんとす、處女且つ哭し且つ號び終に其言を聽かず、厥の漢以爲らく、此の地頭に到る死は則ち一般なりと、遂に佩刀を拔て之を刺殺す、又た思ふ乳母を殺さゞれば、則ち事端綻び易しと、又た之を殺し、兩腋下に各の一屍を挾み、垣を踰て出で、官家主山人跡到らざる處に暗埋す、今に幾年にして人識る者無し、太守乃ち狀を見して營に報じ、即日之を打殺す、其の處女の屍體を出して之を視れば、血痕狼藉たり、其の衣服を改め棺槨して之を斂め、本家に報じ昇して其の先山の傍に致して之を葬る、後ち其の竹樓を毀ち竹林を伐る、是より後ち邑遂に無事にして、太守神明の稱、擧世喧傳し、累遷して高官に達し令名藉々たりしと云。

◎前代の曆と時刻。

曆書は國家の大政也、中國は每年に曆を頒ち、我が國も曆を作り、亦た中國と脗合して差無し、唯だ晝夜に於て、中國は則ち極長は六十刻、我か國は則ち六十一刻、中國は則ち極短は四十刻、我か國は則ち三十九刻、蓋し我か國東方に偏在するを以て、日出に近し、故に一刻の差異有り、常に鑄字を以て印出し、中外に頒行す、而して壬辰夏、和冠郡城を陷れ、曆器等の物も蕩失して餘す無し、其冬義州に駕に隨入る日官數人、偶ま七政算、大統曆註等の書を得、癸巳曆を造り、刻板を以て若干卷を印出して頒行す、癸巳の冬、車駕都に還る、人有り印曆鑄字を得て之を献じ、乃ち舊に依て曆を作り、印出して頒行す。

◎壬辰の亂に。府庫の書籍盡く灰燼と爲る。

壬辰三月廿九日の夕、氈笠三人有り、馬を走らし崇仁門に入る、城内の人爭て軍前の消息を問ふ、答て曰く、我は巡邊使軍官の奴僕也、昨日巡邊使は忠州に敗死し、諸軍潰散す、俺等身を脫して獨り來り、歸り報じて家人をして地を避けしめんと欲する耳と、聞者大に驚き、過ぐる所傳へて相ひ告げ、時を移さずして滿城俱に震ふ、初昏に上急に宰執を召し、出で避るの計を議す、上は東廂の地に出御し、坐に燈燭を張る、大臣啓して曰く、事勢此に至る、車駕暫く平壤に出で幸し、以て恢復を圖らん而已と、俄にして李鎰の狀啓至る、而して宮中の衞士盡く散ず、啓を發ひて之を讀む、內に言ふ、賊今明日の間に、當に京城に入る可し、良や久うして車駕先づ出づ、夜已に四鼓也、都承旨の李福恒、步を促して闕內に入れば、則ち宮中闃として人無し、天又た大に雨ふり、黑きと漆の如し、中殿は侍女十數人と與に、步して仁化門を出づ、恒福燭を執て前導す、時に危亂に當て、誠を竭し節を盡くす者、惟だ恒福一人、兩殿既に出で、三廳の禁軍皆な奔竄し、昏黑中に互に相ひ抵觸す、景福宮を過ぐれば、兩邊に哭聲相ひ聞ゆ、敦義門を出で沙峴に到り、東方明に向ふ、回視すれは、城中火起り、烟焰已に空に騰る、蓋し亂民先づ掌隷院刑曹を焚く、其の公私奴婢の文籍在る所なるを以て也、又た内帑庫に入り、金帛を搶掠し、景福宮、昌德宮、昌慶宮を焚き、一の遺る者無し、歷代の寶玩、及び文武樓所藏の書籍、春秋館の各朝實錄、他庫藏する所の前朝史草、承政院の日記、皆な灰燼と爲る、藝文館檢閱、趙存世、朴鼎賢、任就正、金善餘等、亦た本館の史草を焚き、城を踰えて逃走す、亂民又た王子臨海君、前兵曹判書洪汝諄の家舍を焚く、沙峴を踰え石橋に至り、雨勢益々甚し、一行蒼黃として西に向て走る、復た序次無し、互に相ひ叫呼す、京畿道觀察使權徵、追て扈駕に至り、乃ち雨具及び直領を以て之を進む、上乃ち之を御して以て行く、上碧蹄に到る、上下沾濕して行く能はず、上入て驛舍に憩ふ、少頃して即ち出づ、衆官此より多く還て城中に入る、侍從臺諫、往々に落後して至らず、惠陰嶺を過ぐるや、大雨注ぐが如し、宮人皆な弱馬に騎り、靑白の物を以て其の頭面に蒙り、號哭して行く、馬山驛を歷るや、人有り田間に在り、車駕を望み痛哭して曰く、國家我か輩を棄て、去る、我が輩何の恃む所にして生きんやと、臨津に至るも雨止まず、上下相失し、之く所を知る莫し、兵曹佐郎朴東亮、追て津頭に至れば、則ち上已に渡て北岸に在り、只だ一船有り上獨り單舸に御し、侍衞散亡して、復た威儀なし、都承旨李恒福、東亮と與に徒步し、擔夫を泥淖中に召收し、手に一炬を持ち、且つ行き且つ呼び、駕始めて行を成す云々。

◎國史は四處に分藏せり。

我が朝の國史は、內は則ち春秋館、外は則ち全州、星州、忠州、四處に分藏せり、壬辰の亂に、全州は則ち兵火未だ及ばず、其の餘は皆な焚滅す、乘輿の京より播遷して平壤に至るや、其の間修する所の史草は、史官の輩安州に至て、亦た焚て逃る、其の後の史草は、外人の未だ窺はざる所なり、然ども或者は、草略にして備らざるを以て病と爲せり、野史は絕て爲し、惟だ德薰(李廷馨)丙子より壬辰に至る迄、修する所の家藏日記は、頗る詳悉なり、春秋館に送り、以て補缺に備ふ、全州所藏の史は、今に海州に移る云々と。

◎盜賊の翻悟。

廣州慶安面の鄭任實なる者、行誼を以て職に除せられ、縣監と爲る、少時貧甚しく、躬から耕し野に出でて粟を耘る、田は路傍に在り。嘗て豪邁の一漢、白戰笠を着し駿驄に騎り、鞭を揮て馳せて田耕を過ぐ、過ぎ去るの後、鄭之を見れば、一封の物有り、墜て地に在り、十襲深く裹み、輕寶に非ざるに似たり、鄭は田中を掘て之を埋め、本主の來るを待て之を還給せんとす。夕に及んで厥の漢、馬を下り轡を牽き、頭を垂れ失心貿々として來て曰く、田を耘る人に請ひ問ふ、朝より此田に耘るや否、曰く然り、厥漢曰く、午前此の田畔に或は遺る所の物無かりしや、鄭曰く何に物ぞ、對て曰く、吾は是れ士夫宅の奴子なり、主人の宅を京中に賣り、代銀百兩を封中に入れ、馬上鞍間の空處に置き、其の上に跨て騎り去り、醉に乘じて何れの處に遺失せるを知らず、必ず將に大杖を主人に受けん、若し拾得の者有らば、其の半を分つ可し。然ども拾ふ者誰か肯て實を吐かんや、之を奈何せん。鄭曰く、失ふ所の物丹圍大小如何、封裹何處を以てせるや、厥の漢曰く此の如く此の如し、鄭曰く、君我に隨て來れど、行て田隅に至り、鋤を以て掘り出し封裹を給して曰、今朝此を得て深く藏して以て主を待てりと、厥の漢之を開て其の半を出し、以て鄭に與ふ、鄭は頭を掉て受けず、厥漢更に鄭の容貌を熟察して曰く、足下必す是れ兩班也、鄭曰く然り。厥漢默然たる良や久し、忽ち萩々として涙下る、鄭怪んで之を問ふ、厥漢曰く、我は是れ火賊也、此の銀此の馬、此の中所有の物、皆な賊して得る者に非ざるは無し、天の人を生ずるや、貴賤を論ずる無く、性の善なるは則ち同じ、足ら貧甚しく田を耘るも、而も地に落たる物を利せずして以て主を待つに、吾は則ち深夜人家に入り、人命を殺傷し人財を刧奪す、我は何人ぞ、獨り天賦の性を失ふて此の極に至る、寧んぞ痛ましからすやと、遂に其銀を以て廣石上に置き、大石を以て之を紛碎し、馬上袱中の鬡紬數匹取て、刀を以て亂裂し之を慶安の大川に投じ、鞭を以て其馬を逐ひ放つ、因て鄭に告げて曰く、吾れ幸に足下の廉且つ仁なる人に遇ひ、相ひ離るを欲せず、願くは尊宅の籬下に就き、以て吾が平生を終んとを、吾は是れ至て貧也、君を藉く可き無し、何ぞ我か居に隨ふ可けんや、厥漢曰く、我れ落草放火の徒を以て、元と妻子を蓄えず、只だ是れ單口、必ず累を尊宅に貽さずと、坐して耘の絡るを待ち、鄭に隨て村構の土屋に入り、鄭の籬前に於て、一束の藁を鄭に請ひ得て、翌日より專ら草履を織るを事とし、價値貴き時も只だ一文を限りとし、之に加ふも則ち受けず、終身業を易えず、他人纖芥の物は以て身に近つけず、土室に老ゆと云ふ、鄭蔚山廣運は、即ち任實の孫也、常に其の事を道ふと云。

◎監令夫人の機智。

昔し二人の儒生有り、科擧の別試に臨まんとし、講書を北漢寺に做し房を同くす、一人は其家赤貧なるに似ず、服着饌物等を越え、殆ど豪貴子の如し、他の一人異んで之に問ふと連り也、始て對て曰く、吾が妻は才智衆を出で、赤手經營して辨せざる無く、組を織り飪を烹る東國に在て殆ど無雙なり、故に夫婿に供給する是の如き也と、大に其妻の卓絕を語る、其の人聽き罷んで默然として語らず、深く何物か考ふ所有るか如し、幾何も無くして其の人忽爾として罷めて家に歸る、一人は尙ほ留て徐に勤學する數旬の後、家に歸て之を問へば、其の人は家を撤して遠く去り、往く所を知らず、永く聲息を絕つと殆ど十許年、一人は即ち登第し累遷して遂に關西伯を拜し、夫人を携て任に赴く、未だ關西の境に至らず、一日將に店舍に就て憩はんとす、途にして一行に逢ふ、一人駿に跨り騶從雲の如く、上下服飾輝煌として氣勢豪健なり、近づひて諦視すれば、則ち往年北漢寺の同研生也、同しく店門に入り欣然として阻を叙す、監司仍て問て曰く、昔し北漢に在り、何故に忽ち講を罷め伴を棄て、人をして去る處を知らしめざるやと、其の人答て曰く、其の時君自ら謂ふ、君の妻才智世間に冠絕ずと、吾れ君の言を聞て猝に黑心を生じ、自ら心に誓て、吾れ何れの日か此の人の妻を奪はずんば止まじと、即日計を定め京を捨て、山林深處に集窟し、賊黨を嘯聚し、健卒數萬、軍卒貔貅の如く、一人以て君か營隷十百に當らざる無し、今日の行たる、全く君を路に要して其の妻を攫し去らんか爲め也、君の妻、天に升り地に入ると雖、逃避するに所無し、道伯の勢の如きは、眞に螳螂の臂のみ、多言を須ゐず、直に奉納す可しと、監司之を聞て魂消え墜ち、措く所を知る無し、但だ曰く、入て婦に告げんと、仍て內店舍に入る、氣色慘憺たり夫人怪んで之に問ふ、哽咽擧げて其の暴客來刧の狀を言ふ、夫人笑て曰く、令監は奸方伯と雖、終に拙丈夫たるを免れず、今ま其の人の言を聞くに、即ち是れ大英雄也、女子生れて大英雄の妻と爲る、豈に快ならずや、正に吾が願に合へり、何ぞ驚心するに足らんや、請ふ午飯の後に於て決然相ひ別れんと、監司愈よ驚き泣て曰く、君何爲れぞ此の言を出すやと、而も夫人は匆々に行装を分ち出し、以て賊に從ふの具を致す、監司出でて賊魁に謂て曰く、吾が妻は君に從ふを願へりと、賊魁曰く、君の妻明かに其の避く可らざるを知る者、盖し亦た事を解するが故のみと、其の軍校を招て曰く、夫人の轎子已に此に來て令を待つかと、對ふるに已に具ふるを以てす、仍て曰く、速に內舍に入り夫人を奉出せよと、賊の轎卒及び賊の侍婢等は、夫人に請ふて轎に入る、賊婢も亦た監司と手を擧げて別を作し、勸馬一聲、翩然として以て去る、只だ見る行塵の天を蔽ふ而已、方伯は夫人已に賊に奪ひ去られ、任に赴かんと欲すと雖、以て顔を擧げて吏人に對する無く、既に朝を辭して、亦た中路より還るを得ず、進退倶に難く、情事極り莫し、涙下る雨の如し、少焉くして夫人前きに坐せる處を見て、以て彷彿想像の想を慰めんと欲し、入て內店に就けば、則ち夫人は依然として端坐自如たり、監司は驚て問て曰く、曩きに夫人の轎に乘り、賊に從て去るを目睹せり、忽に復た此に在り爾は是れ鬼か人かと、夫人曰く、吾れ豈に彼の賊に刼せられて去る者ならんや、當初介盜の此事を言ふや、吾が對ふる所にして、若し肯せざる所有らば、則ち賊の耳は垣に在り、即刻に必ず意外の變を生せん、故に佯り對て、賊をして信じて疑はざらしめ、仍て即ち一計を出し、隨へ來れる某婢を潜に誘ひて曰、汝の姿色彼の如くにして、平生人の僕役と爲り、誠に困めり、彼の賊師は誠に大豪なり、汝ぞ其の妻と爲らば、則ち一生の衣食は以て公侯の夫人に異る無し、汝若し吾に代つて行き、堅く汝の本色を秘さば、豈に得難きの好機に非ずやと婢欣然として之に從ひ盛粧す、粧ひ出で以て賊の轎に入れり、吾は則ち屛後に隱くれて後、賊の遠く去るを待ち、今ま始て出で來れり、是の如く臨機應變の策を思ひ得る能はざりせば則ち安んぞ吾れ免るを得んやと、監司は頃刻の間に、頓に錯愕を去り、歡天喜地して與に任に赴けり。

◎汲水女遂に賢婦ご爲る。

禹兵使夏亭は平山の人也、家貧にして始て武科に登り、關西江邊に北防の任に赴く、偶ま一汲水婢を見て之を嬖して同處す、一日厥の女、禹に謂て曰く、旣に我を以て妾と爲す、將た何物を以て衣食の資と爲さんやと、禹曰く吾れ本と家貧なり、況んや千里客中、手持する所無き者をや、吾れ汝と同處するも、則ち望む所は垢衣を澣濯し、綻襪を補綻するの任に過ぎざるのみ、其れ何物か汝に波及せんやと、其女曰く、妾亦た之を知り熟せり、旣に身を許して妾と爲れば、則ち卿の衣資は吾れ自ら之に當らん、決して慮を爲す勿れと、禹曰く、此れ則ち望む所に非ざる也と、厥の女之れより針線紡績を勤め、衣服飲食未だ嘗て闕かず、限滿ち將に歸らんとするに及んで、厥女問ふて曰く、還歸の後、其れ將た洛に留て仕を求めんとするや、禹曰く、吾れ赤手にして且つ京中に親知の人無し、何の糧資を以て京に留らんや、萬望む可き無し、此れより鄉に還り、先山の下に老死するの計を爲さんのみと、女曰く、竊に先達の容儀氣象を觀るに、本と寂寞に非ず決して草々の人に非ざる也、前程優に閫帥に至る可し、男子何ぞ財無しとして草野に埋沒す可けんや、吾に積年聚むる所の銀貨六百兩有り以て鞍馬及び行資に備ふ可し、幸に鄕に歸る勿れ、直に洛に登て仕を求む可し、十年を以て限りと爲さば、則ち以て爲す有る可き也、吾は是れ賤人也、實に先達の爲めに獨り節を守り難し、當に身を何處にか托し、先達の本道に宰を作て出づるを待ち、然る後即日當に進謁す可し、請ふ是を以て期と爲さんと、禹は意外に重財を得、其女の意氣智見に感じ、一邊は悵悅し一邊は悵悶し、遂に涙を揮て別を作し後會を約して立つ、其女は禹を送て後、轉じて鰥居將校の家に就く、將校は其の人と爲りの伶俐なるを喜び、要して後配と爲す、家頗る貧ならず、其女謂て曰く、吾れ前室に繼で代て家產を掌る、捧受の物件は朦朧なる可らず、前人用餘の財幾許と爲す、穀數幾許、布帛幾許、器皿雜物幾許と爲す、皆な名色及び數爻を列記して、長件記を作り數に照らさんと、將校曰く、夫婦の間、有れば則ち之を用ゐ、無くば則ち備え措て可也、何を疑ひ何を嫌て此の擧を爲すを要せんや、女固く請ふて已まず、乃ち其言に仍て書して之を給す、女受て之を衣笥に藏す　治產に勤め日に漸く富饒なり、將校益々之を愛重ず、女又た將校に謂て曰く、吾れ粗は文學を解し、好んで洛中に朝報政事を觀る、君盡んぞ我が爲めに每々衙中に借て示さゞるやと、將校其の言の如く借て之を示す、曾て數年の後、其の政事の目中に、宣傳官禹夏亨、主簿の官と爲り、經歷に由て副正に陞り、正に關西の要邑に除せらる、其後より只た朝報を見る、日ならずして、某月某日某邑倅禹夏亨、下直の報有り、女乃ち將校に謂て曰く、吾の君の家に來る、本と久しく留るの計に非ず。當に袂を分つの期至れり、請ふ此れより永別せんと、將校愕然として其故を問ふ、必ず事の本末を問はざれ、吾れ自ら去る處有り、君之を留る勿れと、堅志回し難し、女乃ち向日の長件記を出し、以て之に示して曰く、吾れ七年の間、人の妻と爲り、家産を治む。萬一一個の前者に減ずる有らば、則ち去人の心豈に能く心に安んぜんや、今を以て前に憑するに、減ずる無くして之を增して數を加ふ、吾が心以て快活す可しと、仍て校と別を作し、即日一雇奴をして卜を負さして往く、行て禹倅の邑に到れば、任に到て纔に一日、托するに訟民を以てして官庭に入て曰く、白す可きの事有り願くは階を升て白活せんことをと、太守怪んで之を許す又に房に入らんと請ふ、太守益々訝んで房に入る、其人顏を擡げて曰く、官司主倘は小人を識るやと、太守曰く、吾は新到の日、此邑の民何を以て之を知らん。其人、曰く、某年某地北防の時同處の人を念はずやと、太守熟視して大に驚き、急に起て手を把て之に問て曰く、汝何ぞ此の樣を作して來るや、吾れ赴任の翌日汝又た來るとは、此れ誠に一異事也と、女曰く別時に約する所己に此日の事を料れり、何ぞ異事と謂はんやと、彼此其の喜に堪えず、共に中間の阻懷を叙す、時に禹は配を喪て鰥居す、因て其女を以て內衙に入處し、家政を總じ正室の權を以てす、其女能く嫡子を撫育し、婢僕を指使し、祭祀を奉じ、倶に法度有り、恩威並び行はれ、衙內洽然として之を稱す、每に禹に勸め備局の吏に錢兩を給して、朝報を見遙に朝廷の事を度り、豫め時政を料り、時宰の未だ詮官に及ばざるに當て、必ず厚く饋らしむ是の如きの故に、其の宰相の政柄を秉るや、則ち極力禹を吹噓し、三四の腴邑を歷て、家計漸く饒にして、饋問尤も厚し、次々累遷して位節度使に至り、年八十にして壽を以て鄕第に終ゆ、其の女は喪を治め禮の如くし、纔に成服を過ぎ、乃ち其の嫡子に謂つて曰、令監は鄕谷の武辨を以てして、位は亞將に至り、位己に極る、壽は稀年を過ぎ、壽己に極れり、何の餘憾か有らん、我を以て之を言ふも、夫に事へ自ら功と爲すに非ずと雖、積年誠力を費盡し官路の基地を贊助し、以て今に至るを得たり、吾の責己に盡きぬ、吾れ遐方の賤人を以て、小室に武宰に備るを得、列邑に厚祿せり、吾の榮も亦た極れり、何の痛寃の懷有らん、令監在世の時は、吾をして家政を主らしむ、此れ則ち然らざるを得ず、今や喪主是の如く長成し家事を幹す可し、嫡子の婦は當に家政を主る可し、今日より請ふ家政を還へさんと、嫡子の婦泣て辭して曰く、吾家の今日に至るを得る者は、皆な庶母の功也、吾輩只だ依賴して仰ぎ成す可し、今ま何爲れぞ遽に此言を爲すやと、女曰く、斯の如くならざる可らず、然らざれば則ち家道亂れん、吾は當に越房に分離し、以て吾か歸宿の所と爲さんと、遂に越邊の一間方に退處して曰く、今日一たび入る復た此より出でずと、仍て門を鎖して粒を絕ち、數日にして死す、嫡子の輩皆な哀痛して曰く、吾の庶母は尋常の人に非ず、何ぞ庶を待つの禮を用ゆ可らず、必ず三月を待て別廟に葬て祀る可しと、之を平山の地、大路の邊に葬る、西向して葬る者は、禹兵使の墳也、其の右十餘步にし葬る者は、其の小室の墳也、行人今に至るも指點して其事を談ずと云。

◎凶僧舊惡露顯す。

黃判書仁儉、未だ登第せざるの時、山寺に讀書す、一僧有り、誠を盡して服事し、糧饌隨供功を積み勞を效し、心を極めざる靡し、黃判書の顯達するに及んで、報効する所以を思ふも厥の僧跡を絕て相ひ聞かす、黃の嶺伯と爲て道內を巡視し、一處に到るや、道傍に僧有り背坐す、後ろより之を覗るに、亦た以て舊様を省み識る可し、之を招て近前せしむるに、則ち果して前日功有ろの僧也、黄は驚喜に堪へず、問て曰、汝何を以て積年頓に跡を絶つや、僧對て曰く、山間の白足は名士宰相の宅に便ならず、門庭自ら此の如きを致すのみと、黄遂に命じて之を後騎に載せ、邑を巡り營に還る時之を伴ひ、別房に置き愛撫欵洽す、之に語て曰く、汝我に於て舊勞少なからず、多く錢貨を與へんするも、汝は是れ草食麻衣の人、錢貨を事とする所無し、汝今に於て長髪還俗せば、則ち邊將も將た得可し、汝須く吾か言に違ふ勿れと、對て曰く、小僧に所執有り決して命に從ひ難しと、黄は日々敎く之に迫るも、僧は一向に牢拒す、黄仍て曰く、然らば汝の所執を聞かん、僧亦た實を吐くを肯んせず、黄の意以爲らく、僧の執ずる所は穩密に係るに似たりと、一日知印侍豎を屛け去り、僧と膝を促して坐し、僧に謂て曰く、今日坐間是の如く從容なり、汝の執する所今ま以て言ふ可しと、僧乃ち曰く、小僧未だ大監を識らざる時、素と俗人也、一夕山間の間を過ぐ、新塚の前に小茅屋有るを見る、屋前に素服の少婦有り、桃栞容色頗る美にして、四顧人無し、以て之を姦せんと欲すれば、則ち極力牢拒す、乃ち背上の擔索を以て、其の四肢を縛して刼姦す、姦し訖て縛を解て後、十餘里の酒幕に到て宿す、翌日人有り酒幕に來て曰く、某處に墓を守るの烈女今夜自經して死せり、蓋し通行の凶漢に縁て、其の四肢を縛して劫姦され、女は其の汚辱を憤て自裁せりと云ふ、顧るに自巳の事に縁るに似たり、而も猶ほ其の詳を得んと欲し、復た其の處に進んで探り覘へば、則ち女の親戚方さに來て屍を收む、死を致せるの本は果して自巳を以ての故也、自ら思ふて慙悔痛疚、天地に俯仰し罪を逃るるに所無し、凡常の女と雖我が劫姦の因て自裁せは、誠に錯愕す可し、況んや此の女は夫の墓に廬する者、何等の節烈ぞ、而も我れ乃ち之を汚し、仍て之をして死に至らしむ、神明の怒り我れ當に如何す可きぞと百爾思量するも罪を償ふに策無し、唯だ薙髮の一條有り、天下の苦行を喫盡して了り、人生の佳況を無みせば、以て稍や我が罪を償ふ可しと、故に即日僧と爲て以て身を終へんとす也是を於て今ま大監の勸めに逢ふも、經ちに其の志を變せんとするも豈に得可けんやと、黃適ま數日前に於て、殺獄の舊文書を點檢するに、道内守令の報狀有り、辭略に曰く、某邑班族の婦女、婚を成して未だ幾何ならずして、其の夫病死す、其の婦人窆葬の後、草芦を墓側に搆え、獨り往て墓を守り、晨夕哭泣して其の哀を盡くす、其の墓は家を距る近からず、道路觀る者之を哀まざるは無く、節行四方に聞ゆ、一日何物にか結縛劫姦され、遂に自決して死す、誠に慘惜なり、願くは巡營より諸鎭營に分付し、捕を發し必ず捉るを期せんことを云々、黄判書乃ち左右を呼んで、厥僧を曳き出し獄に下して曰く、汝は我に於て功有るの人と雖、此の大罪有り。公法は枉ぐ可らずと、遂に之を死に置き、其の烈婦多年の寃を雪ぐと云。

◎廉潔の儒。遂に隣賊を化す。

嘗て一村漢有り、農を以て業と爲し、毎秋積穀多し、而も性慳貪にして常に穿窬の病有り、四隣共に知る所也、隣家に一兩班有り、讀書淸貧洗ふか如く、四壁徒立して貧骨に迫る、家產盡く賣り盡くして、餘す所只だ一食鼎のみ、復た秋に至て已に火を絶つと累月。而も士人は孜々書を讀んで心を動かさず、夫人は苦心慘憺其の食に心を痛む、一日其の隣漢は復た其の食鼎を盜まんと欲して、夜に乘じて之を窺ふ、時に其の宅夫人は、方さに火を厨に擧げ、烹煮して粥を作り、久うして後遂に大小二碗を用ゐ、先づ大碗に盛り。小碗は則ち盛るに餘汁を以てす、未だ半はならずして土銼の上に置き、破瓢を以て之に覆ひ、大碗を奉じて出で士人に進む、士人は飢を耐へ讀書の時。忽ち貧妻の粥を進むるを見、驚て粥を作るの資何處に出つるを問ふ、妻答て曰、適ま五合の米を得たるを以て此粥を作れり、士人曰く、吾が家五合の米は啻に玉の如きのみならす、何處より出でたるかと、其妻滿面に羞澁して、即ち對ふる能はず、士人嚴しく問て曰く、其の出處を知らずんば、則ち吾れ必ず食はずと、其妻は士人の固執を熟知し、已む得ずして情を告げて曰く、隣家某漢の畓、早稻已に黄に向ふ、故に過刻人靜かなるの時、手に其の穂を一握し、之を炒き米五合を得、粥と作して以て來る、而かも此に出でずんば、高々巳むを獲ず、慚愧何ぞ止まん、異日當に厥の漢の衣を縫ひ給し、其の由を言て其の債を取らずんば、今夜不義の罪、或は少く贖を得可し、幸に之を恕せよ、是れ千萬願ふ所也と、士人色を作して大に叱して曰く、天萬民を生ずる必ず其の力に食む、士農工賈各の其職有り、彼の漢の粒々辛苦は、何ぞ讀書士の飢不飢に關せんや、夫人不潔の行ひ一に此に至る、眞に寒心に勝えず、之を撻誡せざる可らず、斯に速に鞭を持ち來れと、其妻敢て違越せず、敎の如く持し來る、遂に之を撻つと三たび、叱して粥碗を退け、之を地に棄てしむ、夫人復た敢て違越せず、並に鉎上の碗も屏處に棄て、房内に入て哽咽して地に仆る、厥の漢窺ひ見て備さに首末を知り、感歎止む能はず、良心油然として感發し、平生不廉の心、全然消失し、悔悟切り也、即ち自家に還り、直に其妻をして收むる所の農穀數升を以て、飯を炊で親ら手に奉じて往き、之を士人に進む、士人驚き怪んで曰く、深夜饋飯は是れ甚だ意外なり、無名の粥豈に之を食す可けんと、固く退けて受けず、厥の漢遂に跪て告げて曰く、小人先きに穿窬の行を以て窺ひ見る、士人の處分是の如く光明正大なり、小人即地に感奮し、大に前非を悔ゆ、今は清明秉彝の心を以て、飯を持し以て來る也。幸に情由を俯察し、舊小人を以て之を視る勿くんば、千萬幸甚、況や此の碗需むる所は、實に穢物に非ず自ら農せる穀より出づ、小人豈に敢て不潔の物を以て、此の孤竹君の宅を汚さんやと、因て匍匐叩頭、至誠に勸進す、士人以爲らく、彼れ不良の人と雖、今ま擧動を見るに、其の革心賞す可し、彼れ旣に淸白の良心を以て、貧士に玉粥を饋るは、過ちを改むの善心に出づ、牢拒して受けざれば、則ち其の善を爲すの路を沮む、便ち於陵の節に同じき也と、遂に受けて之を食ふ、厥の漢復た一器を以て夫人に進め、此れより以後、厥漢は心悅誠服し、家を厥班の宅下に徙し、遂に無文の書挈と作り、士人を扶護して田を耕し柴を刈り、曲さに其誠を致し、其の班の家勢も亦た漸く饒かに至れりと云。

◎賢婦淫祠を撤す。

完南の家、數世富厚にして長子早く死し、孫は未だ年を享けず、子姓極めて少し、故に其の家人は鬼に媚び賽を禱て惟れ謹む、內樓を以て神舍と爲し、春秋兩節に餱餌を備えて之を祀る、又た衣服を製して之を藏するや、布帛紬緞の門に入る者は、亦た必ず一幅を裂て、之を神前に掛け、累世常と爲し敢て廢せず、是を以て財産漸く耗す、家中只だ兩代の老寡婦有り時に孫兒有り漸く長じ、婚に當り配を湖鄕に擇び、權判書尙游の女を娶り、新婦の姑見る纔に三日を過ぐるや、姑夫人は中饋の勞を捨て、悉く家務を以て之を新婦に委ね、一日老婢入て權夫人に告げて曰く、某日は即ち家中養神の日也、應さに物力を用ゐ、豫め以て備を措く可しと、權夫人曰く、此れ何の神ぞ、何事か之を祈るや、老婢曰く、此の神を祈るは先代よりし、春秋兩度物を備え事を行ふ、之を祈れば即ち家中平安、否らざれば則ち、災禍轉生す決して廢す可らざる也と、權夫人曰く、然らば則ち一回の神祀に、諸般の所用幾何を要するや、老婢意に謂らく、夫人新たに入り、未だ前例を暗んせずと、一々數を增して以て對ふ、夫人曰く、今年は則ち別に優厚を加へ、凡百の新用は前日に三倍して可也と、遂に數に依て出し給す、老婢大に喜んで去る、其の老大夫人之を聞て、大に憂歎を加へて曰、吾か家從前より養神の故を以て家力漸く耗す、故に意に謂へらく、鄕中の婦女は、或は費を惜み用を節す可しと、故に婚を湖中に結べり、今は反て三倍して之に加ふ、迂濶此の如し、吾か家の蕩敗將に日無からんとすと、洒掃陳設、飮食衣服、其の豐備を極め、夫人は澡潔盛服し、諸書を以て自ら祭文頭辭を作り、則ち概ね人神は雜糅す可らざるを以てまさ爲し、其の下は則ち夫人新に入るを以て、其の家思は前規を變じ、盛に厚幣を供じ、行ふて以て祭を終ゆと、告ぐるに謝遣の意を以てし、他人をして之を讀ましめんとす、皆な恐㤼して敢て讀まず、夫人乃ち親らし、香を焚き跪て讀み畢るや、其の前後藏する所の衣服錦緞の屬は數を全くして、撤し出して中庭に積み、婢輩に謂て曰く、此の物盡く火に燒かんは則ち、天物を暴殄す、爲す可らざる也、其の中の年久しからずして、以て穿ち着す可き者は、吾れより先づ之を服せん、其の餘は汝皆な之を衣せよと、遂に一々諸婢に分ち給し、其の最も久うして腐敗せる者は、並に將に之を燒かんとし、人をして火を取り以て來らしむ、皆な恐㤼し、面々相ひ顧みて一も令を聽く無し、己むを得ず自ら火を取り以て來る、老夫人は驚惧し、急に人をして之を挽かしむ、夫人聽かず、婢子をして回り告げしめて曰く、設ひ災禍有らば吾れ自ら當る可し、舅家の爲め永く此の弊を除かんと、婢輩絡繹奔走して、苦々力め挽かしむるも、終に聽かず、遂に盡く之を焚き、其の灰を淨掃して之を屏處に埋む、其の錦緞の焚るや、臊羶の臭ひ鼻を衝く、婢僕の輩相ひ顧み駭譟して曰、鬼物盡く燒けりと、是れより家中安帖にして亦た災患無し。

◎樵童を憐み一家榮ゆ。

嶺南の安東權某、經學行誼を以て年六十にして、筮仕して徽陵に仕て寢郎の官と爲り、家富饒にして新に配を喪ふ、時に金相宇、本陵の別檢と爲り、適ま陵の役有り、同僚と爲りて齊所に合直す、鄭は金に謂て曰く、吾の財産は鄕に雄たり、年且つ老ひ、旅官薄祿、再び耦を喪ひ、目下以て心を慰む無し、故に强て此の從官を爲す耳と、余常に之を憐む、一日陵の守獲卒は、盜伐犯罪の者を捉へ致し、以て權公に納る、次第に笞を施す、中に一老總角有り、頭髮髮鬠、衣裝襤褸、涕泣漣々として辭の白す可き無し、權公其の氣色を察するに、決して常漢に非ざる也、問ふ汝は何許の人ぞ、總角曰く、之を言ふを慙づ、小生簪纓、後裔早く孤に、老母今年七十、一妹有り、年三十五に至て、尙ほ未た嫁せず、小生は年三十にして未た室有らず、娚妹は樵汲して以て奉養す、家は燒炭の火巢に近きも、然も極寒に當て遠樵するを得ず、故に此の犯樵有り、知罪々々と、仍て又た涕泣す、權公之を見て忽ち惻隱の心を生じ顧みて金に謂て曰く、天下の至窮、其情誠に矜む可し、特に之を赦すと如何と、金公笑て曰く妨げ無しと、權公曰く、汝の情狀を聞くに矜む可し、故に特に之を放たん、汝更に罪を犯す勿れと、一斗の米、一隻の雞を賜ひて曰く、此を以て歸り老親を奉せよと、總角感謝して去る、數日にして復た犯樵を捉るを見、權公大に之を責む、總角大聲に哭して曰く、盛德に辜負し、固に再犯を知る、唯だ老親の積雪の中に寒を呼ぶに忍ひず、且つ樵採の路無し、今は則ち頭を擧るに地無しと、權公又た惻隱の心を生じ、眉を縮むる良や久しく、管治に忍びず金公傍に在り微に哂て曰く、隻鷄斗米は、感化する能はず、第だ爰に好樣の案有り、果して我が言に依るや否や、權公曰く、願くは其の說を說かん、金公曰く、老人配を喪て子無し總角の妹を娶て繼室と爲すと如何と、權公其の白鬚を捋して曰く、意を揣り、遂に總角を招き近前せしめて曰、彼の權參奉は忠厚の君子也、家計饒足、配を喪て子無し、汝の妹、年を過ぎて未た嫁せず、之と配を作さば、則ち汝の家永く依托有り、豈に好からずやと、總角曰く、家に老母有り、敢て擅に決し難し、當に往て議す可しと、去て復た返て曰く、往て老母に告ぐれば、則ち老母曰く、吾が家世々閥閱、今ま衰替の極に至る、前世未だ行はざるの事と雖、倫を廢するに愈る有らざらんや、女は生の路を得る天幸と謂ふ可しと、泣て之を許せり、金公之を喜び、遂に力めて之を勸め、吉を涓び需を辨じ、兩家に助力して、急々に禮を成さしむ、果して是れ良家の後裔、女中の賢婦也、一日權公來て金に見えて曰く、君の厚意に賴て此の良配を得、然も吾が年己に六十、更に何の求むる所ぞ、永く故鄕に歸り、子女を產育し、林壑に偃臥せば、則ち其の樂み豈に一烏帽と比す可けんや、故に來て別を請ふと、金問ふ、夫人既に率ゐ歸らば、則ち其の家眷は何を以て區處するや、答て曰く、幷せて率ひ去らんと、金公曰く、大に善ひ哉など、仍て酒を酌で相ひ別る、後二十五年にして、金公始めて緋玉の官を得て、出でて安東を宰す、任に到るの翌日、一民有り刺を納れ謁を請ふ、乃ち前參奉の權某也、金公良や久うして始て徽陵同僚の事を記し得たり、其の年紀を計れば、則ち八十五歲也、急に邀え入れて之を見れば、白髮童顏、杖せず扶けず、飄然として坐に入る、之を望めば宛として神仙の如し、手を握り懷を敍し、酒饌を設け欵待す、飮啖常の如し權公曰く、吾の今日城主を拜するを得るは、天也、吾れ城主の勸婚に賴り、晩に良耦を得、連りに二子を生み、今に至て偕老し、而も二子幸に詩文戰藝を學び、南省に聯ね司馬に擢せられ、明日は即ち門に到るの日也、城主適ま此の府に莅まる、豈に下臨の擧無かる可けんや吾の急々に謁を請ふ者は、良に此を以て也と、金公驚賀して止まず、快く之を許す、權公約して謝し去る、明日金公は妓樂を携へ、酒饌を備え、早く之に往き、其の居を見れば溪山秀麗、花竹翳如として、樓榭隱暎す、眞に山林の好家居也、主人は階を下て之を迎え、遠近風動し、賓客雲集す、俄にして兩新恩來到す、幞頭翼袗、風彩人を動かす、前後に白牌を雙立し、雙笛寥亮、觀る者堵の如く、咸な權の福力を咨嗟す、金公は新來を聯呼し、其の年を問へば、則ち伯は二十四歲、季は二十三歲、權公の績紘は、翌年又た翌年、連りに雙玉を得たる也、之と酬酌するに、容貌は則ち鸞鵠也、文章は則ち琬琰也、兄たり難く弟たり難しと謂ふ可し、金公歆羨已まず、老主人の喜色掬す可し、座間權公は傍に在る一老人を指して曰く城主此の人を知るや、此は是れ昔年徵陵犯樵の人也、其の年記を計れば、則ち五十五也、遂に樂を設け以て之を娛む、主人仍て留宿を請ふて曰く、吾の今日の慶は皆な城主の賜也、城主の適ま蓬蓽に臨まるゝは、是れ天與也、人力に非ざる也と、遂に止り宿して穩話す、翌朝權公は、酒饌を進めて侍坐し、口言はんと欲して囁嚅し、敢て端を發せず、金公問て曰く、言はんと欲する所有るか、權公乃ち言て曰く、老妻平日、城主の爲めに、草を結ふの願有り而して幸に陋地に臨まる、一たび尊顏を拜せば、則ち至願遂ぐ、女子の體面を思はざるは、只だ感恩の心容有る也、或は怪む莫かれ、願くは城主暫く內室に入り、拜を受けんことを、恐らくは未た如何を知らずと、且つ城主の老妻に於ける、德天地の如く恩父母の猶し、何の嫌か之れ有らんと、金は固辭して曰く、親に非ず戚に非ず、承話は禮に非ざる也と、權公强て請て止まず、金公已むを得ずして內に入る、軒公に席を設け 坐に迎え、老婦人出で前に拜す感極て泣く、又た兩少婦を見る、凝粧盛飾、後れて出で拜す、是れ其の子婦也、三婦人皆な默然として侍坐す、其の愛戴の意顏色に溢る、遂に滿盤珍饌を進む、權公又た城主を夾房前に請ふ、殆ど年六七歲許の稚兒に見ゆ、髮漆黑にして髼鬆、手に窓閾を執て立つ、方瞳瑩然黯々として人を視る、精神存するか如く無きか如し、權公之を指して曰く、城主此の人を知るか、此は是れ犯樵人の慈親也、今年九十五歲、而も口中に聲有り、城中細に之を聽く、金之を聽けば、即ち金宇杭拜政丞の語也、二十五年の祝願は一日の如く、尙ほ今ま口に聲を絕たず、至誠安んぞ天に感せざらんや、金公之を聽き、犂然として笑ふ、遂に諸人に辭して衙に還る、其の後金公は相に拜し、肅廟の朝に、藥院都提擧を以て命を承け、往て延礽君の患候を視る、延礽は英廟潛邸の時の封號也、其の平生の宦蹟を說き、語權參奉の事に及び、其の顚末を叙す、英廟聞て甚だ之を奇とす、登極の後、式年唱榜の日に及んで、偶ま榜目中に安東進士權某を見る、乃ち是れ權公の孫也、上より特に敎て曰く、故相臣金宇杭の、權某の事を語るは、甚だ稀貴の事也と、蓋し權金の深仁厚德以て此を致す有る也と云。

朝鮮野談集終

明治四十五年一月廿五日印刷
明治四十五年一月三十日發行
昭和九年十二月卅日 館外修理

第九回配付分
會員外定價金貳圓五拾錢

編輯發行者　青柳綱太郎
印刷者　宗像いつ
京城旭町二丁目百十四番戶
印刷所　京城印刷所
京城旭町二丁目百十四番戶
發行所　朝鮮研究會
事務所　京城永樂町一丁目

京城 青柳南冥著

韓國殖民策

定價 金八拾錢 郵税 八錢

大坂 輝文館發行

京城 青柳南冥著

日韓史蹟

菊版美本 三百二十四頁 定價金壹圓 郵税十錢

本書は著者が羅月婆娑たる古戰場を弔ひたるの感想記也昨年一月より五月に亘りて朝鮮日報に連載し其勇健なる筆明快なる史眼頗る讀者の好評を博せり其記する所主として日鮮關係の史蹟を明かにするにあるも其捕へ來りし日鮮幾多の古英雄が面影は活如として紙上に躍れり史蹟と謂はんよりは彼等の奮闘史たり今回更に嚴密に訂正增補して梓に上せり現在に於ける日鮮の奮闘士及史家、文士は一本を座右に備へさる可からず

京城 町田文林堂發行

朝鮮研究會幹事 青柳南冥著

朝鮮宗教史

菊版クロース製金字入 定價 金壹圓 郵税 八錢

京都中外日報評（四月二日）、朝鮮京城文壇の志士にして、朝鮮研究會幹事青柳南冥氏は近頃筆を宗教史上に染め、稿漸く成り題して朝鮮宗教史と稱す添ふるに西派本願寺連枝大谷尊由師並びに東派連枝大谷瑩亮師の題字且つは西派佛教大學長園田文學士及び東派朝鮮布教監督龍山法學士の序文を以て飾れり内容は筆を半島佛教の濫觴より起し儒教基督教等總べて精靈的主宰者の盛衰興亡を捕へて詳細に縷記し、延ひて現状より將來の計策を論評し、特に末尾に於ける在鮮宗教者に警告すとの一文は、眞に的確眞摯の快文字著者が半生の希望と赤誠とを披瀝したるの警語といふべし（以下略ス）

朝鮮研究會發行

◎近刊豫告◎

朝鮮研究會幹事 青柳南冥著

豪傑 李舜臣

發行所未定

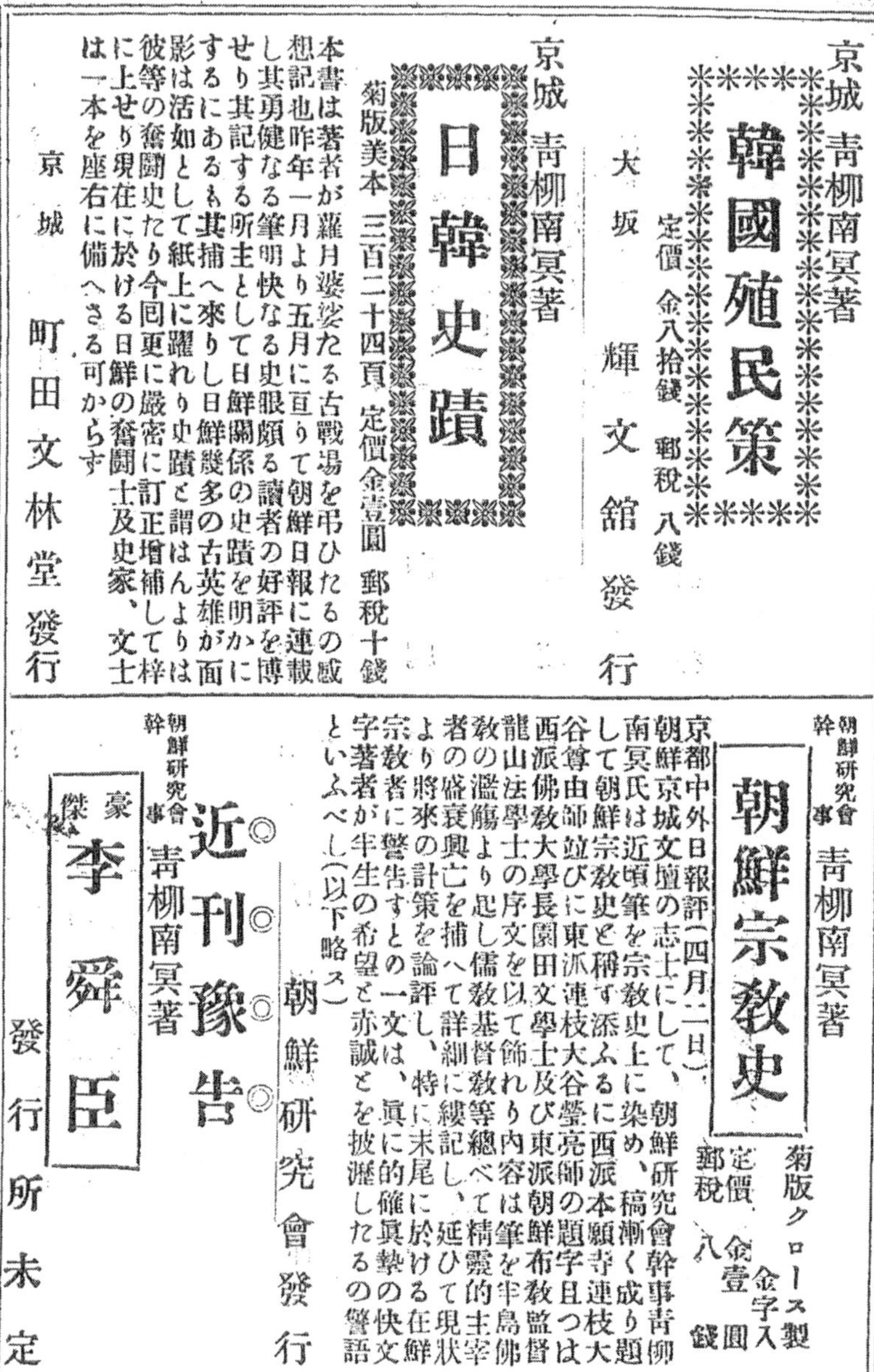

朝鮮研究會創設趣旨書

朝鮮の人文を研究し風俗制度舊慣典例を調査し以て指導啓發の資に供するは方今時代の要求なり、社交を調理し社會の改善を企圖し高尙なる趣味を加へ寬裕なる感興を附與するは今日に於ける必然の要求なり朝鮮研究會は此の要求に向て誠實に貢献せんが爲めに創設したものなり

故に有益なる朝鮮の書史を刊行して研究の資に供し或は講演會を開催して事物の講究と高潔なる社交上の機關に充て或は著述慈善教學風紀に關して善良なる計劃を立て以て本會の目的を達するに努力すべし

同志の士奮つて入會參加せられんことを希ふ

明治四十五年　月　日

朝鮮研究會

事務所　京城永樂町一丁目三四番戶

（電話一九三〇番）

評議員（いろは順）

朝鮮總督府取調局囑托　本間九介
東洋協會分校長文學士　河合弘民
朝鮮總督府通譯官　前間恭作
淵上貞助
朝鮮通信社長　菊池謙讓
京城控訴院部長判事法學士　三宅長策
朝鮮總督府中學校敎諭文學士　廣田直三郎

朝鮮總督府事務官文學士　小田省吾
漢城高等學校學監文學士　高橋亨
朝鮮總督府鐵道局通譯官　福田幹太郎
東洋協會學校講師　鮎貝房之進
主幹　青柳綱太郎
幹事　飯泉良三
仝　大村友之丞

本會の刊行事業

第一　本會は副事業として明治四十四年一月より菊判總クロース製約五百頁以内の朝鮮珍書壹部宛を發刊して會員に頒つものとす

第二　會員は珍書蒐集編纂飜譯製本配達其他の費用として出版物配本の都度會費金貳圓を拂込まるべし但都合に依り數月分を前送せらるも差支無なし（三ヶ月分前送五圓七十錢六ヶ月前送十一圓十錢一期分二十一圓六十錢）

第三　本會の刊行事業は一期を一ヶ年とす一期間は退會を謝絶す

第四　刊行書籍は日本文に飜譯發行すべし

第五　京城在住以外の會員にして前金未納者へは引換小包にて發送す此場合小包料を負擔せらるべし

第六　本會の刊行すべき第一期豫定書目左の如し

東史輯要
莊陵誌
三說記
青邱野談
歷代通考
看羊錄
東京雜記
中京誌
擊蒙要訣
朝鮮風俗考異
東國闕里誌
亂中雜錄
溪西野談
角干先生實記
交隣誌
京都繁華誌
益葉記
經世遺表
高麗圖經
於于野談
華東年表
再造藩邦誌
尊周彙編
熱河日記
平壤誌
士小節
牧民心書

第七　本會は定期刊行書以外各專門家の朝鮮に關する隨時有益なる編纂物を發行して希望會員に頒布すべし

牛乳の大王

朝鮮總督府醫院御用

乳業の先祖

創立明治三十年

平山牧場

京城大和町二丁目

電話一三三番

總督府御用達

朝鮮京城太平町二丁目

最新式

洋服調進

遠藤洋服店

(電話三一一三番)

李王家御用達

活版、石版、
アルミニューム版
和洋製本

京城旭町二丁目

京城印刷所

電話　五七二番
　　　一一四六番

營業科目

活版、石版、アルミニユーム版、寫眞版、コロタイプ各種印刷、

銅版彫刻、書籍製本、諸帳簿裝釘

京城明治町三丁目

日韓印刷株式會社

電話長三二三番
　　　二三〇番
電信略號(ニ)又ハ(ニカ)
振替貯金口座京城四〇番

尙從來石版印刷は四六判半截のみに有之從て各位の御用命に對し往々遲延仕り充分の御滿足を呈し難く誠に遺憾に存居候處昨冬來米國製最新式四六全判アルミニユーム印刷機械を增設仕候間如何なる多大の印刷にても最も敏速に且つ鮮明に御需用に可應猶活版部に於ては最も嶄新なる製本機械を增設仕候間續々御注文仰付られ度偏に奉願上候　敬具

東光社之告白

◎煙草界の大革命
◎喫煙者の好福音

（一）巻煙草原料に附着せる汚物を除去し
（二）殺菌法を行ひ
（三）秘密の方法を以て「ニコチン」毒を豫防す
（四）風味温雅にして低廉無比

京城西大門外獨立舘內

紙巻煙草
製造販賣　東光社

（電話一七〇六番）

京城南山町三丁目

株式會社 第一銀行京城支店

電話長一一番 六一二番

京城本町二丁目

株式會社 百三十銀行朝鮮總支店

電話長五八番 長一九四番

京城黃金町

株式會社 十八銀行京城支店

電話長四二〇番 五八〇番

京城南大門通四丁目

株式會社 漢湖農工銀行

電話長五二四番

京城茶洞

株式會社 漢城銀行

電話長一八六二番 六四六番

京城南大門通三丁目

株式會社 朝鮮商業銀行

電話五五八番

京城鐘路通リ

株式會社 韓一銀行

電話六四三番 一八九五番

京城南大門外

漢城共同倉庫株式會社

電話五四四番

此度据付けし新式四六全版アルモ印刷機械
日々運轉致し居候間何時にても御縦覧に可應候

이시준 숭실대학교 일어일본학과 교수
숭실대학교 동아시아언어문화연구소 소장
일본설화문학, 동아시아 비교설화 · 문화

장경남 숭실대학교 국어국문학과 교수
한국고전산문, 동아시아속의 한국문학

김광식 숭실대학교 동아시아언어문화연구소 전임연구원
한일비교설화문학, 식민지시대 역사 문화

숭실대학교 동아시아언어문화연구소
식민지시기 일본어 조선설화집자료총서 3

조선야담집

초판인쇄 2012년 05월 1일
초판발행 2012년 05월 14일

편 저 아오야기 쓰나타로(青柳綱太郎)
편 자 이시준 · 장경남 · 김광식
발 행 인 윤석현
발 행 처 제이앤씨
등록번호 제7-220호
책임편집 정지혜

우편주소 132-702 서울시 도봉구 창동 624-1 북한산현대홈시티 102-1206
대표전화 (02)992-3253
전 송 (02)991-1285
홈페이지 www.jncbms.co.kr
전자우편 jncbook@hanmail.net

ISBN 978-89-5668-912-8 94380 **정 가** 59,000원